Rousseau no usa
BITCOINS

Una revolución pacífica hacia
una sociedad con sentido

Alfredo Sanfeliz

Categoría: Empresa | Colección: Liderazgo con valores

Título original: *Rousseau no usa bitcoins*

Primera edición: Noviembre 2018
© 2018   Editorial Kolima, Madrid
www.editorialkolima.com

Autor: Alfredo Sanfeliz
Dirección editorial: Marta Prieto Asirón
Diseño de portada: Daniel Cruz Fernández
Maquetación de cubierta: Sergio Santos Palmero
Maquetación: Carolina Hernández Alarcón
Colaboradores: Alba Marina Brezo Herrero, Rocío Vijande López

ISBN: 978-84-17566-10-4
Depósito legal: M-33682-2018
Impreso en España

No se permite la reproducción total o parcial de esta obra, ni su incorporación a un sistema informático, ni su transmisión en cualquier forma o por cualquier medio, sea este electrónico, mecánico, por fotocopia, por grabación u otros métodos, el alquiler o cualquier otra forma de cesión de la obra sin la autorización previa y por escrito de los titulares de propiedad intelectual.

Cualquier forma de reproducción, distribución, comunicación pública o transformación de esta obra solo puede ser realizada con la autorización de sus titulares, salvo excepción prevista por la ley. Diríjase a CEDRO (Centro Español de Derechos Reprográficos) si necesita fotocopiar o escanear algún fragmento de esta obra (www.conlicencia.com; 91 702 19 70 / 93 272 04 45).

Antes o después todos tendremos que tomar conciencia de la necesidad de un profundo cambio en nuestra mirada al mundo y aprender más de nosotros mismos para encontrar un «norte» que nos dé sentido, para caminar hacia él aunque nunca lleguemos a alcanzarlo. Será un camino de utopía. Pero caminar hacia una utopía es hacerlo en la dirección adecuada.

ÍNDICE

Prefacio 9

Prólogo 13

Pequeña historia de este libro 17

El cristal por el que yo miro 27

Nuestra sociedad hoy. La era de la confusión 61

    La mejor sociedad de nuestra Historia 63
        Riqueza y bienestar 63
        Los individuos al servicio de la sociedad 65

    Una sociedad sin rumbo 71
        El progreso excluyente. Caminando hacia ser
        innecesarios 72
        Creemos que el progreso es tener y hacer más cosas 77
        Las empresas creadoras de necesidades 88
        Deslumbrados y esclavos de la tecnología 94
        Sin códigos de referencia 98
        Individuos perdidos pero muy críticos 101

    Una sociedad nublada por el dinero y las finanzas 104
        El dinero ya no es lo que era 105
        Poderoso caballero don dinero 112
        Esclavizados y limitados por la mirada financiera 114
        ¿Es la deuda para pagarla? No, nunca… 119
        La maquinaria que hemos creado no hay quien
        la controle 124
        Adictos a la novedad 129

Una sociedad ciega a la importancia de la experiencia
humana 133
   No solo de pan vive el hombre, ¿y a mí quién me cuida? 133
   Nuevos tiempos, nuevas necesidades 137
   Cuando el objetivo nos hace olvidar la importancia
   del camino. 141
   No hacer nada es cada vez más caro 143
   Una sociedad que menosprecia el universo de las
   emociones y sentimientos.......................... 145
   ¿Una vida para vivir, o para sobrevivir?
   ¿o para contarla? Un baile de máscaras 149

Exceso de información y superficialidad 155
   Expertos en superficialidad. 155
   Adiós al medio y largo plazo 158
   Nuestros pobres referentes sociales. 163
   Especialistas vs. generalistas 166
   Libertad de expresión herida de muerte 170

La sociedad del «todo vale» 174
   Adiós a los principios: tiempos de posverdad......... 175
   Un «peligroso» fenómeno evolutivo 184
   Un cuarto poder sin orden ni control 186
   Lo que triunfa es ser «anti» 197
   ¿Quiénes somos nosotros y quiénes son «ellos»? 200
   La dictadura de las minorías. 202

¿La solución? Metamorfosis hacia
una sociedad con sentido **209**
   ¿Me atrevo yo a decir algo? 209
   Mi propuesta de hoja de ruta 213

   Conservolución. 218

   Hacia nuevos conceptos de bienestar y progreso 224

Formación en Humanismo y Antropología 235

¿Hacia un nuevo dinero? 249
   Trabajar en nuevos índices de medición y
   reconocimiento. 251
   Del «crecimiento» al «movimiento amable» 257
   Limitación del trilerismo financiero 263
   La compasión exigente 266
   Dar y recibir amor, el mejor premio 272

El quinto poder: «la Agencia de los Hechos Ciertos
y lo Políticamente Incorrecto» 276

La responsabilidad y el activismo de la «gente común» 284

El regreso del sentido común 289

El propósito y el espíritu en la sociedad 296

Soñar está bien pero, ¿por dónde empezamos? 305

   ¿Quién y cómo empieza el cambio? 308

   El cambio lo hacen las personas 312

   ¿Algún consejo personal? Más bien algunas
   reflexiones y claves 313

Las resistencias y sus antídotos 323

Epílogo. Reflexiones íntimas tras la conclusión
del libro: el misterio de un camino sin final 335

Agradecimientos 345

Bibliografía 347

PREFACIO

La obra de Alfredo Sanfeliz es un reflejo de su personalidad, de su carácter, de su forma de ser, de pensar y de vivir. Hay un rasgo esencial que resalta y que es muy valioso: la autenticidad. Alfredo se muestra como es, porque, como dice Catalina, la hija de un gran amigo común, «es como parece». Siempre ha sido, en todas las facetas de la vida que le he conocido, auténtico, verdadero, de una pieza. Con sano espíritu de rectitud y con la fortaleza de unas convicciones claras y profundas ha actuado con el noble ánimo de contribuir al bien y a que las cosas se hagan bien. Y siempre con criterio, esa cualidad tan importante y tan difícil de encontrar. Su fortaleza y su inconformismo le han llevado a tomar decisiones vitales en las que ha optado por lo que creía, aunque a los ojos de los demás no fuese lo que convenía. Alfredo es además un hombre vital, que disfruta con la vida y con la gente, divertido, inquieto, con alma emprendedora, preocupado y ocupado por lo que pasa, por las personas, comprometido con ellas, amante de la empresa, de su patria, de su familia, de sus amigos. Ese compromiso, vitalismo e independencia lo han llevado, combinando reflexión, sentido común y la fuerza de no conformarse nunca con que las cosas se queden como están, a escribir y plasmar en un libro sus reflexiones sobre lo que cree, lo que piensa, lo que le gusta, lo que no le gusta y querría cambiar o mejorar. Valiente, crítico ante lo injusto y lo banal, Alfredo se adentra de forma meditada en los problemas de nuestro tiempo y propone de forma abierta soluciones, contándonos no solo lo que piensa sino también lo que siente. Porque Alfredo expone con razón desde el corazón.

El libro muestra la insatisfacción del autor ante el vacío de una sociedad que, a pesar de su progreso, carece de referentes sólidos y ha situado en el orden de sus prioridades el dinero como principal motor y objetivo, relegando a la persona a una posición inferior, muchas veces la última. El abrumador progreso tecnológico y económico del último siglo, que ha dado a la humanidad un nivel de bienestar material nunca conocido, no ha ido acompañado de una determinación para corregir y eliminar la inaceptable situación de pobreza y desamparo en que vive una inmensa porción de ella. Y quienes tenemos la suerte de haber nacido en un país como España, que pertenece al mundo desarrollado, podemos ver cómo nuestra sociedad, a pesar de ese progreso, camina muchas veces ayuna de sentido, incapaz de ofrecer soluciones y respuestas a los graves problemas a los que se enfrenta.

Las reflexiones de Alfredo tratan los problemas con claridad y sencillez, de forma directa y no se quedan en un diagnóstico sombrío o pesimista, sino que proponen remedios. Con lucidez, pero con una sensibilidad especial para ofrecerlas de forma abierta con respeto a las posiciones alternativas o divergentes. Dando sus razones desde el corazón, porque Alfredo escribe desde dentro. Este corazón, que expresa emoción y simboliza el mayor atributo del hombre, su capacidad de amar, es lo que late en la reivindicación de Alfredo que quiere despertarnos proponiendo una mirada al interior que nos mueva a hacer una revisión de los criterios que usamos para valorar lo que es verdaderamente importante.

Hay aquí una coincidencia con lo que hace la Fundación Lo Que de Verdad Importa, que tiene un corazón como símbolo y seña de identidad, y cuya misión es difundir valores humanos universales en la sociedad, tratando también de remover la conciencia y el corazón de los jóvenes, de los mayores, de todos los hombres y mujeres para tratar de hacer un mundo mejor, invitando a conocer la grandeza del ser humano y su capacidad de hacer el bien, de superar lo imposible, de emprender, de dar, de perdonar, de ayudar, de entregar, de amar.

Vivimos en un mundo apasionante, lleno de contrastes y contradicciones que nos enseña con crudeza lo mejor y lo peor del ser humano. Es imprescindible ilusionarse y luchar, con la confianza que da ver la extraordinaria capacidad y preparación de las generaciones más jóvenes que con toda seguridad entregarán a las siguientes un mundo mejor del que nosotros les hemos sabido dejar. A eso dedica el autor su pensamiento y su obra, y para ello ofrece una receta que es infalible: valores, que deben ser mostrados y vividos con la naturalidad del ejemplo para que inviten a ser seguidos. Merece la pena.

Fernando Torrente García de la Mata
Presidente de la Fundación Lo Que de Verdad Importa

PRÓLOGO

Hablar con Alfredo es garantía de tener una conversación interesante, y como además de buen conversador es buen escritor, consigue que leer su libro sea como tener una gran conversación. Es una de esas personas que buscan. Y aunque no siempre el que busca encuentra, al menos la probabilidad de encontrar aumenta si uno busca. Y este es un libro sobre todo de búsqueda, de búsqueda humilde y concienzuda de gran actividad empresarial y personal durante años, pero también de hallazgos, conclusiones y propuestas cargadas de razón, desde una perspectiva a la vez de humildad y experiencia.

Y una característica importante de este libro es su sosiego. En el mundo de la postverdad y del caos, en el entorno de lo inmediato y de la desinformación por saturación, en la era de los profetas de cartón (que siempre han existido pero que hoy tienen más altavoces y seguidores que nunca), Alfredo hace una necesaria labor de decantación de ideas, ideas que han sido cuestionadas y auto-cuestionadas, y nos propone una reflexión que no persigue imponer su razón ni ser la nueva originalidad postmoderna, sino que busca profundamente la verdad. La verdad, ese concepto que hoy oscila entre la negación y el uso pervertido.

Mientras se nos niegan las verdades que el ser humano ha construido (tal vez sería mejor decir descubierto) durante milenios, con el pretexto de que la verdad es una construcción jerarquizadora y de que no puede proponerse más allá del ámbito subjetivo, es sorprendente cómo se nos proponen nuevas verdades que surgen precisamente de la negación de las antiguas. Afirmar que no existe una verdad absoluta en sí es proponer una verdad absoluta. Es una contradicción. Y estas nuevas verdades son tan incontestables e irrebatibles como lo fueron otras en otros momentos. Hoy existen religiones e inquisiciones distintas a las antiguas, pero sus fanáticos son igualmente peligrosos, o más si cabe, porque muchas veces sus verdades no parten de la búsqueda sincera, sino del odio a lo anterior.

Pero no parece que estemos acertando del todo con estas nuevas verdades. En un entorno en el que las necesidades básicas ya no son la comida o el techo, seguimos pensando que podemos comprar la felicidad y el bienestar. Corremos dos grandes peligros: por un lado, estamos llenando la pirámide de Maslow de necesidades que no son reales, la mayoría de ellas dependientes del dinero. Necesitamos poder comprar y exhibir todo tipo de frivolidades que nos validan como personas en el corto plazo, y todo ello nos hace dependientes del dinero hasta un extremo patológico. Y por otro, cada día nos desentendemos más de nuestra responsabilidad para con nuestro propio desarrollo personal, exigimos más al entorno y le culpamos de todo lo malo que nos ocurre o de todo lo que no podemos tener. La mayoría de los que podamos leer este libro somos personas que, si miramos a nuestro alrededor de manera amplia en un mundo globalizado, podemos darnos cuenta fácilmente de que somos una minoría afortunada. Pero normalmente solo hacemos las comparaciones con quien tiene más. Y mirar a quien tiene más hace que inmediatamente sintamos que necesitamos más, porque hay en nosotros un anhelo que, sin ser material, pensamos poder cubrir con cosas materiales. Y como no siempre se puede tener más, culpamos a la sociedad o a cualquier agente externo de la injusticia que percibimos.

Creo que este libro abre un camino muy necesario al cuestionar las definiciones que como sociedad hemos aceptado de conceptos como el éxito o el bienestar. Si el éxito y el bienestar se basan es tener siempre más y ser siempre más reconocidos socialmente, entonces estamos fomentando también un modelo de consumo de crecimiento infinito. Y esto supone una amenaza al ser humano, que intenta dar respuesta a sus anhelos espirituales llenando su vida de cosas materiales, y también al planeta que habita, que no puede soportar este crecimiento infinito.

Y frente a todo esto, Alfredo nos propone la necesidad de que las personas cultivemos nuestro ámbito espiritual. No se puede responder al anhelo espiritual con más consumo, eso es una huida hacia adelante, así que seguramente como sociedad necesitemos volver a entender que el ser humano tiene una espiritualidad innegable y que tratar de obviarla o extinguirla supone abocar a la persona al desequilibrio y a la insatisfacción.

Antonio Espinosa de los Monteros
Co-fundador & CEO en Auara

PEQUEÑA HISTORIA DE ESTE LIBRO

Finalmente me he atrevido a escribir este libro, mi primer libro para contar las cosas que pienso. A lo largo de varios años he ido tomando conciencia y dialogando con limitaciones, temores y vergüenzas que me impedían el atrevimiento de dar luz a un libro en el que pudiera plasmar múltiples inquietudes que rondan en mi interior. Mis niveles de auto-exigencia y la necesidad auto-impuesta de que cualquier libro que escribiera tendría que ser un éxito me hacían muy cuesta arriba aceptar el riesgo de escribir algo que pudiera no alcanzar ese esperado reconocimiento.

Hoy soy más valiente frente a mis limitaciones y prejuicios y siento la libertad de escribir esto y compartirlo con quien tenga interés o curiosidad. He superado muchas barreras y he logrado mejorar mucho en cuanto a humildad para prepararme en el caso de no tener reconocimiento. En pocos meses he pasado de pensar «¿cómo me voy a atrever a publicar esto?» a «¿cómo no me voy a atrever a hacerlo?».

Este libro nace de mi necesidad de expresarme y poner ordenadamente en papel mis debates internos tratando de entenderme en mis ámbitos de ser animal, racional y espiritual a la vez. Las ideas revueltas y agitadas se convierten en serenidad interna cuando se ven plasmadas ordenadamente en un papel.

El camino de lucha frente a mí mismo y los diálogos interiores que he mantenido en la preparación de este libro han constituido una de mis principales fuentes de aprendizaje y enriquecimiento personal para entender mejor el mundo desde la comprensión de mí mismo como ser humano, con mi naturaleza más animal en su extremo inferior y la dimensión espiritual en el superior.

Desde siempre he sentido un enorme interés por el ser humano y la comprensión de las motivaciones y fuerzas que lo llevan a los comportamientos que adopta. El aprendizaje sobre mí mismo y de los mecanismos, impulsos, intereses y motivaciones que mueven al hombre me ha llevado a la búsqueda interior de mi propia verdad, a explorar mi comportamiento y a la observación de las personas que me han rodeado para alcanzar un entendimiento profundo de su forma de ver y entender las cosas. Y, mi inquietud por comprender la sociedad y la explicación de los fenómenos que en ella ocurren han caminado en paralelo y de forma inseparable. Y así, donde la gente ve hechos, a mí me ha gustado siempre buscar los fenómenos de los que esos hechos formaban parte, encontrando de esta forma nuevas perspectivas para la interpretación de nuestra sociedad.

He buscado y busco siempre lo que menos se ve, lo que hay detrás de lo aparente, lo que en última instancia mueve nuestros comportamientos. He discutido infinidad de veces con personas para descubrir intereses y motivaciones de los que los propios afectados no eran conscientes en primera instancia. Son esa actitud y un cierto don de observar lo oculto y desvelar razones poco o nada visibles los que me han permitido ser un constante creador de interpretaciones y miradas de las cosas más allá de las habituales y aparentes a primera vista. Y son probablemente las conversaciones profundas con otras personas, a corazón abierto, con total presencia, escuchando con la piel y con todo mi cuerpo, con total aceptación y sin el más mínimo juicio, las que han constituido mi mejor fuente de aprendizaje, energía y felicidad. Más allá de las experiencias religiosas o las de la pasión del amor, ninguna experiencia es tan cumbre y maravillosa como la comunión de dos personas que, en una conversación, comparten o intercambian sin barreras, con total aceptación y sin juicio, sus inquietudes, frustraciones o temores más profundos. Sencillamente eso, dos corazones fundidos con esa actitud alumbran una extraordinaria vivencia amorosa cargada de un conocimiento experiencial de máximo valor.

La lectura, mi formación en autoconocimiento y en el conocimiento general del ser humano, la participación en múltiples grupos de formación y crecimiento, y, sobre todo, mis múltiples experiencias personales, profesionales y espirituales constituyen mis fuentes para abordar el reto que este libro supone para mí.

Como luego explicaré, creo poco o nada en la verdad absoluta. Pero sin embargo me enriquezco incesantemente creando nuevas perspectivas de las cosas y siendo consciente de que todas las perspectivas son reales para quien está de observador. Como ocurre con la pintura, con sus interpretaciones de la realidad que adoptan formas abstractas, impresionistas o de cualesquiera otras corrientes artísticas, el ensayo y la escritura adoptan las técnicas, miradas y formas del autor dotándolas de mayor o menor grado de realismo, rigor, detalle, perspectiva etc. sin que unas anulen a las otras o puedan considerarse superiores. Es la coherencia de la mirada la que debe ser capaz de crear una nueva realidad que represente una visión o interpretación de las cosas. Y por ello no tengo más objetivo con este libro que el de ser capaz de pintar ciertas perspectivas de nuestro mundo para que se comprendan, se compartan o no.

A pesar de no creer en la verdad, soy un permanente buscador de la misma y sueño constantemente con contribuir a un mundo mejor descubriendo nuevas «verdades pasajeras», que no son sino aquellas que parecen ciertas o buenas durante un tiempo hasta que se comprueba que nada es establemente perfecto para el ser humano de forma permanente y descontextualizada. Cualquier régimen o sistema de principios y protocolos buenos que se adopte para la felicidad de las personas podrá ser o no adecuado en consideración a una determinada forma de ser del grupo al que se le aplica, pero tenderá a degenerar por la necesidad y tendencia del hombre de distinguirse, aburrirse, superarse, crecer y compararse con los demás buscando sus propios caminos. No obstante, a pesar de mi escepticismo lucho por traer ideas que contribuyan a incrementar la calidad y la cantidad del bienestar emocional apoyado en los cimientos del «sentido profundo» de cada individuo pero consciente de la volátil evolución de las pautas y formas de relación y motivación.

Son precisamente esas inquietudes permanentes dentro de mí las que me hacen tomar conciencia de vivir en un mundo cargado de «sinsentidos» en múltiples aspectos de nuestra sociedad. Y esa carencia de sentido se me hace una fuente de insatisfacción cuando la padezco personalmente. Gracias a Dios, puedo decir que cada vez vivo más alineado con lo que me da sentido en esta vida, siendo también este texto un cauce de realización de mi sentido. Escribir este libro me da una «razón de ser» en este momento, sea cual sea el efecto o el impacto que tenga en los demás. Encontrarme en mi día a día alineado y coherente con mi sentido, mi «por qué y para qué estoy yo aquí» contribuye a mi felicidad y a la de los que me rodean. Solo por eso, escribir este libro (al menos mientras lo escribo) tiene beneficiosos e indirectos efectos.

Tras muchos años ya de vida profesional, emprendí hace no mucho tiempo un camino de búsqueda de mi propio sentido y una vía para encauzarlo a través de mi actividad profesional. Mi comodidad y dominio del mundo de la negociación, los conflictos, las relaciones y el gobierno de empresas me guiaron hacia eso que ahora llaman mi «reinvención profesional», que me abrió las puertas a un camino de felicidad con el que jamás había soñado y por el que discurro ahora ayudando a la gente y a empresas a entenderse y resolver sus dificultades o conflictos promoviendo acuerdos.

Una de las cosas descubiertas en mi aprendizaje es que para entendernos y comunicarnos es imprescindible la comprensión de la posición de todos los interlocutores. Cuanta mayor empatía se tenga con ellos, mayores serán las posibilidades de progresar construyendo entre posiciones, intereses y perspectivas distintas. Por ello, a través de este libro y en esta sociedad tan compleja y permanentemente agitada sin referencias generalmente admitidas, trato de poner un granito de arena en la concienciación sobre la importancia de esa comprensión recíproca de intereses como primer peldaño para construir cualquier evolución de la sociedad hacia territorios mejores. He observado en infinidad de ocasiones como muchos colectivos aparentemente en discordia están en el fondo de acuerdo en cómo deberían «ser las cosas», si bien las distintas perspectivas en los puntos de partida y la presión de los líderes para no contrariar las emociones de sus seguidores les impiden caminar hacia terrenos comúnmente deseados. Conseguir mostrar que hoy es más importante o difícil saber «cómo» hay que abordar las cosas frente a «qué» hay que hacer, sería también para mí un logro si lo consiguiera. Ojalá así hagamos visible lo destructivo de la arraigada práctica de culpar siempre de todo al de enfrente avivando las llamas de la confrontación polarizada y eludiendo toda responsabilidad.

Me dispongo por tanto a escribir este libro como desahogo socio-existencial de alguien que puede considerarse un «afortunado feliz», aunque no libre de las presiones, corazas, temores y exigencias que esta sociedad ayuda a que nos pongamos los individuos, aniquilando muchas veces nuestra parte más humana y haciéndonos sufrir. En paralelo a nuestro crecimiento económico como sociedad, a menudo padecemos desasosiego, duda y agitación, consecuencia precisamente del funcionamiento de nuestra sociedad que ha conseguido colmar todas nuestras necesidades materiales a costa de un desacoplamiento emocional en muchos aspectos. La energía que durante milenios hemos dedicado a luchar por sobrevivir y se ha ido organizado de manera muy efectiva hasta conseguir altísimos niveles de producción de bienes materiales y servicios, seguimos teniéndola en nuestro interior, pero debemos aprender, individualmente y como sociedad, a reencauzarla hacia otros fines que nos procuren mayor nivel de auténtico bienestar. Confieso que soy plenamente consciente de la fantasía que supone pretender contribuir a mejorar el mundo. Pienso y escribo como si realmente estuviera realizando grandes aportaciones sin que mi consciencia de estar siendo iluso reduzca mis ganas y motivos para escribir y liberar la presión interna que me pide compartir mi visión.

El libro trata de algunas cosas y no de otras. Alguno pensará que son cosas deslavazadas y que podía hablar de las cosas que hablo como hacerlo de otras cientos o miles. Aunque sé que no es fácil, me gustaría conseguir que se apreciara por qué hablo o destaco algunos aspectos de nuestra condición humana o de nuestra sociedad y no de otros. Y la razón no es otra que incluir en mis reflexiones aquello que nos caracteriza y que interrelacionado entre sí puede ofrecer una explicación coherente de muchas de las cosas que nos ocurren hoy como personas y como sociedad. Sé que habrá otros posibles diagnósticos o explicaciones de las causas de lo que nos sucede pero a mí me bastará con que mis explicaciones sean coherentes y razonablemente completas conceptualmente hablando.

Me gustaría ser capaz de usar un discurso cercano que despierte conciencias e interrogantes de forma amable sin caer en demasiados rigores conceptuales, más para expertos o intelectuales.

Como ya he dicho, este libro tiene para mí la gran importancia de ser una vía para el desahogo de mis inquietudes internas. Todas mis elaboraciones intelectuales y mentales nacen de mi permanente búsqueda de una mejor comprensión del mundo para desde ella aportar algo original y tratar de hacer que este sea mejor. No diría la verdad si negara que el sentimiento más fuerte y oculto que me lleva a la acción es realmente este, probablemente unido a la búsqueda de reconocimiento por ello. Me confieso por ello vulgarmente humano en este aspecto.

Este libro no es pues más que una concreta mirada del mundo tal y como yo lo veo e interpreto. Un mundo lleno de problemas, dificultades y desgracias pero a la vez un mundo que siento que es la mejor versión del mismo que hasta ahora hemos conseguido. Ojalá el mundo del mañana sea todavía mejor.

En algunos aspectos me siento un conservador, realista y poco iluso. Pero en otros me siento un luchador por el cambio. La mirada conservadora no me impide comprender a los que no han sido tan afortunados como yo. Y esa capacidad de comprender a los que son distintos y han tenido otras trayectorias vitales y el olfato del peligro me dicen que «más le vale al dinero (me refiero al poder asociado al dinero) aprender de cuestiones humanas» honesta y bienintencionadamente antes de que sea demasiado tarde. Las cúpulas de la política y la empresa deben tomar conciencia de la importancia de acercarse a los insatisfechos, ya no solo por filantropía sino por el propio interés de mantener el orden establecido. Todos debemos ser mirados y tratados con idéntica dignidad humana.

Veo y siento vivir en un mundo muy sofisticado y superficial a la vez, en el que aun pareciendo que gozamos de gran libertad nos encontramos sometidos a multitud de exigencias y condicionamientos que, emocionalmente hablando, hacen dura nuestra travesía por una vida bien nutrida de riquezas materiales. Riquezas para las cuales ya casi hemos perdido nuestra capacidad de apreciarlas, al haberlas convertido en necesidades o exigencias mínimas para nuestro bienestar.

Por ello, en muchos aspectos mi visión es crítica con determinados poderes o estamentos bien establecidos, aunque ello no debe tomarse como una visión negativa sino como un empujón a quienes más capacidad de influencia tienen en este mundo para despertar nuevas conciencias o sensibilidades ante ciertas cuestiones. Seguro que muchos de los que se sientan aludidos me mirarán con poca simpatía. Si ello ocurre será una señal de haber conseguido algo en mi diagnóstico e intento de sensibilización, pues no cabe duda de que nada molesta tanto a una persona como el escuchar verdades sobre sí misma cuando no son estéticas en cuanto a su ejemplaridad. Eso sí, que nadie de los que se sientan enfadados por ello piense que yo me considero de superior calidad moral, pues nada hay más lejos de ello.

Quiero ser positivo en la mirada al ser humano. Como raza somos unos animales (especiales) a los que se nos ha dado la enorme responsabilidad de modular o moldear el mundo en su aspecto naturo-social. Y eso es un permanente reto en el que debemos esmerarnos todos. El camino debemos hacerlo todos los días y entre todos, participando activa o pasivamente en su definición y conciliando los múltiples y permanentes conflictos derivados de las distintas visiones y situaciones con sus respectivos intereses.

No sé cuál es el mundo en el que me gustaría vivir pues este en el que vivimos tiene ya mucho de apasionante. Pero también es verdad que me cuesta digerir algunas cosas con las que convivimos todos los días. El lado más oscuro, temeroso y ambicioso del ser humano está presente muy a menudo mostrando su máxima miseria y la sociedad tolera muchas veces que sean esas conductas las que predominantemente nos gobiernen. Siempre habrá un lado egoísta en el ser humano y no pretendo yo cambiarlo. Pretenderlo sería atribuirme facultades divinas asociadas con el poder de la creación del ser humano. Pero sí quiero mostrar mi mirada sentida ante muchos fenómenos con los que convivimos a diario y que no oculto que a veces me producen cierto enfado y frustración.

No sabría cómo responder a quien me pregunte a qué género literario pertenece este libro. No es un libro de ciencia, ni siquiera de sociología, pues carece del rigor o del suficiente material de soporte más allá del que dan unas cuantas lecturas de aficionado. Y aunque a veces me dedique a filosofar, tampoco es un libro de filosofía ni un ensayo pues en él me permito incluir mucho de lo que siento. Es por tanto un libro de expresión libre de mis pensamientos combinados inseparablemente con mis sentimientos. Podría asimilarse a una biografía de mis sentimientos y pensamientos, aunque de limitada trayectoria por referirse solo a mi etapa actual. Solo desde esa perspectiva y desde mi sentir personal se podrán entender muchas de las reflexiones o especulaciones intelectuales que contiene. Por eso, utilizando una palabra inglesa –que siempre suena más interesante–, me atrevo a bautizar el género como «*feelthinking*» por incorporar en él, de forma inseparable, tanto el sentimiento como el pensamiento. Pienso que el mundo tenderá a familiarizarse y utilizar cada vez más esta inseparable integración de sentimientos y contenidos subconscientes por una parte y pensamiento lógico-racional por otro. Al fin y al cabo ello es fiel reflejo de la verdadera naturaleza humana y de su funcionamiento neuronal.

Ojalá este libro logre entretener a quienes lo lean y contribuir al despertar de una pacífica «revolución humano-emocional de sentido». Me alegraría saber que cada lector vive en su interior las distintas reflexiones y llega a sus propias conclusiones o perspectivas, confirmándose o convirtiéndose en uno más de los buscadores de una verdad inexistente pero bienintencionada que para mí constituye el mejor camino hacia la felicidad del ser humano.

EL CRISTAL POR EL QUE YO MIRO

Para situar mejor al lector en la comprensión de la perspectiva que este libro trata de presentar es importante exponer previamente los principales pilares y creencias sobre los que descansa mi interpretación del mundo y en general mi mirada del ser humano y de la sociedad. Pretendo «ser comprendido» aun cuando no se compartan mis visiones y para ello es necesario compartir previamente con el lector las perspectivas, creencias y sentimientos desde los que hago mi exposición.

No obstante, aun cuando considero importante su lectura, algunas de las reflexiones y explicaciones contenidas en este apartado pueden resultar especialmente densas para algunos lectores. Recomiendo a quienes se encuentren en ese caso que consideren la opción de saltar la reflexión en la que ello ocurra o ir directamente al cuerpo del libro, pues ello no impedirá una buena comprensión y disfrute del mismo.

Como puede deducirse de la lectura de la «pequeña historia de este libro», muchos no dudarán en calificarme de equidistante en relación con muchos aspectos que generan conflicto en nuestra sociedad. Ni lo comparto ni lo niego. Admito que en muchas cosas simpatizaré con unos y en otras con los contrarios. En unas cosas me mostraré de derechas y en otras de izquierdas. En unas moderno e innovador y en otras una persona anclada en el pasado. Mi adscripción ideológica no es a ninguna sigla o color sino a ideas concretas adaptadas a momentos y entornos específicos. Pues lo que en determinados casos considero bueno y deseable lo puedo considerar muy negativo en circunstancias diferentes. Y esto justificará para muchos etiquetarme de equidistante, tibio o falto de contundencia. Acepto y comprendo esa crítica de antemano como el precio de mi libertad para buscar y defender en todo momento lo que siento que es justo y equilibrado. Y digo expresamente «siento» y no «pienso» pues mi cabeza no me permite creer en la existencia de justicia alguna en la Tierra si miro con perspectiva y profundidad. Solo las actitudes amorosas me parecen incondicionalmente buenas. Ni mi cabeza ni mi corazón son capaces de imaginar una sola situación en la que no comparta la bondad de esa actitud, pues incluso en una ejecución, una actitud amorosa del verdugo compatible con el respeto a la sentencia me parecerá deseable.

Por ello, en ese afán de presentar una visión y pretender compartir abierta y sentidamente la perspectiva y posición desde la que observo el mundo, explico seguidamente mi criterio y mi sentimiento respecto de una serie de ámbitos que me parecen muy relevantes para quienes quieran comprender el porqué o la lógica de las perspectivas, interpretaciones o diagnósticos de este libro. No son perspectivas nuevas, ni buenas ni malas, sino simplemente las mías, con las que confío que al menos algunos de los lectores se sientan parcialmente identificados.

¿Existe la verdad o una única verdad? ¿Qué es lo bueno y lo malo para el mundo?

La gente sigue hablando y discutiendo como si la verdad existiera y juzgando como si el bien y el mal existieran en términos absolutos.

La verdad solo existe en manos del misterio, o de Dios para los que son religiosos creyentes. Fuera del ámbito divino o del misterio, la verdad solo es algo correcto o coherente de acuerdo con ciertas convenciones creadas o asumidas por el hombre. La mayoría de las discusiones que se producen son por pensar que la verdad es algo absoluto, o por discrepar respecto de cuáles son esas convenciones creadas por el hombre en las que pretendemos ajustar nuestros argumentos. En realidad casi todas se producen por una discrepancia respecto de la amplitud o exactitud de términos y construcciones utilizados, si bien nuestro cuerpo tiende a vivir la discusión como relativa a la verdad y a la razón absolutas. Y por algún motivo poderoso defendemos mucho «nuestra razón» y el acierto de lo que pensamos o hemos dicho. De hecho, neurológicamente existe una cierta disposición del cerebro a justificar y defender las posiciones manifestadas previamente para mantener «nuestra razón».

En parecido sentido, lo bueno y lo malo no existen sino desde perspectivas particulares o de grupo. El juicio de lo bueno y lo malo en términos absolutos solo puede corresponder a Dios o al misterio, por más que la gente se empeñe y necesite sentirse integrada en el bien y pertenecer al grupo de los «buenos». Cuanto más pienso en el sentido del término «bueno» más aprecio que solo puede referirse a una cualidad de cosas, fenómenos, comportamientos... en relación a individuos o grupos delimitados. Pero lamentablemente tendemos a pensar que lo bueno es bueno para todos y siempre. Tanto lo creemos que incluso yo en este libro me ilusiono al esbozar líneas de pensamiento que contribuyan a un incremento generalizado de lo bueno o del bienestar para la sociedad en su conjunto, sabiendo que probablemente mi buena intención nubla un poco mi buen juicio, pues solo el amor me parece incondicionalmente bueno.

Muy a pesar de todo esto escribo este libro como si creyera en la verdad. Mi condición humana no me permite vivir sin creer en una verdad capaz de integrar con total coherencia la complejidad de niveles cerebrales que me llevan a convivir con reflexiones, sentimientos y creencias arraigadas de forma simultánea. La disonancia entre creencias, sentimientos, valores y reflexiones es muchas veces clara.

Y vivo también como si creyera que lo bueno en términos absolutos existe. Y a estos efectos defino lo bueno como aquello que beneficia más a mayor cantidad de personas de forma sostenible en el tiempo. Pero sé que es una definición tramposa pues la vaguedad y cuestionabilidad de los términos empleados en la definición permiten dejar en el campo de lo indeterminado, relativo y variable lo que es en sí mismo el bien.

Mi teoría de la relatividad

Como acabo de explicar, más allá de mi sentimiento espiritual y de aquello que me da sentido, me resulta imposible saber de forma concreta lo que es bueno y lo que no lo es.

¿Es bueno vivir muchos años? Parece que la respuesta abrumadoramente mayoritaria es que sí. Pero yo creo que dependerá de con qué calidad y de cuál ha sido el precio pagado. Pues, ¿tiene sentido alargar la vida a costa de dedicarse a sobrevivir en lugar de a vivir con plenitud? ¿O es mejor vivir «a tope», aunque ello conlleve algún riesgo o un tipo de vida que no sea el óptimo para maximizar su duración?

Y, por ejemplo, ¿es bueno tener la vida asegurada económicamente? Pues depende. Recientemente he preguntado a varios amigos a los que considero inteligentes y sensatos si creen que es más fácil ser feliz naciendo en una familia muy rica o en una con medios razonables pero sin exagerar. Casi todos ellos consideran que para alcanzar una vida feliz, equilibrada y con una buena dosis de esfuerzos y recompensas, ser hijo de un rico constituye más una dificultad que una ayuda frente a quien nace en una familia con unos buenos medios para criarse pero no tantos para recibir una buena herencia.

¿Es bueno tener mucha oferta y poder elegir? Depende... ¿Cuántas veces decidimos irnos a un lugar de vacaciones donde prácticamente no hay nada que hacer para no tener que tomar decisiones ante una extensa oferta? ¿No será que la oferta no es siempre tan buena para el ser humano, pues nos quita la paz o nos crea la carga o la responsabilidad de tener que elegir?

Y como estas podría escribir miles y miles de preguntas cuya respuesta aparentemente afirmativa en realidad siempre es «depende». Tan pronto como reflexionamos podemos llegar enseguida a un «depende».

Para contestar «cualquier pregunta sobre la bondad de algo es necesario matizar la pregunta: Es bueno... ¿para qué? ¿Cuándo? ¿De qué manera?... Solo precisando la pregunta y contextualizándola dentro de una jerarquía de valores y «para qués» podremos responder si algo es bueno o malo. Y créanme los lectores si les digo que esta actitud no tiene ningún afán de crear polémica o es por una afición a la discusión, sino que refleja mi más verdadera y sentida forma de ver las cosas. De hecho, como más adelante expondré, considero que hoy nuestro lenguaje se encuentra obsoleto en algunos aspectos por existir muchos vocablos que tienen asociadas a los mismos connotaciones necesariamente positivas cuando deberían ser más neutras o incluso negativas (me refiero a términos como «riqueza», «progreso», «información», «oferta»...)

Por ello, cada vez que analizamos si algo es bueno o malo, me resulta obligado preguntarme: «¿bueno o malo, para qué?».

Bueno y malo son términos muy amplios y abstractos que aglutinan un conjunto de valoraciones para someterlas a una ecuación en la que el resultado parece que tiene que ser digital o binario en función de multiplicidad de factores que alguien tiene que listar, jerarquizar y a cada uno de los cuales hay que otorgar un mayor o menor peso o influencia. Yo, sin embargo, vivo mi vida con miradas y posicionamiento poco binarios, poco amigo del «blanco o negro» y mucho más trabajando las escalas de grises.

Elogio al sentido común

Me encanta el sentido común. Es la acepción vulgar y algo limitada de la sabiduría. Y me gusta porque desafía a la degenerada deformación social que impide hablar de aspectos cualitativos, no concretos ni medibles, de nuestra vida. Pero me sorprende lo poco que se trae con sencillez a la vida cotidiana para la gestión de nuestras decisiones. Por alguna razón el ejercicio del sentido común está atrofiado y eclipsado por un estúpido sometimiento a las opiniones de expertos, que quizá sean válidas como algo genérico y en abstracto, pero que difícilmente se acoplan a las distintas realidades y contextos que vivimos cada uno.

Tanto el sentido común como la sabiduría necesitan de unos valores y de un «por qué» y «para qué» para poder operar. Ningún consejo es sabio si no está entroncado en un contexto de valores debidamente jerarquizados y al servicio de unos objetivos perseguidos, ya sean concretos o genéricos.

Me produce rechazo escuchar a la gente dar consejos sin haberse preocupado de contextualizar e individualizar la situación sobre la que se presta el consejo. Los consejos no son ni buenos ni malos si no se evalúan en función de su destinatario, el momento concreto en que se prestan, el abanico de valores que son importantes para el aconsejado, los propósitos o metas que se persiguen y las necesidades que se deben proteger, todo ello con algún criterio para jerarquizarlos.

Sin embargo, veo una sociedad en la que se practica muy poco la reflexión y en la que la gente busca soluciones y respuestas rápidas y concretas desdeñando cualquier análisis mínimamente complejo que exija combinar una serie de variables. Parece que queremos saber ya y de forma concreta y medible lo que debemos hacer, como si las soluciones fueran universales para todos los individuos, grupos o sociedades y en cualquier momento.

No pretende este libro ser una tratado de sabiduría ni mucho menos, pero sí reivindicar la necesaria búsqueda de un examen más profundo de las cosas. Una mirada que se esfuerce por comprender la superficie y el interior de las situaciones, personas y grupos en sus distintos aspectos y capaz de vivir en lo indeterminado, en la prudencia, en el equilibrio entre lo sabio y lo pragmático, entre el largo y el corto plazo, entre la riqueza material y el bienestar, y el desarrollo emocional y espiritual. Y es una reivindicación que hago por más que les pese a quienes están asentados en el triunfo del manejo de aspectos, procesos y procedimientos concretos, con una visión limitada solo a los resultados medibles y objetivos, despreciando la experiencia subjetiva humana en el análisis de la bondad de las decisiones o medidas que toman.

¿Dónde está la reflexión?

Ahondando en lo anterior, no puedo negar que este libro es crítico con nuestra sociedad en cuanto a su falta de reflexión profunda. Una crítica a la falta de observación completa y trasversal de las cosas y de las personas. Una sociedad que se queda siempre viendo hechos sin ser capaz de elevarse a perspectivas superiores para observar fenómenos de los cuales esos hechos son simples manifestaciones.

Aunque desde luego hay magníficas excepciones, en general echo en falta en quienes ejercen poder e influencia, miradas equilibradas e integradoras de distintas visiones, que se sitúen en los puntos medios descartando los poco sabios extremos. Una sociedad que no sabe hablar de todas estas cosas y que las deja como reducto para los filósofos o a personas de otras disciplinas que, debiendo ser de enorme importancia, están hoy relegadas a unas pocas aulas o a algunos foros a los que pocos acuden y que, lamentablemente, poco influyen en el movimiento del mundo.

Quiero dar un grito de desahogo para criticar el hecho de que cuando uno trata de hacer algunas de estas reflexiones como base para analizar cuestiones y tomar decisiones en materias importantes para una empresa, un grupo o una sociedad, a menudo se encuentra la respuesta cortante de «no podemos perder el tiempo con esas reflexiones, hay que actuar». O bien un «déjate de pajas mentales...» o «deja de hablar de pájaros y flores...». Vivimos en una sociedad que actúa demasiadas veces sin pensar porque no tiene tiempo para eso y porque parece que pensar no luce. Casi diría que se nos ha atrofiado la capacidad de reflexión...

Soy por ello, en este aspecto, muy crítico con una sociedad que se ha olvidado siquiera de plantearse el sentido de las cosas y que solo muy remotamente se pregunta el «por qué» y «para qué» de las mismas.

Orgulloso de ser un mamífero humano

Pienso que a muchas personas les rechina identificarse o sentirse un animal mamífero. Pero por más que queramos negarlo, eso es lo que somos, con todo lo que ello significa. Sobre las facultades y capacidades que otros mamíferos tienen, nosotros tenemos desarrolladas algunas sofisticadas estructuras cerebrales que nos permiten experiencias y procesos de reflexión distintos y que, conforme a las convenciones humanas, calificamos de superiores. En otros aspectos las facultades de muchos mamíferos son muy superiores a las nuestras. Y eso no es ni bueno ni malo, ni mejor ni peor. Es así.

Por otra parte nuestros instintos animales son los que nos mueven y nos sostienen en la vida. La sociedad gradualmente nos obliga a domar la espontaneidad de algunos deseos y comportamientos animales que hoy calificamos de salvajes para conseguir encajar nuestra convivencia. Pero esos logros de socialización en absoluto extinguen la raíz más profunda que todos llevamos dentro y que nos mueve a ciertos comportamientos básicos.

Personalmente me siento cómodo perteneciendo al grupo de los mamíferos y no quiero renegar de muchas cosas que comparto con muchos de ellos ni de mi condición más animal, que es la que realmente encarna la vida. Sin embargo siento muchas veces que algunos sofisticados entornos sociales que se sienten muy elevados pretenden negar nuestra verdadera condición animal, perfectamente compatible con nuestra maravillosa condición humana. Ello causa muchas veces una fricción artificial que produce dolor, sinsentido y falta de autenticidad conduciendo a nuestra sociedad por un camino con suelo de barro.

Antropología del instinto

Aunque a veces nos cueste, debemos aceptar nuestra naturaleza pre-programada en muchos aspectos. Nuestra programación genética es determinante de la dirección de nuestras actuaciones. Y, nos guste o no, salvo desviaciones excepcionales venimos al mundo con el mandato biológico de sobrevivir y contribuir a que nuestra especie sobreviva. Esto nos exige admitir y aceptar que a menudo nuestros comportamientos están muy condicionados por ese instinto de supervivencia y bienestar individuales que bien podría también calificarse de egoísta.

Es difícil pensar que el hombre no actúe en su propio interés, aunque a veces ese interés se encuentre en el reconocimiento y en la búsqueda de ser querido.

Si queremos comprender al ser humano en sociedad y consiguientemente entender los comportamientos de las sociedades, es fundamental que no perdamos nunca de vista este principio básico de orientación del hombre en sus actuaciones hacia la protección y el bienestar propios y de los suyos. Nuestras plataformas y funciones neuronales están pre-programadas para realizar múltiples funciones y son ya grandísimos los avances en el campo de las neurociencias que permiten asegurar la existencia de estos mandatos por encima de cualquier otra motivación última detrás de nuestras actuaciones. En este sentido incluso prestar ayuda a quien lo necesita implica un cierto grado de egoísmo pues esa ayuda voluntaria se sabe que produce bienestar a quien la presta. Tan es así que los estudios muestran que esas ayudas altruistas y «desinteresadas» dejan de procurar bienestar cuando quien las recibe empieza a sentirse con el derecho a recibirlas.

Y con esta mirada podremos observar perplejos la espontánea inteligencia evolutiva que selecciona comportamientos de éxito que juegan a favor de la evolución darwiniana del ser humano y de la propia sociedad como suma de individuos. Y así, podemos observar también como los individuos y la sociedad interaccionan entre sí condicionándose entre ellos de acuerdo a patrones difíciles de descifrar.

No pretendo tampoco con esto hacer una autocrítica del ser humano sino admitir la verdad del egoísmo evolutivo en base al cual funcionan las magníficas maquinarias que son el ser humano y la sociedad. Esos mandatos biológicos que son nuestros instintos y las plataformas neuronales que los encauzan (como si de aplicaciones informáticas se tratase) deben estar siempre presentes en el análisis del ser humano, de la sociedad y de cualquier planificación o previsión que queramos hacer para mejorar nuestro futuro. Negar o renegar de esas fuerzas que nos mueven es querer seguir con una venda en los ojos, como la que tuvieron puesta nuestra sociedad y la Iglesia cuando en el siglo XVII se censuraba una verdad como que la Tierra gira alrededor del sol y no al revés, lo cual hasta entonces había sido la creencia «oficial» de la Iglesia.

Si queremos gobernar un rebaño de hombres será necesario entender cómo funciona y qué mueve a los individuos del rebaño, individualmente y como grupo. Los individuos socialmente evolucionados que hoy somos tenemos necesidades nuevas, mucho más sofisticadas que el alimento y el refugio que en otros tiempos fueron las predominantes. Pero la visión tremendamente materialista se impone gravemente hoy sobre otras variables del bienestar eclipsando la consideración de los aspectos emocionales, sentimentales y espirituales del ser humano que son, en mi opinión, de importancia incremental, sobre todo en una sociedad saturada ya de bienes y riquezas materiales.

El enfoque de este libro estará, con mi mejor intención, impregnado del respeto a nuestra genética, en nuestro momento histórico y evolutivo, con la que deberemos bailar sin enfrentarnos a ella.

Inconscientes de nuestro inconsciente

Como dice el prestigioso neurocientífico David Eagleman, «no decimos lo que pensamos porque no sabemos lo que pensamos». No me sorprenderá por ello la extendida negación de que existe un tinte egoísta en nuestras actuaciones, incluso en las mejor intencionadas y altruistas, como acabo de explicar.

Tampoco me sorprenderá que muchos piensen que controlan mucho su vida y que lo hacen principalmente con decisiones tomadas de forma consciente y racional. Sin embargo doy por hecho lo que considero que es ciencia indubitada en el sentido de que en nuestro actuar, sentir y pensar tienen más peso los aspectos y fuerzas inconscientes que las reflexivas más controladas...

Basta con mirar el proceso y las etapas del aprendizaje para llegar a conducir con normalidad para apreciar como toda la información que vamos adquiriendo queda registrada en algún lugar de nuestro cerebro o nuestro cuerpo y es posteriormente utilizada de modo inconsciente al servicio de las funciones que decidimos poner en marcha. Lo mismo ocurre con todo tipo de información registrada en forma de memoria consciente e inconsciente y de emociones forjadas en nuestro inconsciente. Somos portadores de una máquina que en modo de piloto automático guía la inmensa mayoría de nuestras actuaciones y decisiones con todo el conocimiento y la información grabado en su memoria. Basta para ello recordar cómo conducimos un coche sin pensar en ello pero gracias a lo aprendido y registrado en nuestro cuerpo.

Son muchos los estudios científicos que dejan ya fuera de toda duda esta realidad aunque nos cueste asumirla.

¿Mejor vivir en la ignorancia?

El ser humano es muy ciego a su ceguera. Y no sé muy bien si la sociedad está preparada para salir de ella. ¿Sería mejor un mundo en el que los individuos en general fueran conscientes de que la verdad como tal, en términos absolutos, no existe? Y ¿cómo sería un mundo en el que no sintiéramos ya que las cosas son buenas o malas sino más bien habláramos de ellas diciendo que «me benefician» o no?

Imaginar un mundo así produce confusión, desasosiego y falta de referencia, y se nos haría insoportable enfrentarnos a cada día sintiendo que buscamos nuestro particular interés para el bienestar o el placer y para huir del sufrimiento y el dolor. ¿Qué sería de mis creencias con las que vivo si las tratara como si fueran verdaderas creencias intelectuales? ¿Cómo sería el mundo si cada decisión y conflicto lo analizáramos con esa precisión y limpieza socrática pero sin un sistema de valores que sustentara la inclinación de las cosas hacia uno u otro lado? ¿Acaso deberíamos fortalecer la conciencia permanente de que el hombre va a lo suyo o es un lobo para el hombre, o tiene más sentido adormilar esa sabia reflexión? ¿Y cómo podríamos definir unos valores para un mundo que no sabe muy bien hacia dónde va pero en el que no hay más espacios para la conquista?

No tengo respuestas. Por eso no me atrevo a responder a las preguntas anteriores ni saber qué es mejor en términos universales.

Solo me atrevo a decir lo que me gusta, aquello que me resulta más simpático, más alineado con mis particularísimos valores (aunque en mucho sean valores compartidos con los de mi alrededor). Y, junto a ello, expreso mi creencia de que a todos, en general, nos produce sosiego sentir que nuestras vidas discurren por entornos en los que nuestros valores están presentes y son generalmente respetados.

Y, por ello, para contestar a las preguntas anteriores, si de mi contestación dependiera la realidad me inclinaría a pensar que el ser humano vive con mayor grado de felicidad dentro de su propia cápsula de ignorancia y creencias más o menos falsas. Necesitamos creer en lo bueno y en lo malo de forma inmediata, espontánea y no racional, pues somos seres muy emocionales y nuestros instintos y motivaciones nos mueven y no podemos vivir sin «referencias» que nos permitan mantener en paz nuestras conciencias movilizadoras de nuestros actos e inclinaciones. Nuestras conciencias necesitan la existencia de la verdad y de lo bueno y lo malo, y nos hacen ser permanentes buscadores de la verdad dándonos la necesaria energía para ello.

Lo que de verdad nos mueve

He hablado ya del inconsciente del que, redundando, digo que no somos conscientes. Es necesario destacar la importancia de admitir que, a menudo, aunque tendamos a negarlo, nos mueven motivaciones de las que no somos conscientes. Creemos que sabemos bien por qué hacemos las cosas, pero muchas veces no somos capaces de hacernos explícita a nosotros mismos la verdadera razón por la que hacemos algo.

De hecho, a modo de ejemplo, cada vez más tenemos que utilizar formas indirectas y el autoengaño para conseguir «no hacer nada». Hoy en día no hacer nada no resulta barato. Valga como ejemplo la cantidad de gente que va a un spa un sábado y realmente lo único que consigue con ello es no hacer nada. Ha comprado tiempo para no hacer nada porque de otra forma no lo consigue y además no es glamuroso. De hecho, yendo al spa el sábado el lunes podremos incluir la visita en el relato de nuestro atractivo fin de semana cuando lleguemos a la oficina, sumado a la magnífica lista de cosas que hemos hecho.

Como ese ejemplo hay muchos más. ¿Cuánta gente viaja más para contarlo que para disfrutar del viaje...? Yo creo que muchos, a pesar de que todos lo negamos. Muchos de los que compran un cochazo llamativo, ¿lo hacen porque les gusta o simplemente para que les quieran? ¿Cuánta gente cree que le gustan las cosas, no porque estén de moda, sino por gusto propio puro y no condicionado? Cuando lo que buscan realmente es su adecuada integración por el grupo social al que quieren sentir que pertenecen.

Por ello no deben sorprendernos muchas de las especulaciones de comportamiento social que se vierten en este libro. Son sencillamente fruto de mis intuiciones sobre las motivaciones últimas y desconocidas que muchas veces mueven nuestras actividades.

Yo, mí, me, conmigo

Ante un conflicto entre los intereses de uno y los de los demás, lo normal es que el comportamiento individual tienda a proteger lo propio por encima de lo ajeno. Es cierto que hoy ese egoísmo no se manifiesta de manera descarada pues la realidad es que es un egoísmo disimulado y matizado por las reglas y los valores de convivencia que decimos compartir. Pero seguramente si pensáramos en por qué se respetan esos valores, contestando desde la más absoluta sinceridad deberíamos afirmar que lo hacemos porque nos conviene. En general, en una sociedad que funcione bien y respete sus principios, es mucho más rentable renunciar a una forma de egoísmo directo de tipo infantil para preservar la decencia y la educación, pues seguramente la imagen de decente en nuestra sociedad la consideramos un valor superior a lo que perdemos con el ejercicio de un egoísmo directo o indecente.

En definitiva, aunque suene muy mal y esté en contra de la ideas «buenistas» y del bien pensar del ser humano, yo no creo que el ser humano en general ponga por delante a la sociedad o al grupo por encima de sus propios intereses cuando son incompatibles. Cuando su comportamiento está alineado con la ética y los valores sociales es porque le conviene mantenerse así a lo largo del tiempo para ser aceptado o reconocido por la sociedad y sacar partido de ella. Las cosas las hacemos porque a la larga o a la corta nos convienen. Y creo que así, poco a poco, con ese respeto reiterado de pequeños principios se ha ido conformando la ética social a lo largo de cientos o miles de años pues el respeto general a la ética social refuerza a la propia sociedad y la hace más eficaz en sus relaciones y consecuciones.

No quiero decir con ello que el ser humano sea malo, pues lo que digo es que es egoísta. Pero me gustaría remover los tintes negativos de ese egoísmo pues no es sino nuestro mandato biológico de supervivencia que debemos acoger con naturalidad como parte de nuestra naturaleza. Y es verdad que ese egoísmo nos lleva en ocasiones a ser malos, entendiendo por malos (desde la perspectiva de un grupo social concreto) los que hacen algo contrario a lo que dictan la ética y las convenciones sociales. Entender esto resulta fundamental para comprender la crisis del funcionamiento de nuestra sociedad en muchos aspectos.

Existen casos en los que uno antepone el interés de los demás por delante del propio. Pero son escasos y además tienen algo de truco. Debo decir que admiro mucho a la gente que así lo hace (sacerdotes, misioneros, voluntarios...) y que me gustaría ser como ellos. Pero también debo decir que, como dicen los budistas, esa actitud no es sino la manifestación del llamado «egoísmo inteligente», que convierte la actitud de generosidad y preponderancia del interés de los demás o la entrega a Dios en el mejor camino para la felicidad propia. Pero insisto, los envidio sanamente y los admiro. Y ojalá hubiera muchos más egoístas de esos en el mundo.

Creo también en las actuaciones de algunas personas especiales que se dejan guiar por lo que llamo un interés «híbrido», es decir que beneficia tanto al individuo que promueve algo como a la sociedad donde se promueve. Se trata de la capacidad de algunas personas con mucha inteligencia y personas guiadas o tocadas por su espiritualidad o de otras con la capacidad e inteligencia para conseguir integrar la consecución o realización de un interés social con su interés individual. Sería algo así como sentir un triunfo, satisfacción o plenitud personal en la consecución desinteresada de cosas buenas para la sociedad. El interés individual abraza el general.

Empresarios y políticos

A menudo solemos pensar y reprochar muchos de nuestros males a nuestros líderes empresariales y políticos atribuyéndoles la peor calidad humana. Más allá de juzgar sus actos los descalificamos como personas sin ningún reparo y les atribuimos una calidad personal y ética muy inferiores a la nuestra. Por alguna razón consideramos que nuestra categoría moral, personal y ética es superior a la de nuestros líderes.

Trabajo mucho ayudando profesionalmente a empresarios a prevenir y solucionar conflictos y a gestionar situaciones difíciles y de cambio. Tengo por ello mucho contacto con ellos en sus distintas tipologías y no tengo duda de que su calidad moral suele ser alta, y desde luego en ningún caso puede generalizarse en lo que se refiere a ellos una opinión más negativa que la del resto de ciudadanos. Cada vez que he creado una relación próxima con un empresario y comprendo y vivo la situación y la perspectiva desde la que él ejerce sus posiciones y cargos he confirmado actitudes respetuosas con las personas y los principios, y he comprobado que, en general, son personas honradamente movidas por su interés empresarial compatible con una buena contribución a la sociedad.

Dicho esto no quiero negar que desde la perspectiva de ciudadano o trabajador común muchas veces observamos prácticas empresariales que resultan inaceptables. Es así y este libro es crítico con ellas por el impacto que tienen en la progresiva degradación de los principios y valores que deberían regir nuestra sociedad.

No puede negarse que haya empresarios y ejecutivos perversos y poco respetuosos con la sociedad, el ser humano o la ética, pues de todo hay en la viña del Señor, al igual que en todos los colectivos hay personas buenas y personas malas. Pero de lo que debemos ser conscientes es de que no es tanto la cualidad personal o moral de los empresarios lo que es deficiente, sino que estos viven en un entorno en el que la presión, las exigencias permanentes y la sofisticación de las prácticas les hacen más proclives a perder cierto contacto con la realidad y a anular la conciencia del impacto negativo de sus actos u omisiones en su entorno. La existencia de las múltiples capas protectoras que crean los organigramas y las jerarquías los llevan a menudo a no poder percibir muchas de las disfunciones y faltas de comportamiento que llevan a cabo como empresa y cuyos efectos se trasladan tanto interna como externamente.

Es esa excesiva y permanente presión la que lleva muchas veces a empresarios y altos ejecutivos a mirar para otro lado y casi ignorar que las prácticas que se realizan en sus equipos no son suficientemente respetuosas con los principios que tienen asumidos. Esa presión, unida a la falta de tiempo y a la necesidad de obtener resultados sin demora, pueden llevar a cierta relajación en el control y la garantía de decencia de las actuaciones empresariales, como a menudo ocurre.

Pero aun cuando esto sucede, es una realidad que, tan pronto como un empresario o alto ejecutivo toma conciencia de las cosas que están ocurriendo mirándolas con la adecuada perspectiva fuera de confrontaciones o excesos de presión, la calidad humana que muestra es tan indudable como la de cualquier otro ciudadano, si bien es verdad que a veces la toma de conciencia de las cosas no resulta suficiente para el cambio en entornos muy competitivos...

En el campo político, no me puedo pronunciar de forma tan contrastada pues carezco de experiencias personales concretas con políticos en el día a día de sus actividades en competencia con otros políticos. Pero intuitivamente tengo el convencimiento de que están sujetos al mismo fenómeno. Como promedio, no son tanto ellos los que tienen peor condición moral y ética sino que es el contexto político el que, ante grandes presiones por los resultados en forma de votos, determina el uso creciente de unos medios, prácticas y formas de actuar que vistas con perspectiva resultan absolutamente intolerables.

Pero dichas prácticas son consecuencia de la tolerancia por parte de los votantes de los partidos que las llevan a cabo (cada uno las suyas), pues en el momento de votar nos olvidamos de hacer juicios o valoraciones reflexionadas y con criterio y miramos también hacia otro lado para no ver algunas prácticas de nuestros representantes políticos que probablemente nos repugnan pero que admitimos si quienes las hacen son «los nuestros». Y si nosotros miramos para otro lado ¿por qué no van a hacerlo también los que nos representan si saben que se lo premiamos? En el ejercicio del voto probablemente nos apoyamos únicamente en resultados siendo muy utilitaristas y haciendo la vista gorda si así nos conviene.

La calidad media moral o ética de nuestros líderes es de igual nivel que la de los ciudadanos en general, pues es este conjunto de ciudadanos, como cantera, de donde se nutren los puestos de liderazgo, y son los ciudadanos, como grupo, quienes toleran o condenan unas y otras prácticas. A menudo reprochamos a nuestros líderes lo que nosotros mismos hacemos cuando nadie nos ve en nuestras esferas privadas.

Mi credo

Me siento cada vez más dependiente de mis vivencias espirituales y de sentir que Dios camina siempre a mi lado. Es para mí el mayor apoyo para hacer mi camino diario. Algunos, para sembrarme de dudas me dicen con cierto tono intelectual que soy católico porque he nacido en España y en un entorno determinado y que si hubiera nacido en otro lugar seguramente profesaría otra religión. Contesto siempre que ni me planteo, ni quiero plantearme esas cuestiones.

Después de muchos años de sequía religiosa y espiritual hace ya más de quince que sentí un susurro espiritual que me llamaba. Haciendo por oírlo y dejándome llevar sin ofrecer oposición a él, he ido poco a poco tejiendo un conocimiento experiencial de Dios que en mi interior considero irrefutable, por más que la ciencia pueda decir que esas experiencias no son sino meras ilusiones o falsas creencias asociadas a nuestro gen religioso. No niego los aspectos científicos y neurológicos de esta realidad pero tampoco doy legitimidad a la ciencia para adentrarse en los aspectos religiosos del hombre, pues por definición la religión y la espiritualidad deben comenzar más allá de los límites que la ciencia abarca.

Son muchos los ratos que con gusto he dedicado en mi diario personal a hablar de mis experiencias religiosas y a analizar cómo ellas han constituido una iluminadora fuente de conocimiento. Hoy no puedo concebir una sociedad sin espiritualidad (sea por la vía que sea) pues considero que el hombre sin ella está incompleto en su faceta más mundana o terrenal. Sin pretender eliminar en nuestra sociedad la competencia y la meritocracia, tan instauradas y que tanto han aportado al mundo en el ámbito de la riqueza material y de producción de bienes y servicios, considero que hoy necesitamos inundar la sociedad de actitudes placenteramente compasivas, pues solo así podremos dar cabida y acogida a todos los seres humanos, a la vez que encontrar felicidad en el ejercicio de la compasión o en nuestra entrega para servir de acuerdo con lo que a cada uno nos dé un sentido profundo.

Pero esa proliferación de actitudes de servicio y compasivas entroncadas en nuestro sentido no pueden imponerse sino ser el fruto de un desarrollo humano espiritual, que ya me gustaría se fuera produciendo poco a poco en la sociedad con un gradual destierro del exceso de materialismo y el adictivo consumismo.

Y debo decir que en materia religiosa hace mucho que no discuto ni tengo planes de discutir. Aunque me demostraran que estoy equivocado y que Dios no existe, con esa misma razón o racionalidad empleada para tal demostración tengo plenas capacidades para seguir creyendo en Dios. La facultad de razonar es algo que Dios ha puesto a mi servicio y si creer me va bien, no voy a ser tan estúpido como para dejar de creer en Él solo porque por medios racionales no pueda llegar a Él. De no ser así, mi facultad de razonar no estaría a mi servicio. Mi experiencia de Dios no es racional pero es un conocimiento tan innegable como mi propia existencia. Y con una lógica racional, me resulta tan fácil pronunciarme a favor de la existencia de Dios como lo contrario, si bien considero temerario aplicar la razón por sí sola para el análisis de ámbitos que ni siquiera podemos concebir. Y siendo esa mi convicción, ¿cómo voy a dejar de creer en Dios?

Dios me inspira y me guía. De no ser así no sería capaz de tener ni siquiera una mínima referencia intelectual-antropológica que me sacara de mi profundo escepticismo y de mi arraigado relativismo respecto de lo que es bueno y malo.

La cuestión del bien común

¿Es lo bueno para la sociedad lo bueno para los individuos? Menuda pregunta me acabo de hacer. Es una pregunta sin respuesta. De nuevo los términos «bueno» o «malo» son insuficientes, por genéricos, para poder contestar a la pregunta sin hacer múltiples reflexiones y matizaciones.

Para valorar si algo es bueno para mí, seré yo el que deba poner los factores y pesos que componen mi ecuación de la bondad. Pero para establecer lo bueno para la sociedad los factores parece que deben determinarse colectivamente de una u otra forma por la propia suma de la opinión de los individuos afectados, o de forma dictatorial cuando es alguien (o un grupo) el que impone el criterio de lo que es bueno para una sociedad.

En lo que se refiere a mí, el término «bueno» lo reservo para aquello que mi reflexión, mi intuición, mis impresiones y mis sentimientos combinadamente me indican que es conveniente para contribuir a mi normal supervivencia a largo plazo con bienestar, o al menos sin sufrimiento en el curso de la vida. Podría decirse que en el plano personal el concepto de lo bueno está guiado casi únicamente por orientaciones egoístas de quien lo juzga, aun cuando dentro de ese egoísmo quepan la compasión, la filantropía, la protección de «los míos»... pues tales actitudes pueden contribuir a un egoísta bienestar.

En el caso de la sociedad, considero que el término «bueno» debe aplicarse a lo que contribuye a asegurar que la misma, como grupo, continúe existiendo con fortaleza para aguantar ataques internos o externos que pudieran hacerla desaparecer o hacer sufrir a los individuos que la componen. Podría también decirse que será bueno para una sociedad aquello capaz de contribuir a su propia supervivencia y a que los individuos que la integran cumplan su mandato biológico de sobrevivir y conservar la especie.

Me maravilla la sabiduría de quien ha creado las claves y la inteligencia de nuestro funcionamiento como animales sociales. Nos ha regalado el concepto de sociedad como herramienta al servicio de la mejora de nuestras posibilidades de supervivencia, a la vez que nos ha impuesto el reto de mantener una conciliación permanente entre los intereses y el bienestar individual y la fortaleza de una sociedad que se supone que nos protege y aúpa como individuos.

Si hemos llegado hasta donde hoy estamos, parece que debe ser porque a lo largo de la Historia esta conciliación ha tenido que producirse, ha funcionado. Pero, sin duda, habrá habido eras en las que la sociedad se ha sostenido a costa de la infelicidad o el sufrimiento de los individuos. Eso es fácil apreciarlo en épocas como las de guerra. Pero de alguna forma puede también apreciarse en la época actual. En muchos aspectos hoy el individuo se encuentra más y más sometido a fuerzas y dinámicas del sistema y a sacrificios de su individualidad, a ritmos difíciles de digerir por ser contrarios a nuestros hábitos y a nuestra propia genética.

Existen hoy miles de muestras que, sin ser ninguna muy relevante, hacen que la suma de todas ellas pueda contribuir a crear una sociedad cargada de individuos desasosegados, sin sentido y viviendo con la lengua fuera y con poco sentimiento de disfrutar o sentir bienestar. Me basta pensar en la obsolescencia programada de muchos productos para apreciar cómo algo que es bueno para sostener nuestro sistema capitalista (que tanta riqueza nos ha aportado), supone un castigo para quien como consumidor es víctima de esa tendencia. Se suponía que el consumidor debería ser beneficiario del progreso tecnológico, pero veo muchos síntomas de que es más bien la sociedad la que se beneficia de las personas.

Particularmente yo hoy me siento esclavo de demasiadas «necesidades» creadas por nuestra propia sociedad. Seguramente serán necesidades cuya existencia es muy buena para la supervivencia social y de nuestro «sistema» pero constituyen un incómodo peso para poder sostener día a día el creciente coste de cubrirlas para mí y mi familia.

¿Cuál es el precio que pagamos, en términos de verdadera felicidad experimentada, para hacer sostenible nuestra sociedad? ¿Están la sociedad y el sistema creados al servicio de su masa general de individuos o son más bien los individuos quienes están al servicio de su sociedad y del sistema creado?

Los interrogantes son más fáciles de formular que las respuestas.

Cuando el miedo y la ira se unen

Desde siempre he oído y he podido comprobar desde mi propia experiencia que nada produce más unión entre dos o más personas que el hecho de tener un enemigo común. Y los lazos de unión se fortalecen especialmente si el enemigo está activo y se le observa como una fuente de peligro presente o inminente.

Los enemigos y el peligro que de ellos tememos pueden tener su vertiente objetiva. Pero en nuestra sociedad muchos de los peligros son meramente percibidos y por ello debemos considerarlos subjetivos. Son por tanto fácilmente manipulables por quienes tienen interés en crear un enemigo del que luego se beneficiarán con la explotación de la ira de un grupo.

Cualquier grupo de personas enfrentado a un enemigo resulta fácil de encolerizar cuando es jaleado por alguien enalteciendo los peligros del enemigo y los ataques y afrentas que este hace a los intereses y a la dignidad del conjunto. La ira contagiada y recrecida que se genera en el grupo supone una tremenda fuente de energía para la lucha contra el enemigo y nubla cualquier perspectiva más amplia y objetiva de la realidad. Digamos que, llegados al extremo, el grupo se ciega como se ciega un animal defendiéndose de un ataque, perdiendo la perspectiva de lo que realmente le conviene.

Por eso hoy las personas se unen muchas veces irracionalmente en torno a causas que realmente no tienen sentido y haciendo que la unión en torno a un enemigo (más bien artificialmente creado) se haga incluso entre personas cuyas diferentes circunstancias naturales o sociales tendría mayor sentido que las hicieran enemigas entre ellas. Los «enemigos naturales» olvidan las razones objetivas y ciertas para su enemistad o recíproca desconfianza y se unen con pasión frente a un enemigo construido de mayor rango o «más activado». Los nacionalismos y otras formas de populismo son en general un magnífico exponente de este fenómeno.

Por ello considero que la ira y el miedo en torno a un enemigo común son las mayores fuerzas de unión de los seres humanos, de las ciudades y de los estados. Y siendo la condición de enemigo consecuencia más bien de percepciones que de realidades, el mundo está más y más sometido a la explotación de las emociones colectivas para generar confrontación y polarización en beneficio de quienes precisamente las crean.

Desgraciadamente atrás quedaron los líderes que aglutinaban a las personas en torno al sueño de un proyecto común beneficioso para sus seguidores...

¿Visión ego, socio, mundi-céntrica...?

El término «enemigo» para mí da también cabida, aunque con cierta atenuación, a aquellos de quienes debemos desconfiar por no ser «de los nuestros», por ser del grupo contrario. Aquellos que en las divisiones simples de las personas en grupos pertenecen a otro grupo. Son miles de divisiones entre Oriente y Occidente, el norte y el sur, educados y maleducados, conservadores y progresistas, nacionalistas o españolistas... y miles de clasificaciones en las que el ser humano, inconsciente y permanentemente, encuadra a cada persona en términos de «es de mi grupo o del contrario...».

No puedo dejar de manifestar mi condicionamiento como ciudadano occidental, español y residente en Madrid. Por más que quiera pretender tener una mirada que comprenda el mundo y las sociedades desarrolladas de hoy vislumbrando los elementos comunes de todas ellas, soy consciente de que estoy claramente condicionado por la limitada visión que se deriva de mis circunstancias. Y de hecho será fácil de apreciar por la referencia a ejemplos muy particulares de mi querido país.

A pesar de ello, no me limitaré en mis referencias a una sociedad como esa en la que vivo sino que extrapolaré mi experiencia y conocimiento personal a la sociedad moderna en general pidiendo de antemano disculpas por mi atrevimiento al hacer extensivas algunas reflexiones sobre nuestra sociedad a lugares o ámbitos sociales que jamás he pisado. A quien con mayor perspectiva que yo califique mis opiniones de limitadas o propias de un pueblerino de Madrid le estaré agradecido si me enseña los ángulos en los que las generalidades que en este libro expongo no se dan en mayor o menor grado en otras sociedades. Aceptaré todas esas críticas pues de antemano las doy por merecidas.

Ese inevitable fenómeno humano de clasificar permanentemente todo en términos de «nosotros y los otros» exige que, si queremos hablar de mejorar nuestro mundo o nuestra sociedad, debamos primero preguntarnos: mejorar la vida, ¿a quién? ¿A todo el planeta? ¿Solo a mí, a mi país o solo a mi pueblo...?

Ese fenómeno de clasificación en grupos convive con un creciente posicionamiento de la sociedad manifestando que no debe excluirse a nadie, que hay que integrar a las sociedades y a las personas desfavorecidas, que hay que eliminar fronteras y muros...

Y por ello en mis inquietudes de contribuir a la mejora y al bienestar del mundo en general siempre me enfrento con este dilema al que no soy capaz de dar solución.

En los foros de debate y análisis social, económico o político a los que alguna veces asisto, se habla durante un rato de solidaridad, apertura, igualdad de oportunidades... Pero un rato después, olvidadas las preciosas y buenistas declaraciones solidarias, se debate sobre medidas para hacer Europa, España o nuestra región más competitivas. Jamás he oído reflexión alguna que concilie o integre ambas perspectivas de forma simultánea.

¿Es el ser humano necesariamente competitivo? Si lo es, como yo creo, necesitará competidores y grupos competidores. Y cuando se compite es para ganar, y de ahí la dificultad de conciliar esas dos visiones.

Inevitablemente esto nos conduce, desde una mirada realista, a tomar conciencia de que, nos guste o no, no somos todavía capaces de desligarnos de nuestra fuerza y de los automatismos internos que nos llevan al permanente establecimiento de colectivos y a la incesante adscripción de unos y otros a ellos. Y, por supuesto, a «barrer siempre para casa», tratando de reforzar la posición de «los nuestros».

Por ello hoy, en un mundo tan global y abierto, me pregunto «¿quiénes son los míos?». Si de verdad quiero hablar de contribuir a un mundo mejor, ¿seré solo yo? ¿Mi pueblo, mi ciudad, mi país, continente? ¿O quizá todo el mundo? O quizá un día olvidemos las clasificaciones territoriales y vayamos a una división del mundo entre «los buenos y los malos». ¿Y qué criterios y perspectivas elegimos para decidir quiénes son los buenos y quiénes los malos? ¿No estaremos de nuevo con ello clasificando aunque no sea basándonos en la territorialidad? ¡Qué difícil!

El hombre es competitivo y defensor de sus intereses y de los de su grupo. Por ello, con «nuestra forma actual de ser, pensar y sentir» en tanto en cuanto no haya un enemigo exterior que sea capaz de unirnos de verdad en un solo bloque frente a él, no será posible, en los estamentos de los poderes establecidos, concebir planes, debates o acciones pensados de verdad con visión global de búsqueda de beneficio para todos los seres humanos como conjunto. Creo que en el corto y medio plazo no hay tiempo para cambiar las estructuras cerebrales que nos llevan a esa imperativa categorización que nos hace vivir siempre clasificando «los míos y los otros».

Pero desde mi necesidad de mirar el futuro y la evolución humana con optimismo, confío (o al menos eso digo) en que algún día alguien, sin esperar a que haya de verdad un enemigo exterior, será capaz de poner luz a un nuevo contrato social de ámbito global y a un sistema de gobierno social y mundial guiado por mejores principios o prácticas que los que hoy imperan.

Y, mientras tanto, cuando decimos que alguna medida, plan o acción serán buenos, tendremos que aclarar y precisar que nos referimos a que serán buenos, «¿para quién?».

Comprende al individuo y comprenderás el mundo

Siempre me ha gustado mucho ese dicho de que «una mariposa batiendo sus alas en un lugar del planeta puede ser la causa de un vendaval en el otro extremo del mismo». Es sin duda una afirmación extrema y provocadora, pero me gusta la idea que encierra. Todo es causa o concausa de los fenómenos vivos que acontecen en la vida.

En el ámbito de nuestra sociedad, cada ser humano cuenta e influye en los comportamientos de los demás. Los comportamientos de los grupos de personas generan reacciones dentro de ese mismo grupo o de otros grupos de la sociedad. Todos los comportamientos se encuentran interrelacionados, aunque haya algunos más influyentes que otros.

Cualquier fenómeno social se produce porque algún individuo dice o hace algo. Ante ello reaccionan otros individuos que generan a su vez un determinado efecto en otros e incluso en el primero. Y así sucesiva y sucesivamente se va generando un fenómeno sistémico de interrelación viva y permanente de todos los seres humanos y de estos con su entorno natural o su hábitat.

Por ello el conocimiento y la comprensión de las posibles motivaciones y miedos que provocan las reacciones de los seres humanos ante determinados hechos permite cierta anticipación de fenómenos, aunque de forma muy tenue y generalmente poco precisa. Especialmente difícil resulta tratar de hacer predicciones concretas. Resulta siempre más posible anticipar reacciones de rechazo del ser humano o de los colectivos ante determinados hechos o circunstancias que la estimación de cuál va a ser la forma en la que se va a manifestar tal rechazo y los acontecimientos en cadena que eso va a producir en la sociedad. Los infinitos matices con los que un ser humano puede reaccionar, multiplicados por las infinitas formas y matices de reacción de los otros seres humanos que rodean a quien reacciona en primer lugar, hacen impredecible la concreción de los fenómenos o manifestaciones colectivos de repudio de las cosas. Pero la comprensión de los miedos y motivaciones de las personas sí nos permite vislumbrar ciertas tendencias de reacción o evolución colectivas.

Verdades entrecruzadas y sub-verdades

Pido al lector que me perdone si en cuestiones como la que voy a explicar desvarío un poco. No lo niego, pero son desvaríos con los que convivo muy a menudo y que a mí se me muestran con gran claridad cuando integro cabeza y corazón, razón y emoción.

Comprender el mundo exige aceptar la convivencia de muchas verdades entrecruzadas que no se mueven en el mismo plano.

Sin duda nuestra comprensión del mundo no es perfecta y nos falta integrar en una sola ecuación y plano distintas verdades (admitiendo a estos efectos que existan) y perspectivas. Cada una es tan cierta como otras con las que convive y una verdad no excluye a las otras. Ninguna verdad por sí sola es capaz de explicar todos los fenómenos sociales en un momento dado. Pues incluso en una foto de un momento concreto existen verdades que parecen incompatibles cuando se hace un juicio o explicación sobre la bondad de unas y otras cosas. Basta ver acciones calificadas de heroicas por un bando en una guerra cuando se juzgan con la perspectiva de ese bando y que resultan deleznables cuando se observan desde la perspectiva del contrario. Y ello es así aun cuando intelectual y éticamente los dos bandos compartan valores y criterios de juicio similares. Son las particulares vivencias de cada bando las que llevan a distintas verdades sentidas por parte de cada uno y que, entrecruzadas con múltiples factores, afectan y condicionan las relaciones.

El momento temporal y las perspectivas afectan la calificación social de algo como verdad y por ello ante los mismos hechos pueden convivir dos verdades contrarias. Solo una función matemática o algorítmica que explique el movimiento y las relaciones de causa y efecto podría dar forma y explicar una única verdad integradora de las varias posibles sub-verdades. Pero ese algoritmo tendría que estar nutrido por variables tales como los valores, creencias, premisas etc. definidas de forma concreta y con unas reglas precisas de jerarquización como si de una fórmula matemática se tratara. Pero ¿quién tiene la soberanía o la potestad para fijar, precisar y jerarquizar todas esas variables? La respuesta es «nadie que se pueda concebir con las capacidades del conocimiento humano».

Nos enfrentamos en esta reflexión a una verdad basada en la física y las matemáticas que convive con la verdad de cada experiencia humana vivida, tan cierta como vivencia, como lo puede ser cualquier certeza matemática. Y ello por más que algunas veces queramos despreciar esa verdad diciendo simplemente que se trata solo de una ilusión. ¿Habrá entonces que hablar de una verdad en el plano de la ilusión y de otra en el plano científico-matemático o deberemos volver a cuestionarnos lo que es la verdad?

Como ya he dicho, vivo a gusto dejando la verdad y la realidad en el universo del «misterio» y teniéndolas como una meta que me sirve como guía. Y mientras voy hacia esa inalcanzable meta prefiero vivir asumiendo con naturalidad un concepto simple y mundano de la «verdad».

Espacios de misterio

Coherente con la visión que vengo expresando, necesito espacios de misterio, pues solo así puedo digerir las nuevas verdades científicas, que no cuestiono cuando se limitan a su ámbito propio. Pero la verdad científica no debe ir nunca más allá de lo que los propios métodos científicos son capaces de abordar o concebir. Respeta de esa forma un espacio para las imprescindibles creencias humanas en aspectos trascendentes que están más allá de las fronteras de la ciencia. Es la delimitación con el territorio de lo desconocido, del misterio en el que se alojan la fe religiosa y otras arraigadas creencias personales, como podría ser mi creencia (muy sentida aunque muy descreída) en la existencia de «mérito humano». Me parecen inauditas las discusiones racionales pretendiendo demostrar científicamente la existencia o la inexistencia de Dios. Nada me parece más equivocado, pues el lenguaje y el método científico ni siquiera pueden aplicarse a ese ámbito. El hecho de hacerlo demuestra un afán defensivo de notoriedad, precisamente ante el miedo o vacío que puede producir a las personas el hecho de vivir solo bajo concepciones científicas capaces de explicarlo todo aniquilando toda esperanza de encontrar «sentido».

Desde ese respeto de los límites científicos se concibe, al otro lado de ellos, un territorio de esperanza en el que, sin existir conocimiento concreto, se contiene espiritualmente todo el potencial de explicación de todas las cosas con sentido. Son espacios sobre los que no cabe la discusión, pues ante ellos solo se puede hablar de compartir o no compartir vivencias, miradas y perspectivas. Entrar en discusiones y dialécticas es prostituir la pureza de esos espacios en los que solo «vive» lo desconocido. Únicamente las experiencias compartidas sobre esos territorios inconcretos y desconocidos nos permiten una cierta comunicación o comunidad humana para entenderlos, o más bien interiorizarlos en forma de vivencias que se hacen parte de nosotros.

La permanente confianza en esos espacios desconocidos me permite a mí conciliar serena y coherentemente mi existencia con verdades científicas o racionales que se me hacen excesivamente duras de asumir al ser contrarias a otras creencias bien arraigadas en mí. Durante un tiempo la Iglesia no supo admitir que la Tierra giraba alrededor del sol. Yo lo comprendo pues supongo que no sería fácil desmontar un arraigado sistema de creencias y referencias, quizá en muchos casos interesadas. Pero no quiero caer en ese error y por ello la actitud que explica mi visión del mundo es de confianza y aceptación de las verdades científicas, conviviendo con un liberador apoyo y descanso en esos grandes espacios de misterio y desconocimiento.

Bailando con la incoherencia

Nadie debe sorprenderse cuando aprecie incoherencias a lo largo de este libro. Algunas de tipo técnico seguro que habrá y sin duda me habría gustado poder evitarlas. Pero muy probablemente habrá otras de tipo humano, que aparecerán irremediablemente por el hecho existir en mí ciertas incongruencias. Admito que las hay, pues mi propio ser tiene ciertas incoherencias entre lo que piensa reflexivamente mi cabeza y lo que quieren y les gusta a mi corazón y a mis tripas. Con esa combinación de actores dentro de mí, aunque trato de mantenerlos en armonía, no siempre lo consigo. Como se dice vulgarmente, «me traiciona el subconsciente», llevándome a creer cosas que en realidad son deseos del corazón, artificial e interesadamente racionalizados. Seguramente en otros casos la presión que solemos autoimponernos para mantener nuestra imagen para parecer personas decentes, dignas y justas me ha podido llevar a creer que pienso cosas que en realidad no pienso. Por el contrario, en otras ocasiones afirmaré que algo no me gusta porque está mal que ese algo guste, cuando la realidad es que me gusta.

Son estas incoherencias las que pueden explicar por qué unas veces aliento la reflexión y la sabiduría y otras concibo como deseables aspectos humanos que más bien no tienen lógica alguna pero que pueden procurarnos una auténtica felicidad basada precisamente en una ignorancia aceptada y no cuestionada. Pues probablemente, como ya muchos autores han dicho, la felicidad quizá esté más relacionada con la ignorancia y con la estupidez que con la sabiduría y los profundos conocimientos y el cuestionamiento de las cosas. Mis incoherencias explican también, como ya he dejado ver, el porqué de mi defensa de las cosas como buenas o malas (aun cuando intelectualmente no crea en esos términos con carácter absoluto) y muchas otras que el lector pueda detectar.

Al fin y al cabo este libro es un baile de reflexiones y sentimientos conmigo mismo para mi propio desahogo y para mostrar al mundo cuál es ese baile con el que vivo y discurro por la vida.

NUESTRA SOCIEDAD HOY. LA ERA DE LA CONFUSIÓN

I

Como he explicado, comencé a escribir este libro para satisfacer mi necesidad de sacar de dentro de mí muchas cosas que desde hace mucho tiempo gritaban por salir y existir fuera de mí. Y en ese aspecto me considero ya satisfecho con el mero hecho de escribirlas.

Pero a medida que avanzaba en él me iba dando cuenta de que eso no era suficiente. Necesitaba trabajar para hacer comprensibles a mis lectores cada una de las ideas que intento expresar. Pues la comprensión de esas ideas y de la interacción que hay entre ellas es la que permitirá al lector (si logro hacerlo bien) entender por qué la sociedad hoy es como es, conforme a mi perspectiva de las cosas y mi comprensión del ser humano. Sin querer, me voy dando cuenta de que necesito que los lectores puedan llegar a compartir la óptica desde la que yo veo el mundo. Y me alegrará mucho que puedan entender lo que digo como una interpretación más de las cosas, aunque ellos utilicen filtros distintos para mirar la realidad.

Por ello en este libro hablo de cosas que son relevantes para comprender la liada sociedad en la que vivimos. Una sociedad que se hace inteligible cuando se entienden las naturales reglas o fuerzas que mueven al hombre y a los grupos en una evolucionada sociedad como la nuestra.

Y, a pesar de mi escepticismo respecto de lo que es la verdad y lo bueno y lo malo, mis fuerzas interiores más inconscientes se niegan a aceptar esa realidad puramente intelectual y prefieren seguir viviendo con la creencia de que hay cosas mejorables en nuestra sociedad y que mi criterio de lo mejorable tiene una lógica detrás. Me niego a no sentirme legitimado para decir y creer que hay cosas en este mundo que no son buenas y que yo puedo sugerir elementos para su mejora.

Y así, para poder sugerir algunas soluciones, comencemos conociendo cuál es hoy el estado de situación de nuestra sociedad, con especial foco en aquellos aspectos que considero requieren ser mejorados de alguna manera. En cualquier caso, quiero aclarar que al referirme aquí a la forma de ser de las sociedades modernas de hoy, soy plenamente consciente de las enormes diferencias que existen entre ellas. Trato de destacar precisamente esos aspectos o rasgos comunes que se comparten por los miembros de las sociedades modernas y avanzadas por el hecho de ser humanos y haber alcanzado determinados niveles de riqueza y desarrollo.

Siempre me ha gustado centrar una parte de mi mirada en los aspectos no tan visibles de las cosas que nos parecen buenas en su conjunto, pues la parte visiblemente positiva de ellas la sociedad no necesita de nadie que la enseñe. Como he dicho, me centro en aspectos o fenómenos de nuestra sociedad que me gustan menos o que no estamos viendo por ser poco visibles entre tanta agitación y complejidad social. Pues las bondades de nuestra sociedad y el desarrollo tecnológico, con todos los aspectos positivos que este acarrea, no necesitan explicación.

Nuestra sociedad está muy confundida, perdida en muchos aspectos, saturada de bienes, de oferta, de velocidad, de estímulos, de cambio. No obstante debo decir que ese enfoque en aspectos que necesitan solución solo puedo hacerlo desde la celebración de que vivimos en la mejor sociedad de todos los tiempos.

LA MEJOR SOCIEDAD DE NUESTRA HISTORIA

Riqueza y bienestar

Me cuesta imaginar una sociedad del pasado que en su conjunto pueda ser calificada como mejor que la actual, aunque es siempre fácil observar aspectos de sociedades o épocas pasadas que hoy miramos con la nostalgia de haberlos perdido. Como ejemplo el valor de la palabra, hoy en creciente deterioro en contraste con el honor, tan valorado en otras épocas.

Pero basta mirar con realismo el otro lado de las virtudes de otras épocas que hoy se han perdido para constatar que detrás de ellas existirían unos lados muy oscuros, de tremenda exigencia o absurdos códigos que seguramente solo estaban al servicio de unos pocos. O, lo que es lo mismo y como coloquialmente decimos, «no todo el monte era orégano» en esas atractivas sociedades pasadas que recordamos con añoranza.

No resulta fácil describir los factores determinantes para que una sociedad sea calificada como buena. Pero aun sin saber explicitarlo, casi todos tenemos una serie de parámetros y valores que exigimos para que una sociedad sea mejor que otra. Y en esa comparación me resulta muy difícil pensar que alguna sociedad pasada pueda ganar en calidad a la actual si se ponen en la balanza todos los elementos de la ecuación y si se incluye la opinión de todos los individuos que forman cada sociedad. Indudablemente, en momentos del pasado algunos colectivos contaron con ciertos privilegios cuya desaparición hoy les hace sentir que su antigua sociedad era mejor que la presente. Pero serán siempre miradas de clases o grupos privilegiados y que seguramente no introducen otros elementos y valores del desarrollo humano más sofisticados que hoy nos resultan importantes.

Vaya por tanto por delante que cualquier aspecto crítico para con nuestra sociedad actual no pretende cuestionar su superioridad frente a las del pasado. Todo lo contrario; si en este libro se muestran actitudes críticas o juicios irónicos sobre muchas falsas bondades de nuestra sociedad no es sino por mi intento de consolidar las mejoras de nuestro desarrollo y bienestar social sin necesariamente perder las ventajas de otras sociedades del pasado.

Vivimos en una sociedad muy rica. Poco tiempo voy a dedicar a algo que me parece evidente. En términos absolutos la calidad de vida material de la sociedad actual y de sus individuos es altísima. Algunos saltarán al leer esto pues confunden el nivel de riqueza con el de igualdad. Pero yo, sin demostración alguna, me atrevo a decir que en nuestra sociedad, hoy (salvadas las excepciones) todos y cada uno de los individuos que la componen disponen de bienes materiales y servicios significativamente superiores a los que se tenían hace 30, 50 o 100 años. Basta pensar en la calles, parques, polideportivos, sanidad, escuelas, televisiones, alimento, formación, coches y trasporte en general... que hoy cualquiera puede disfrutar y que muestran un altísimo nivel de riqueza social si se compara con lo que había disponible tiempos atrás.

Habrá también muchos que pensarán que esto no es cierto pues hay muchas carencias en muchas familias y que la mayoría de la gente vive «con el agua al cuello» en cuestiones de dinero, sanidad o de otro tipo. Pero la sensación de estar «con el agua al cuello» o de tener carencias no se basa tanto en lo que se tiene sino en lo que se desea o se considera justo o razonable tener. Ocurre que a menudo ese deseo de tener nace de vivir en un entorno social de permanente creación de nuevas necesidades en el que la palabra desear queda sustituida más bien por el sufrido término de «necesitar».

Admito por ello que vivimos en una sociedad objetivamente rica y subjetivamente necesitada de más y más riqueza, pues mirando desde el presente hacia el pasado así es. Aun así, estoy convencido de que si imagináramos la sociedad dentro de cien años llegaríamos a la conclusión de que hoy somos una sociedad relativamente pobre.

Quedémonos por ello con la idea de que el concepto de riqueza es algo necesariamente relativo y que lo importante para el bienestar individual tiene más que ver con la relación de cada uno con los niveles de riqueza imperantes que con la cifra absoluta de su nivel de riqueza.

Y en el plano social las conquistas son indudables en todos los aspectos: los derechos sociales, la sanidad, la longevidad de vida, la reducción de muertes violentas, el acceso a la educación... hacen que los niveles de desarrollo sean incuestionablemente mejores que los de cualquier otra época, aunque existan también sombras que debamos trabajar.

Los individuos al servicio de la sociedad

Somos y seguiremos siendo fruto de nuestra evolución. Una evolución individual y una social. El individuo y la sociedad se apoyan el uno en el otro para asegurar su supervivencia.

El hombre es el único animal incapaz de estar quieto y tranquilo cuando nada en el presente lo inquieta. Un mecanismo de pensamiento por defecto o *«mind wandering»* (según se refieren a él algunos científicos) nos acompaña, generalmente de forma permanente, evitando que perdamos un minuto sin estar pensando en cómo sobrevivir o mejorar nuestra calidad de vida y seguridad cuando las cosas vengan peor dadas. Seguro que muchos negarán esto pues no existe plena conciencia de ello, aunque a menudo sí nos notamos víctimas de «ronroneos en la nuca» y desasosiegos que nos impiden alcanzar la paz interior. Un perro tranquilo con el estómago lleno día tras día, al igual que un ciervo bien alimentado y sin que lo aceche ningún peligro, se permiten disfrutar plácidamente y sin límite de su momento presente sin cuestionarse o elucubrar sobre cómo mejorar su supervivencia o seguridad futuras. Quién no admira la paz de un ciervo tumbado sobre una fresca hierba sin verse afectado por ningún peligro. Y quién no envidia a su perro que descansa sin inquietarse por lo que será de él mañana ni lo que conseguirá alcanzar...

Durante miles y miles o millones de años, el ser humano debió levantarse cada mañana con la necesidad compartida con el resto de animales de la Tierra de ver qué alimento podría conseguir para él y los suyos. Hoy nadie en una sociedad moderna tiene como preocupación verdadera el pensar qué va a comer, pues hasta los pobres de la calle saben, en una ciudad como Madrid, que siempre conseguirán una limosna o podrán acudir a algún centro caritativo que los provea de un alimento más que decente. Toda esa energía mental antes dedicada a esos menesteres ha quedado libre para otros usos.

Las necesidades del ser humano han cambiado radicalmente en las últimas decenas de años y la proliferación y socialización de la riqueza material han sido increíbles. Y ello hace que nuestras necesidades y motivaciones sean ya distintas, dejando de poner atención en lo que ya tenemos y estamos acostumbrados a tener y poniéndola en aquello que ahora anhelamos porque nos falta. Y eso no es algo precisamente material. El ser humano es un ser insatisfecho que siempre quiere más, que siempre busca más y busca lo distinto. No sé si eso es bueno o malo. Los científicos evolucionistas dicen que ese mecanismo, sustentado sobre el fenómeno llamado *mind wandering* (tendencia al cuestionamiento permanente de todo cuando no estamos dedicados a algo), es el que nos hace la especie animal más apta para evolucionar y sobrevivir en la Tierra.

Por ello el hombre es incapaz de estar demasiado tiempo tranquilo sin plantearse con cierta inquietud nuevos interrogantes y sin anticipar peligros y defensas para ellos. Esa inquietud que le hace cuestionar todo a menudo, anticipar escenarios y buscar soluciones preventivamente hacen al ser humano especialmente intenso en su capacidad de evolucionar y fortalecer sus posibilidades de sobrevivir. Es cierto que esos mecanismos con los que siempre activamos nuestro pensamiento nos sacan muchas veces del sosiego y la quietud y nos colocan en estados de agitación o ansiedad, que seguramente serán buenos para garantizar nuestra supervivencia y progreso pero que nos exigen un importante precio de renuncia. Personalmente ese mecanismo solo consigo desactivarlo plena y prolongadamente durante las vacaciones, en las que me permito la licencia de no «tener que hacer ni que pensar en nada que no me apetezca» sin hacerme reproche alguno. Únicamente en vacaciones (cuando son vacaciones de verdad y no de escalada social) nos damos permiso para dejar de avanzar en nuestro progreso o evolución.

Y es esta especie de ansiedad por la seguridad y por agarrarse a la vida, junto con la agitación que produce la necesidad de creciente bienestar, las que otorgan la fuerza evolutiva a la humanidad para los frenéticos cambios que venimos observando en nuestra sociedad.

El ser humano de nuestro tiempo para evolucionar no necesita tener ningún peligro acechando. Cuando no lo tiene, su interminable capacidad de anticipar riesgos le lleva a imaginarlos mentalmente y a dedicarse a poner esfuerzo en su prevención. Hemos dejado de emplear nuestras energías (como ha sido a lo largo de miles y miles de años de la Historia) a la búsqueda del alimento y la protección de cada día. Y ello libera toda una energía social que explica nuestra frenética evolución, al aplicarse a la prevención y reducción de riesgos, al estiramiento de la vida como objetivo y a la búsqueda de «bienestar» con consecuciones sociales que acarrean crecientes y crecientes necesidades. Tenemos mucha energía-combustible interior y en algo tenemos que gastarla.

Pero ante esta frenética evolución social de los últimos tiempos me pregunto a menudo si hoy la sociedad está al servicio del individuo o es más bien el hombre el que está al servicio de la sociedad. Seguramente podemos decir que individuo y sociedad son parte de un círculo en el que no existe el uno sin el otro, pues el hombre como animal social necesita a la sociedad para sus imprescindibles encuentros con otros hombres. Pero a la vez es el individuo el que como tal sufre y disfruta «en sus carnes» las vivencias y experiencias, y por ello parece que aquellas creaciones que le rodean, como la sociedad, deberían estar a su servicio y no al revés.

Hoy en día, el individuo contribuye a la supervivencia social tanto o más de lo que posiblemente la sociedad contribuye a su bienestar individual. La creación de necesidades sociales ha hecho que el individuo como tal sea el mejor aliado para la supervivencia de la sociedad como consumidor y generador de una demanda permanente y creciente. Estamos saturados de riquezas primarias necesarias para sobrevivir, como el alimento, y este hecho ha provocado que nuestras antiguas necesidades básicas se conviertan en deseos y aspiraciones puramente sociales o relacionales. Y esto, sin remedio, nos hace carne de cañón para seguir contribuyendo al desarrollo de una sociedad que a veces yo me pregunto al servicio de quién está.

La sociedad crea crecientes necesidades a los individuos y es el esfuerzo que derrochamos para la cobertura de esas necesidades lo que hoy la sostiene verdaderamente.

Al margen de cualquier consideración ideológica o política, me gustaría pensar que las sociedades están al servicio de los individuos y no al revés, pues es el individuo el sujeto titular de las experiencias de sufrimiento y placer. Desde luego no a favor de solo unos cuantos individuos sino a favor del conjunto de los individuos como suma de sujetos con experiencias de bienestar o sufrimiento.

Las sociedades sufren y gozan, pero siempre a través de las experiencias de sus individuos. Por ello creo que el individuo debería ser el foco de atención para la medición del nivel de bienestar en una sociedad. Pero hoy vivimos en una época en la que muchas veces padecemos el sinsentido de vivir como individuos secuestrados por una sociedad que necesita «exprimirnos» para poder ella sobrevivir. A pesar de que en general el individuo antepone sus propios intereses a los de los demás o a los de la sociedad, la suma de esos intereses o deseos individuales mal encauzados ha creado hoy un sistema o sociedad, como ente diferenciado de los individuos que la forman, que somete a estos.

Materialmente, hoy los individuos miembros de la sociedad moderna tienen un mejor nivel de bienestar si se compara con el que había solo unos años atrás. Pero ello no es garantía de una mayor calidad de vida subjetiva de los individuos, quienes posiblemente han renunciado a parte de esa calidad de vida en favor del desarrollo de la sociedad. Leía hace poco uno de los libros de Yuval Noah Harari quien se refería también a épocas pasadas de nuestra Historia en las que el progreso social se alcanzó a costa de la calidad de vida subjetiva de los individuos integrantes de la comunidad.

En mi propia experiencia, en algunos aspectos y momentos de mi vida he observado que perdía calidad de vida en términos de tranquilidad, satisfacción etc. precisamente por mi necesidad de dedicar grandes esfuerzos para no quedar excluido socialmente de la vertiginosa velocidad del progreso, tanto en sus aspectos tecnológicos como económicos, e incluso en los meramente sociales que «me obligan» a un creciente «postureo social y consumista» que solo mi ya madura edad es hoy capaz de poner un poco a raya.

Quiero ver detrás de este sinsentido algo que me permita salir del sufrimiento que me produce tal aparente absurdo. Y para buscar consuelo pienso que el precio de este absurdo aparente no es sino la inversión que estamos haciendo para extender las bondades de las sociedades modernas a individuos que todavía no pertenecen a ellas. Pero más allá de esa búsqueda de consuelo, creo que la verdadera explicación del alto precio que hoy paga el hombre de las ricas sociedades del bienestar se encuentra en la dificultad para cambiar el paradigma del «hombre económico», que impide a los humanos sociales más evolucionados construir una sociedad más centrada en el bienestar emocional y subjetivo de sus individuos que en el aumento de las riquezas materiales.

> Sin duda, en las sociedades avanzadas como la nuestra tenemos la suerte de vivir sobrados de bienestar material y de encontrarnos muy evolucionados en cuanto a los derechos sociales y pautas para la pacífica convivencia en ellas. La nostalgia por otras cosas perdidas no debe nublar la apreciación de los logros alcanzados. Pero seamos también conscientes de que una sociedad sobreorientada a la generación de riqueza acaba sometiendo a sus ciudadanos, como peones imprescindibles para el sostenimiento de la maquinaria económica con el riesgo de dejar caer en el olvido el cuidado de los aspectos emocionales, tan importantes para el ser humano.

UNA SOCIEDAD SIN RUMBO

Muchos nos encontramos muy despistados, desorientados, sin sentido en nuestra sociedad en frenético desarrollo. Otros todavía no se han preguntado si lo están o no. Y quizá otros muchos nunca se preguntan estas cosas.

Lo que hoy llamamos «progreso», la espiral tecnológica que vivimos, junto con las exigencias de cambio que ello provoca, me obliga a preguntarme muchas veces «el para qué de todo esto». Parece que solo nos mueve el «más y más de esto y de lo otro», la consecución de nuevos récords o marcas impactantes, el alcanzar logros que parece que vencen a nuestra propia naturaleza. Y esa es probablemente la respuesta que muchos darían a mi pregunta.

Pero a muchos como yo no nos sirven solo esos objetivos para vivir. Casi todos, de una u otra forma, con conciencia mayor o menor, necesitamos algunos logros de tipo cualitativo que hoy no sabemos ni siquiera mencionar pues la sociedad no se formula esta pregunta al haber quedado secuestrada por sí misma en sostener el crecimiento y el desarrollo.

Nos olvidamos de que somos humanos y sujetos de felicidad o sufrimiento. Y al olvidar esto la sociedad se olvida de cuestionarse qué es lo que lleva al hombre a sufrir o ser feliz de forma más o menos continuada. Y ante la falta de respuesta –que no puede existir porque la sociedad todavía no se lo ha preguntado–, sigue frenética corriendo hacia ningún sitio pero regocijándose de todos sus logros en los campos tecnológico, económico y en otros ámbitos de medición tangible y objetiva.

Y mientras tanto muchos y muchos miembros de esta moderna sociedad nos preguntamos que para qué, sin que la conversación social acoja esta pregunta siquiera para dejarla como duda en su interior.

Nos sabemos muy bien hacia dónde vamos. ¿Quizá hacia la inmortalidad, quizá hacia la total automatización, a la deshumanización? ¿Estamos satisfechos en una sociedad en la que el progreso se hace a costa de un impactante incremento de los ansiolíticos y los antidepresivos? ¿Debe convivir ese progreso con la multiplicación de adicciones, no solo al consumo sino al juego, a la tecnología, a la cirugía estética...? El despiste de esta sociedad es tan grande que ni siquiera es consciente de estar despistada.

El progreso excluyente. Caminando hacia ser innecesarios

Sabemos que vivimos en una sociedad rica. Pero fácilmente podemos observar que es una sociedad creadora de grandes desigualdades y generadora de exclusión.

Las personas que no se acoplan a los estilos personales, habilidades y competencias que demanda hoy la sociedad quedan dramáticamente excluidas de ella. El que no se ha adaptado a las tecnologías y a las nuevas prácticas tiende a estar relegado. El que no se adapta a los estilos directivos y laborales actuales está fuera del mercado laboral. El que pierde el sitio a partir de ciertas edades queda olvidado. El que habiendo gozado de cierto nivel social pierde el rango que tuvo queda muchas veces excluido, si se quiere por autoexclusión, entrando a formar parte en ocasiones de la población sin techo.

Y el problema se agudiza al ser la competitividad la que sigue constituyendo el motor principal de sostenimiento del sistema productivo. Y la competitividad se nos exige en un triple nivel. El nivel individual, para ser «empleables» o útiles para la maquinaria económica; el empresarial, para poder subsistir cada empresa dentro de esa maquinaria; y el nivel de país, para poder competir, como economía, con la producción de bienes y servicios de otras maquinarias sociales de producción.

Y lo grave es que, si continúan nuestros paradigmas sistémicos, la competitividad económico-empresarial entre humanos tenderá a hacerse más y más agresiva olvidando otras perspectivas cada vez más necesarias. A juzgar por la observación de las tendencias y las manifestaciones de los economistas y los sociólogos, la automatización hurtará millones y millones de puestos de trabajo a las personas en pro de la productividad y consiguientemente de la competitividad de las empresas. Pero ¿cuál es el precio social de esa competitividad?

La tecnología, el progreso y la creciente productividad del sistema económico-empresarial del mundo para procurar a sus ciudadanos todos los bienes necesarios para su bienestar material están llevando a la sociedad a un grandísimo grado de automatización y a la progresiva sustitución de mano de obra por máquinas o por procesos digitalizados. Y de seguir así llegará un día en que pocos habrán de trabajar en esa cadena productiva de bienes y servicios pues el hecho de trabajar provocará ineficiencia en el sistema. De hecho, alguien como el fundador de Google ya dijo hace tiempo que el mundo tendría mayor productividad y capacidad de producir bienes y servicios si solo trabajara el 10% de la población.

En cualquier caso, ¿qué vamos a hacer todos los que no estemos entre los que sean necesarios en esa cadena? ¿Cómo vamos a dar sentido a nuestras vidas? ¿Solamente aprendiendo a vivir asentados en el ocio recibiendo del Estado, o de quien sea, las prestaciones que necesitamos para vivir? ¿Será esto soportable para la mayoría de las personas? Yo creo que no.

¿Nos llevará ello a tener una sociedad con unas pocas personas muy valiosas y acopladas al proceso productivo y otras muchas mayoritarias casi inútiles por no tener hueco en la maquinaria de producción bienes y servicios? La tendencia en esa dirección es tan clara que hoy algunos autores visionarios se atreven a hablar con bastante rigor y seriedad de las posibilidades de que en poco más de veinticinco años haya nacido una nueva raza (la de los exitosos) que deje en un estadio inferior a los actuales Homo Sapiens, especie a la que todos pertenecemos hoy y en la que permaneceremos los que seamos excluidos o desacoplados.

Quizás esto haya pasado ya a lo largo de nuestra historia evolutiva y por tanto no tendríamos por qué verlo como algo necesariamente negativo. Pero a mí me produce una fricción interior que no me gusta, incluso aunque me imaginara a mí mismo estando entre los que pasaran a pertenecer a la nueva raza de «exitosos».

Es cierto que las personas liberadas de esos trabajos se aplicarán a nuevas actividades, como ya ocurrió con la gente a la que el tractor dejó sin trabajo en el campo. Es también cierto que esas nuevas actividades solo podrán nacer en la medida en que continúe el fenómeno de creciente creación de más y más necesidades para el ser humano (digo necesidades, aunque se trata más bien de lujos o caprichos que muy pronto se convierten en necesidades que hacen que tengamos que ir con la lengua fuera para conseguir satisfacerlas).

Algunos dirán que por qué no aceptar con normalidad un mundo que se sostenga con unos cuantos que se dediquen, con creatividad y esfuerzo, a crear necesidades y todos los demás luchando para conseguir satisfacerlas. Pero otros pensamos que si la evolución no es equilibrada y con sentido será triste vivir entretenidos, como miembros de la sociedad, en la creación de necesidades para luego tener que luchar para satisfacerlas. Y lo que probablemente ocurrirá –como viene ya aconteciendo desde hace mucho tiempo–, es que la sociedad con una inconsciente y espontánea inteligencia creará trabajos que solo serán necesarios para dar actividad a las personas, generando una carga formal, burocrática o de otro tipo sobre el resto de los ciudadanos.

Otros ante esto dicen que lo que sucederá es que, como pasó con la Revolución Industrial, nacerán nuevas necesidades de empleo que absorberán a las personas que ya han sido excluidas de la maquinaria de producción por la automatización y robotización de procesos y actividades. Y sin duda esta será la opción preferible en la que yo confío, pero con el miedo de que las nuevas actividades sean artificialmente creadas para generar empleo a costa de generar ingratas cargas burocráticas, formales y obligacionales que resten estúpidamente calidad de vida a todos los miembros de la sociedad. De alguna forma mucho de esto ya ocurre. Si miramos hoy el porcentaje de personas dedicadas a producir los bienes o servicios de los que disfrutamos nos daremos cuenta de que son una parte menor que la que se dedica a funciones que yo califico de «males necesarios» para sostener la sociedad y la base de empleo. Basta ver la cantidad de personas que hay dedicadas a labores relacionadas con los temas de protección de datos, blanqueo de dinero, trasformación o marketing digital, cumplimiento normativo, etc. Resulta también elocuente la ley que establece la obligación de realizar las ITVs (inspecciones técnicas) de las viviendas cada cierto tiempo. Su exposición de motivos explícitamente justifica su existencia precisamente en la necesidad de dar actividad al colectivo de aparejadores que habían quedado tan negativamente afectados en nuestra larga crisis que comenzó en el 2007.

Reconozco que la naturaleza nos ha creado necesitados de una u otra lucha para sobrevivir física o socialmente. Pero a mí la vida sometida a un sistema que nos exige satisfacer más y más necesidades y cumplir más y más obligaciones me parece un poco sofocante. Y supongo que no soy el único y que, como yo, mucha gente, cuando deja de ver novedad y atractivo en lo de tener cada día una cosa o un aparato nuevo, cae en un hartazgo y en frustración al tomar conciencia del sinsentido de vivir para crearnos más y más necesidades que luego nos agobian.

Oí hace un tiempo a un sabio de la Universidad de Oxford, cuyo nombre no recuerdo, decir que en el futuro deberíamos hablar de «actividades» en lugar de hablar de «trabajos». Me gusta la idea, pues está relacionada con la necesidad de buscar ocupaciones a los ciudadanos, que no necesariamente sean productivas pero que procuren bienestar al mundo y sentido a quienes las ejercen.

Vivir en una sociedad en la que la mayoría de las personas no tienen una actividad con sentido es propiciar el incremento de las malas actitudes sociales que genera la insatisfacción de carecer de sentido. Y esa falta de actividad (o de actividad con sentido) será determinante en el incremento de profesiones que solo tendrán razón de ser en la necesidad de las personas de tener «un hueco en el mundo», que generarán a su vez actividades ilícitas y malas prácticas por parte de quienes sienten tener mucha energía pero se encuentran excluidos.

Reconozco que no es fácil sustituir ese «sinsentido» por algún «con sentido». Por eso yo, haciendo un paralelismo con el libro de Viktor Frankl, me gustaría contribuir a que la sociedad a partir de ahora se declarara como «una sociedad en busca de sentido».

Creemos que el progreso es tener y hacer más cosas

La trepidante velocidad a la que se mueve y evoluciona el mundo nos ciega y nos impide ver lo que en realidad está pasando.

Vivimos ya con tanta riqueza que hoy no sabemos quién es rico y quién pobre si no es por comparación de unos con otros. Puede decirse que, con los actuales criterios de medición, la riqueza de unos hace pobres a los otros. Sin embargo, la felicidad de unos no depende de la infelicidad de los otros. Como pobres o ricos debemos trabajar más en lo que nos da felicidad y no tanto en la lucha por tener y hacer más y más, pues esto muchas veces nos la quita.

Dirá la gente dentro de doscientos años que «pobrecitos» los que vivieron en el siglo XXI, que morían a los noventa años y todavía no se curaban todos los cánceres. Dirán otros en el año 2040 que vaya patata de coches teníamos para transportarnos cuando estén acostumbrados a los magníficos y no contaminantes vehículos que entonces usaremos. Y más cercanamente, qué decir de lo que pensaría alguien mañana si entrara en una casa y viera que todavía hay en uso una de esas cuadradas televisiones «de siempre». Y como esto, cuántas cosas podrían decir...

La velocidad de desarrollo de las cosas se ha hecho trepidante y la capacidad de producción de bienes y servicios es frenética. Todo lo que hoy se produce queda obsoleto o inservible en un breve plazo de tiempo que tiende a reducirse. Y las tendencias sociales, de comportamiento, de decoración, modas, etc. son cada vez más marcadas y cambiantes. Con algo de exageración, alguna vez he oído decir que si desapareces y te aíslas en el campo durante seis meses seguramente será imposible la reinserción.

El progreso y la riqueza material, que antes acarreaban un bienestar poco cuestionable, hoy pueden empezar a saturar y a menudo a suponer más una carga que un beneficio para el ser humano.

Particularmente no necesito que nadie dentro de 200 años se apiade de mí por vivir en una generación con una esperanza de vida de noventa años. La dimensión absoluta de las cosas es irrelevante para mí, pues la perfección del mecanismo que gobierna mi ciclo de vida me permite adaptar mi satisfacción y aceptación de la muerte al ciclo y duración normal de vida en el tiempo en que vivo sin compararme ni con los tiempos pasados ni con lo que en un futuro podrá ser. El tiempo que yo viva, por más largo que llegue a ser, nada será en el contexto de una infinita eternidad y por ello cien años más o menos de longevidad serán para mí irrelevantes mientras mi discurrir por la vida no sea traumático por la muerte precipitada (en el contexto y con parámetros de mi tiempo) propia o de los que me rodean. Al menos eso pienso.

Mi perro vivirá en torno a quince años y no es más pobrecito que yo, como no lo soy yo por el hecho de no poder alcanzar los 150 años de vida de las tortugas. Vivimos lo que toca y no podemos confundir las magnitudes absolutas de lo medible en nuestro entorno con nuestra capacidad de relacionarnos felizmente con ellas y nuestras circunstancias.

Puedo hacer una reflexión similar respecto a la calidad de mi coche de hoy o la de mi antigua televisión, y como eso miles y miles de ejemplos. Mi coche y mi televisión no son ni buenos ni malos, son los de este tiempo, y la felicidad que me producen poco tiene que ver con la calidad o las prestaciones objetivas y mucho con mi capacidad de aceptar lo «que me ha tocado» (como resultado del azar genético, social y educacional y de mis esfuerzos) y de estar satisfecho con lo que tengo, lo que en general está muy en relación con lo que tienen los demás. De mi coche nuevo del 2040 no disfrutaré más de lo que disfruté con mi nuevo coche del 2015. Quizá disfrute menos, pues de lo que realmente se disfruta no es del coche sino de la novedad, convirtiéndose las prestaciones en objeto de necesidad en lugar de en objeto de «disfrute sentido o percibido». La novedad dura cada vez menos pues encajamos los umbrales de estímulo necesarios y requerimos cada vez con más intensidad y mayor frecuencia.

Mi apreciación acerca de la carencia de sentido en múltiples aspectos de nuestro día a día social y económico me hace cada vez más reiterar la necesidad de hablar de la sostenibilidad y el desarrollo emocional de nuestro sistema socioeconómico. Nuestro régimen actual está en serio peligro si no toma rápida conciencia del absurdo secuestro al que el dinero, la economía y el crecimiento someten a los individuos de la sociedad actual situándolos en una incesante lucha por la mejora y el progreso material, sin avanzar en paralelo en su crecimiento y bienestar emocional como personas. Por méritos derivados de nuestro propio sistema, en las sociedades avanzadas hemos alcanzado unos envidiables niveles de bienestar material que permiten que todos (salvo los excluidos por un motivo u otro y es de lamentar que sean muchos) tengan cubiertas las necesidades básicas de alimento, techo, calor, transporte, etc. Sin embargo, nuestra educación emocional como individuos, y consecuentemente como sociedad en Occidente, es prácticamente nula y requiere de importantes esfuerzos para ponerse al nivel necesario y merecido por una sociedad colmada de bienes materiales. Unos bienes que en gran medida ya no «sentimos disfrutar» pero cuya consecución y conservación se han convertido en una adictiva necesidad con un alto coste emocional. La permanente insatisfacción del ser humano lo somete a la lucha por conseguir más y más y «lo siguiente», viviendo (o, mejor dicho, trascurriendo por la vida) con la lengua fuera para no quedarse atrás o «ser menos»... El autoconocimiento, la psico-educación o la educación emocional me parecen por tanto una necesidad urgente e imprescindible por la que yo me permito gritar en este libro.

No pretendo ni mucho menos decir que el progreso sea malo o que se pueda parar. Sería estúpido por mi parte pensar que el hombre va a dejar de ser buscador e inventor aparcando sus inquietudes... Tampoco puedo negar las bondades del desarrollo en la calidad de los bienes, comodidades, salud y disposición de servicios. Pero sí quiero llamar la atención sobre el hecho de que hoy la aportación al verdadero bienestar humano que nos da en Occidente el incremento de la riqueza material es muy inferior al incremento de bienestar humano que puede obtenerse enriqueciendo nuestro autoconocimiento, nuestra gestión emocional y de nuestra espiritualidad.

La revolución industrial iniciada hace ya más de 200 años ha dado con seguridad un gigantesco bienestar y nivel de riqueza general al mundo y creo que debemos felicitarnos por haber conseguido el progreso alcanzado en nuestra civilización. Pero es tiempo de tomar conciencia y observar fenómenos y «sinsentidos» que estamos sufriendo con gran arraigo en nuestras vidas y que, sin embargo, los ojos tradicionales del dinero y del poder no ven o no quieren o «pueden permitirse» ver.

Son fenómenos como la proliferación de nuevas enfermedades propias de sociedades ricas tales como las depresiones, las anorexias y otros trastornos fruto de entornos de vida sofisticados, del culto a la imagen, de la pérdida de referencias y de la carencia del sentido vital que a menudo tratamos de encontrar en el tener y tener más y más cosas, y más y más dinero. Basta también ver cómo el índice de suicidios se eleva dramáticamente en las sociedades ricas y desarrolladas.

Por eso en este libro expongo, desde mi propia perspectiva y con la mayor transversalidad y distancia de las que soy capaz, algunas de esas cosas que parecemos no ver como sociedad y que en mi opinión suponen un contrasentido o una ceguera que deberíamos remediar. Debemos salir de la confusión de poner el foco como individuos y como sociedad en cosas que no nos procuran la felicidad.

Desarrollo, progreso, nivel de vida… son para mí hoy palabras huecas e incluso pretenciosas. De alguna manera son un invento de la palabrería, de la demagogia, de los discursos interesados. Con perdón, pero cuánta superficialidad hay en un mundo que admite el uso de esas palabras sin indagar su significado.

Qué reduccionismo. ¿Cómo es posible que llamemos «progreso» a algo que solo consiste en general en tener más o mejores bienes, comida o confort…? Lamento mucho la simpleza de la gente cuando usa estas palabras. O quizá sea en algunos casos negación ignorante o interesada de una parte fundamental del ser humano.

Comprendo que en una sociedad pobre, el incremento y mejora de bienes, alimento, abrigo y cobijo puede ser muy positivo, con nada o muy poco en el lado negativo de la balanza. Pero hoy, en una sociedad como la nuestra ¿cómo se puede llamar progreso a tener más cosas del tipo que sea? ¿Qué más puedo tener yo para progresar? Desde luego muchas cosas, pero nada de lo que normalmente se asocia a progreso y bienestar. Pues exagerando un poco podría decirse que produce más felicidad adquirir un coche nuevo que tenerlo. Y produce más felicidad la comparación de mi coche con los del entorno que las cualidades intrínsecas del vehículo en sí. Y si no que se lo digan a mi padre cuando iba tan contento y orgulloso con su pequeño Seat Seiscientos en la época en la que casi nadie tenía coche. Creemos que obtenemos la felicidad con un nuevo coche sin ser conscientes de que es la novedad, el mostrarlo a los demás y el compararlo lo que en general nos produce más placer.

Yo, sin embargo, para mi felicidad siento que preciso de más tiempo, más serenidad, menos estar cambiando permanentemente, menos estar poniéndome al día en muchas cosas solo para sobrevivir o demostrar a los demás lo que tengo y lo que soy. En definitiva, que «lo que necesito son menos necesidades».

Pero aun cuando no desee más progreso material, reconozco que no me resulta fácil parar y salir de la rueda de consumo. Pues, aunque no deseo otro coche, no quiero que mi coche se convierta en «malo» porque los demás tienen otro al que llaman «mejor» y que objetivamente hablando tendrá novedades técnicas y otras prestaciones. Y tampoco quiero que un día mi coche se convierta en viejo a los cuatro años porque la gente cambie de coche cada tres años en lugar de cada diez o quince como ocurría antes. No quiero en definitiva que mi juicio acerca de la calidad de mi coche se haga por referencia al estándar de los coches si ese estándar cambia cada vez a velocidad mayor, pues no quiero ser esclavo de la necesidad de cambiar de coche con todo lo que ello acarrea en términos de esfuerzos y sacrificios (de los que no me gustan) para obtener los recursos para pagarlo.

Y esto mismo nos ocurre en múltiples ámbitos. Pues no quiero aprender, o mejor dicho tener que aprender, un imaginario Windows ZZZ simplemente porque a alguien se le haya ocurrido que ello ayuda a una determinada estrategia empresarial interesada. Pues nada me da el Windows ZZZ (y lo que me dé no lo necesito) que no me diera la versión anterior que tenía. Pero la realidad es que aunque no quiera no puedo dejar de aprenderlo pues no me queda más remedio. No me gusta pero me veo obligado a incorporarlo a mi vida pues un día no se podrá funcionar sin él. No quiero por ello que el desarrollo me haga necesitar más y más prestaciones y funciones para mi ordenador porque me convertiré en dependiente y entonces no podré vivir sin ellas. Cada pequeño cambio suele ser sencillo y no problemático pero cuando son cientos de pequeñas cosas, una detrás de otra y otra detrás de la una, uno acaba cansado y quizá harto.

No quiero estar todo el día luchando para no quedarme obsoleto ni yo ni mi infraestructura. Pero tampoco quiero quedarme obsoleto pues ello implica no sobrevivir, socialmente hablando. Nos hemos hecho esclavos del estar permanentemente adaptándonos por necesidad, no por gusto. A algunos les gustan las novedades y algunos de ellos se creen incluso que el mundo con la tecnología será maravilloso y eficaz y que se acabarán los problemas. Pero yo insisto en que eso es una mirada superficial y engañosa que desprecia la experiencia subjetiva de las personas ante la tecnología y el cambio y el efecto colateral de vernos subyugados a la necesidad de «progresar» si no queremos caer en la «muerte social» por inadaptación.

La velocidad de cambio es tan grande que las exigencias requeridas para no quedarse uno obsoleto se hacen cada vez más duras. Hay que derrochar grandes esfuerzos para conseguirlo. En general vemos todos estos esfuerzos como positivos para poder satisfacer nuestras inquietudes y necesidades. Pero para mí se trata de necesidades que son nuevas y que antes no teníamos y por tanto poco ganamos simplemente satisfaciendo hoy una necesidad que ayer no teníamos.

He hablado de consumo y de renovación de bienes y tecnología pero lo mismo es aplicable a las actividades que realizamos. ¿Por qué ahora los jóvenes de España tienen que hacer miles de kilómetros en sus viajes y conocen medio mundo pero todavía no han visitado Asturias o Andalucía? En un contexto donde palabras como «progreso», «crecimiento», «bienestar»... son siempre positivas parece que lo único que cuenta en la vida es «tener» y «hacer» (que no deja de ser tener experiencias que se pueden contar) ya sean tanto materiales como inmateriales y puras prestaciones tecnológicas.

Vivimos muchas veces con la creencia de que tener más cosas nos dará felicidad. Creo que sabemos que no es así pero la rueda social de consumo nos lleva a olvidarlo al generarnos una ansiedad que solo con el consumo podemos aplacar. El consumo calma momentáneamente esa ansiedad pero ahonda más en la paradoja de la rueda porque el falso progreso y el tan deseado crecimiento económico solo pueden alimentarse de eso.

Me gustaría que el mundo hablara más de las cosas que de verdad importan y que hoy tienen sentido. Casi casi todos en Occidente tenemos lo que se precisa para vivir, sobrevivir y reproducirnos. Hemos luchado muchísimo, unos y otros a lo largo de nuestra evolución para llegar a alcanzar unos niveles de bienestar material muy significativos. Y es seguro que ha merecido la pena hacer ese esfuerzo pues se ha traducido en un bienestar también social y humano. Además, ese camino al progreso ha sido guía y cauce para canalizar nuestra energía, distrayéndonos en alguna medida de transformarla en mayor nivel de agresividad, guerras y conflictos.

Los niveles de riqueza alcanzados son tan altos que es difícil tener mucho más bienestar material que pueda traducirse en bienestar humano real. Si en ocasiones creemos que todavía podemos mejorar para alcanzar niveles supuestamente más elevados de bienestar y riqueza, como los que tienen los ricos, creo que es por una confusión de lo material con otros ámbitos de lo inmaterial o intangible ligado al mundo de las relaciones entre las personas.

La mayor parte de las manifestaciones de mayor bienestar material que pueda tener un multimillonario con respecto a las mías (que las considero ya privilegiadas), no son realmente mejoras en el ámbito del bienestar. Si a estas las consideramos ventajas, pienso que es porque las entroncamos en el ámbito de la comparación entre personas y por el deseo de los de nivel inferior de conquistar nuestro nivel más alto de riqueza. Nos gustan los bienes materiales porque nos hacen admirados o envidiados. Por ello, más que bienestar suponen un baño para nuestro ego o un peaje para poder mantenernos en sociedad dentro del grupo o nivel que comparte similares niveles de riqueza, a la vez que un caramelo para enseñar a quienes tienen menos para que «nos hagan la rosca».

Si uno se quedara solo, o solo con su pareja, en este mundo, seguro que le gustaría tener una casa caliente para el invierno y fresca en verano, algún medio de transporte acorde a sus necesidades, algunos medios, herramientas o útiles para poder procurarse el alimento y colmar cualquier necesidad que tuviera, incluidas las de entretenimiento, quizá algún aparato para oír música o para disfrutar de otras cosas, quizá una pelota o algo para dibujar... y desde luego una buena gama de manjares para disfrutar de ellos. Si fuera yo, me encantaría –como supongo que a muchos– que esa gama de manjares fuera incluso mayor que la de la mejor tienda gourmet del mundo, ¿por qué no? Podría disfrutar de todas esas cosas sin que el placer viniera de comparar lo que tengo con lo que tienen otros. Lo mismo podría decir de contemplar un bonito paisaje o leer un buen libro.

Pero no creo que muchos en su sano juicio (salvo los que pudieran tener sus respetables buenas razones) quisieran tener un yate de 100 metros para recreo, una casa de 2.000 metros cuadrados o un reloj que se retrasa cada mes y al que hay que darle cuerda pero que cuesta 15.000 euros. Y mucho menos les gustaría tener que cambiar de vestuario cada temporada para «ponerse al día». No sé cuántas otras cosas como esas podría decir... Son todas cosas a las que es muy difícil, si no imposible, sacarles provecho si no es para enseñarlas y compararse con los demás y mejorar el estatus, el poder, el entronque en la sociedad...

A partir de un determinado nivel de riqueza los bienes materiales no proporcionan calidad «real» de vida. Las cosas que solo se tienen para enseñarlas o contarlas no procuran bienestar. Algunas de ellas, bien gestionadas, proporcionan beneficios, pero no creo que estos deban encuadrarse dentro del mundo de los beneficios materiales. Por igual motivo, carecer de algunas cosas (o tener algunas cosas muy viejas u obsoletas fuera de la moda) no supone tanto una carencia y sufrimiento en el plano material sino un sufrimiento por el sentimiento auto-percibido de estar fuera de la moda o tendencia, de exclusión, crítica o mofa del entorno.

Vivimos demasiado constreñidos por la silenciosa e invisible presión del entorno que nos dice todo lo que tenemos que ir teniendo y haciendo para no quedarnos atrás, para mantener un estatus que nos permita seguir disfrutando de la gente con la que nos hemos acostumbrado a estar y con la que hemos generado relaciones de cariño. Y como no nos gusta descolgarnos del grupo y del entorno en el que nos hemos criado y vivido a lo largo de las distintas etapas de la vida, siempre nos pesa la carga de esta presión.

Mucha gente niega esta presión y manifiesta que sus conductas no están condicionadas por el entorno. Mantienen por ejemplo que «tienen personalidad» y que no se dejan llevar por las modas, pero basta observarlos para verificar que siguen una u otra corriente, influidos, como es natural, por su entorno social elegido o impuesto. Y me atrevo a pensar que a quien no le pesa esa presión es seguramente por inconsciencia o por estar montado en una espiral de conquista de estatus, poder o riqueza material que ciega la vista para valorar otros aspectos y ámbitos del ser humano social que yo considero sumamente importantes. Otros convierten la presión en una particular lucha tratando de no seguir las corrientes de masas y cayendo en su particular moda «contraria a lo establecido» de la que también pueden resultar más o menos esclavos.

Por todo ello, aunque sea un poco polémico por exagerado, me atrevo a confirmar que más de eso que se llama «calidad de vida material» no procura ya a la gente del privilegiado Occidente calidad «real» de vida. Por eso me cansa lo mucho que se habla de crecimiento y aspectos financieros y económicos. Me preocupa cómo todos estamos secuestrados por los paradigmas de quienes influyen de una u otra forma en el gobierno y directrices de nuestro mundo, que a su vez están sometidos al mismo secuestro de forma consciente o inconsciente. Y el problema es que todos contribuimos a nuestro auto-secuestro, cada uno en su medida pues «esos que influyen» somos todos cuando, ciegos a la comprensión del ser humano, nos creemos que tener lo siguiente será la panacea que nos procurará una felicidad duradera. En realidad esa dinámica de consumo de bienes o estatus solo aplaca o alivia de forma muy pasajera una ansiedad generada por la falta de sentido de nuestras vidas y actividades. Una ansiedad que se exacerba a medida que se la alimenta con más consumo produciéndose un ritmo insoportable de manifestaciones de consumo o muestra pública de cosas que hacemos. Como prueban ya los estudios acerca del funcionamiento de nuestro cerebro, la ansiedad consumista y de progreso social es un fenómeno similar al que se da con el consumo de drogas, pues la adicción que produce exige crecientes frecuencias y dosis para ser aplacada.

No quiero decir que tener el siguiente aparato tecnológico sea peor que tener el actual. No quiero decir que viajar a Australia sea peor que viajar a Santander. Solo digo que no es ni mejor ni peor. Es solo distinto. Y veremos que quizá poner nuestra atención en otras cosas aportaría más a nuestro progreso y a nuestro nivel de felicidad.

Las empresas creadoras de necesidades

He hablado ya mucho del error de concebir el progreso como la creciente consecución de más y más bienes y servicios y de más y más hacer cosas. Pero ahora, para la mejor comprensión de por qué ocurre esto y de cómo funciona nuestra sociedad en este aspecto debemos mirar el fenómeno desde el lado de la brillante capacidad de las empresas de crear necesidades contribuyendo a un mundo que cree que el progreso es tener más y más. Si no se crearan más y más necesidades, las empresas irían muriendo pues la competitividad y la productividad alcanzadas permiten mucha mayor producción con menor número de empresas y personas. Y si las empresas murieran y el crecimiento económico desapareciera, el motor de la sociedad se pararía, con todo lo que eso puede acarrear.

Antes las empresas satisfacían necesidades, hoy las crean.

Hasta hace poco tiempo el éxito de las empresas estaba en su capacidad de satisfacer necesidades de las personas que todavía no gozaban del elegante título de «consumidores». No hace falta poner ejemplos de cómo las necesidades de alimentación, agua, calor, frío, trasporte se han ido satisfaciendo.

Pero hoy triunfan las empresas que encuentran formas de crear nuevas necesidades. Son creadoras de necesidades que además saben cómo hacer llegar al mercado de manera que la mayor parte de sus competidores queden excluidos para poder así asegurarse rentabilidad. Es la selva del mercado y no queda más remedio que aceptarlo.

A veces las nuevas necesidades son simples evoluciones de otras que ya teníamos cubiertas, como por ejemplo la televisión digital, plana, inteligente... Algunos me dicen que el cambio de un tipo televisión a otro es una mejora por la que yo opto voluntariamente. Pero eso no es cierto. Me atrevería a retar a cualquiera a que dijera que los cambios de televisión han sido decisiones voluntarias para demostrarle que realmente «hemos tenido la necesidad» de comprarnos en los últimos años unas cuantas televisiones planas para sustituir a las viejas cajas televisivas que teníamos. Por circunstancias de la vida, yo tenía unas cuantas y he sustituido todas menos una que mi coraje ha conseguido defender.

Realmente se hizo imposible en la práctica no cambiar las televisiones pues haberlas mantenido habría exigido adaptadores de todo tipo, multiplicidad de mandos, reconexiones... y sobre todo la capacidad de aguantar a tus hijos y a tu mujer que no habrían podido conectar sus nuevos aparatos y beneficiarse de todo lo que hoy es normal. Y ello sin contar los comentarios y las miradas de quienes hubieran entrado en tu casa y hubieran visto esas gordas y antiguas televisiones.

Soportar los comentarios (o los silencios tensos) que hay que aguantar cuando uno no compra lo que ya todo el mundo tiene es una gesta heroica. Pero además de la condición de héroe, exige estar dispuesto a pagar el precio de ser excluido o categorizado como «raro», lo que te saca del circuito de «personas normales de nuestro tiempo» y que sin duda te priva de muchas relaciones sociales y te acaba situando en un grupo de extraños seres. Pocos hay que puedan hacerlo y realmente no sé si tiene sentido.

El deseo de progreso basado solo en el consumo es aprovechado por nuestro tejido empresarial para ir dejando obsoletos y fuera de funcionamiento a los bienes anteriores creando un creciente número de dependencias y necesidades en las que nos vamos montando y de las que no podemos prescindir. Seamos pues conscientes de que no es tan libre la decisión de comprarse o no uno las cosas que van saliendo al mercado. Y quiero también que tengamos presente que esa imperativa adaptación a los tiempos y a la vertiginosa oferta supone cada vez más la pérdida del derecho a seguir como estábamos. Creo que antes existía en gran medida este derecho que hoy hemos perdido.

Me gusta mirar los efectos asociados o colaterales de las cosas. Y no cabe duda de que este fenómeno de permanente progreso y mejora de la calidad de nuestros aparatos tecnológicos tiene mucho de bueno, como de bueno tiene también un whisky que saboreamos, que nos anima y nos ayuda a pasar un rato viendo la vida más bonita. Pero, contrariamente a lo que ocurre con el whisky, cuyos riesgos y efectos la gente conoce, poca gente tiene conciencia de la parte negativa en nuestras vidas de una incesante acumulación de nuevas necesidades en distintos ámbitos como el tecnológico.

La música que tenía en los casetes ya la tuve que tirar, los vinilos los tengo de recuerdo nostálgico (porque ese nuevo tinte le ha dado la sociedad) y cualquier día tendré que tirar toda mi colección de CDs pues no tendré aparato donde escucharlos y se convertirán en un soporte extinto.

No quiero ni mencionar lo complicado que es hoy comprar una bombilla normal. Que si halógena, de bajo consumo, led... De hecho hace poco me enteré de que ya no hay bombillas de «las de siempre» de 100 Watios en los circuitos normales comerciales y que las que tan en boga estaban, denominadas de «bajo consumo», iban a ser prohibidas por la Unión Europea por razones medioambientales. Ha sido el salto a las LED.

Seguro que existirán buenos argumentos medioambientales para esos cambios pero sospecho que casi siempre hay intereses detrás de esos buenos argumentos. Además, si se observara este fenómeno de renovación permanente de todo a estrepitosa velocidad seguramente se apreciaría con facilidad que la vorágine generalizada de cambio y consumo es la mayor causa de agresión medioambiental.

Mi espuma de afeitar antes me duraba tres años y ahora solo tres meses. Y estoy seguro de que también hay buenas justificaciones medioambientales para ello pues cuando el pueblo se ha sensibilizado con algún concepto como el medioambiente todos lo utilizan para explicar el porqué de muchas cosas que sin lugar a dudas se hacen con otra finalidad.

En fin, no voy a continuar con la lista pues también es general el conocimiento de la obsolescencia programada. Las cosas tienen que durar menos pues hay que seguir vendiendo y vendiendo para subsistir. Y como esas necesidades vitales ya están cubiertas pues hay que crear necesidades cambiando los envases o haciendo los aparatos de menor duración.

Pero todas las necesidades creadas resultan anecdóticas si se comparan con la revolución tecnológica y de telecomunicaciones a la que estamos sometidos. Vivir sin Internet para una persona normal es imposible y en mi casa en los últimos cinco años hemos tenido que ir comprando y sustituyendo más teléfonos que todos los que yo he visto comprar en cincuenta años en casa de mis padres. Cada hijo tiene que tener un teléfono, todos necesitan acceso a wifi, tenemos impresoras que también hacen fotocopias y escanean y que se han convertido en una necesidad incluso cuando los niños están en el colegio. Y el empeño de todas las compañías tecnológicas es ver cómo pueden atraparnos en una necesidad y conseguir que nadie se pueda liberar sin pagar un alto coste. Y amablemente una empresa te hace un regalo de una impresora disfrazado con «un buen precio de venta» y con ello uno queda enganchado a comprar cartuchos de tinta cada mes que casi son más caros que la propia impresora. Y qué decir de cómo te atrapan las empresas ofreciendo suscripciones gratuitas a servicios de telefonía, televisión, música y tecnológicos en general.... que luego van dejando incompletos salvo que se contraten, ya sea con pago y mayores niveles de servicio.

No son más que algunas muestras de cómo las grandes compañías tecnológicas elegante y progresivamente consiguen que dependamos de ellas para hacer así dinero, explotando nuestra dependencia o nueva necesidad.

Siento que vivo en un mundo en el que voy teniendo cada vez más necesidades a un creciente ritmo que voy a su vez satisfaciendo. Pero me pregunto que de qué me sirve ir incrementando el número de necesidades para irlas calmando cada vez a mayor velocidad. ¿Qué gano yo con ello si lo que yo quiero es encontrarme el mayor tiempo posible satisfecho en el instante en que vivo y con lo que tengo? No gano nada pero me impongo un permanente esfuerzo de adaptación y mejora que solo sirve para encauzar o aplacar las energías asociadas a nuestro instinto de supervivencia y conservación mientras alimento la cadena de producción y en definitiva el sistema económico que sostiene nuestra sociedad. Pero ojalá aprendamos una forma más cómoda de encauzar esa energía y sostener nuestro sistema.

Pocas dudas tengo de que son las empresas y los intereses económicos en general los que nos someten a esta incesante velocidad de cambio y consumo. Y son ellas las que con su poder consiguen un plan Renove para los coches y que se legisle para obligar a sustituir antiguos aparatos e instalaciones.

También en cuestión de simples modas y estilos de vida, la presión de la oferta empresarial y los ganchos publicitarios y comerciales nos llevan sin darnos cuenta a «obligaciones» que solo tienen de bueno su contribución a aumentar el negocio de las empresas y consiguientemente el crecimiento y sostenimiento económico general, que debo decir que es muy importante mientras no vayamos encontrando otros motores que permitan sostener nuestro sistema económico-social.

Y esa capacidad de comunicación, de despertar atracción que tienen las empresas, es la que lleva al ciudadano a la creencia desenfocada de que la felicidad está en tener y tener más y en tener lo siguiente.

Me guste o no tengo que renovar mi vestuario si no quiero llamar la atención y mi aspiración ahora es tardar todavía unos cuantos años hasta que el tener que implantarse pelo, depilarse el pecho, hacerse la uñas en la manicura o tener unos dientes perfectos pasando por la ortodoncia... se convierta en una imposición social para los hombres. Algo que quizá muchos sientan ya como una obligación ineludible.

La presión que sufrimos cuando nos distinguimos negativamente por no tener determinadas cosas o por no actualizarnos es una carga de la que es difícil liberarse sin pagar un alto precio social de cierta exclusión o «bajada de categoría». Además es una presión interna que se sufre como consecuencia del desgaste psicológico que hace falta para defenderse de las tendencias. Y las empresas que conocen muy bien todo esto construyen sus relatos de venta y crecimiento sobre estas debilidades humanas acelerando el consumismo y la creación creciente de necesidades.

Y, en el plano de las relaciones sociales, todo aquello que se convierte en necesidad para el hombre desata en los individuos una actitud mucho más agresiva, ante la amenaza de no satisfacerla, que redunda en mayor tensión e irascibilidad social.

Me rebelo muchas veces contra esta presión consumista y despotrico un poco contra ella, pero es un simple desahogo pues no me gusta sufrir la esclavitud de las necesidades. Pero debo reconocer que todo ello al fin y al cabo lo tomo como el precio necesario para llegar al estadio de evolución social y riqueza que hemos alcanzado.

Deslumbrados y esclavos de la tecnología

Aun a riesgo de parecer repetitivo no quiero dejar tampoco de exponer la contribución que tiene nuestra idolatría a la tecnología o al fenómeno que vengo describiendo.

Me permito para ello traer aquí un extracto literal de una irónica inserción escrita en mi diario exactamente el 7 de marzo de 2004:

«*Tenemos que agradecer a la tecnología que nos ha liberado de grandes esfuerzos dándonos tiempo disponible para otras tareas.*

Gracias a esa nueva libertad, yo mañana tengo el día libre y aprovecharé para levantarme pronto e ir a comprar un nuevo programa antivirus y un ratón porque el mío falla mucho. En dos o tres horas espero haber podido instalar el antivirus y contratar un servicio de mantenimiento. Con ello, ya sin miedo de contagios víricos, instalaré el nuevo juego de mi hijo para que se divierta el fin de semana. Confío en que no tenga problemas de capacidad al instalarlo porque pretendía aguantar un mes más con este ordenador.

Por la tarde, tan pronto termine de leer las instrucciones del nuevo juego, pretendo dedicar un rato a interesarme en las nuevas líneas rápidas para navegar y actuar en Internet. ¡Lo que instalé el año pasado ya no vale para nada! Ahora hay cosas mucho mejores. Si acabo pronto trataré de ir 'al punto limpio' a deshacerme de todas las películas de vídeo que tengo en casa; ya no me caben en ningún lado con tanto DVD como tengo. Además la verdad es que el vídeo se ha convertido en un trasto.

Con un poco de suerte a última hora del día consigo traer a mi hermano a tomar una cerveza a casa y me configura mi equipo con el sistema de sonido; a mí la verdad es que no se me dan bien estas cosas y estoy deseando tenerlo listo porque se tiene que oír de maravilla.

Espero que me dé tiempo a todo porque así el sábado podré ir a comprar el adaptador para el emisor PQSL del equipo de sonido inalámbrico y por la tarde dedicarme con calma a aprender a utilizar el nuevo teléfono y a recibir a través de él correos electrónicos. Todos mis amigos lo utilizan ya y siento que no debo esperar más para aprender.

Gracias Señora Diosa Tecnología por poner a mi disposición todo este tiempo para dedicarme a ti, otorgándome, además, la capacidad de acelerar y optimizar mis actos cada vez más y conseguir así una plena devoción hacia ti y una insuperable capacidad de permanente y rápida adaptación a las infinitas novedades que nos ofreces de una forma gradualmente perfecta y permitirnos su aprendizaje con la justa tensión para evitar el rechazo pero sin desaprovechar un minuto en la tarea. Por Dios, ¡cómo vamos a perder un minuto si ya casi todo nuestro tiempo nos lo regalas Tú!».

Es desde luego una caricatura que seguramente estaría hoy vigente si la adaptáramos un poco a las realidades, productos, *Apps* de hoy…

A muchos como yo nos ha costado hacernos con la tecnología y nos hemos visto sometidos a ella. Con gran esfuerzo yo he conseguido montarme en ella para funcionar y me considero orgulloso del nivel tecnológico-pragmático que he alcanzado. Pero en el plano del «disfrutar de ella» no sé muy bien qué aporta más allá del deslumbramiento inicial o el asombro ante lo nuevo y las funcionalidades de las cosas que no se han visto nunca hasta la fecha. Me ocurre lo mismo con la magia: me sorprende lo que son capaces de hacer los magos pero no me interesa nada y me parece sumamente aburrido ver sus espectáculos pues no sé cuál es el truco, ni lo voy a saber nunca, pero sé que todo es un truco.

¿Está hoy la tecnología al servicio del ser humano? ¿O es más bien hoy el ser humano el que está sometido y al servicio de la imparable espiral tecnológica? Algunos nos hacemos estas preguntas pero no encontramos respuestas. Estamos despistados. Y otros ni siquiera se plantean estas cuestiones pues su secuestro tecnológico es inconsciente.

Han pasado catorce años desde que escribiera el extracto de mi diario que he transcrito. El extracto sigue exponiendo de forma gráfica lo que durante algún tiempo nos ha ocurrido y continúa ocurriendo hoy en diferentes facetas relacionadas con la tecnología. Quienes no somos nativos digitales hemos sufrido y sufrimos esto de alguna manera todavía. Y los nativos quizá no lo tomen como un sufrimiento, pero objetivamente necesitan o dedicar cierto tiempo a su adaptación tecnológica aun cuando lo hagan de forma natural.

Al margen de las bromas, es una realidad que tendemos a pensar que la mecanización e implantación de tecnologías en nuestras vidas y nuestras empresas nos libera tiempo para nosotros. Liberarnos tiempo sí, pero lamentablemente no creo que sea para nosotros sino para dedicarlo a la satisfacción de todas las necesidades y labores que nos hemos autoimpuesto y de las que no nos podemos deshacer. Por ello, en gran medida es una liberación de tiempo en favor de una mayor actividad que generará consumo, que no es sino gasolina para el crecimiento económico. Particularmente pienso que hoy se vive sintiendo que «se dispone» de menos tiempo que hace cuarenta o cincuenta años, cuando había mucho tiempo para aburrirse o aplicarlo a quehaceres más tontorrones como las partidas de mus, hoy ya casi perdidas (al menos en las grandes ciudades), entre los cientos de tareas y formas de ocio disponibles.

Parece claro que la tecnología libera tiempo a las personas dejando espacios que las empresas llenan rápidamente con otras necesidades. La tecnología hoy es en sí misma fuente de creación de objetos de consumo y de nuevos espacios de tiempo que nacen secuestrados o sometidos a la necesidad de dedicarlos a atender nuevas necesidades.

También se habla de que la tecnología nos coloca en posición de ventaja competitiva y nos produce beneficios en el trabajo. Recuerdo que discutía de esto con la secretaria de un prestigioso abogado hace más de veinte años cuando los procesadores de texto (así se llamaban entonces) empezaban a extenderse. Me decía ella que estaba muy contenta pues podía hacer cartas e informes basándose en modelos o plantillas existentes y que si antes en una mañana casi no tenía tiempo para preparar un informe, con la nueva tecnología podía preparar diez en el mismo tiempo. Ante eso le preguntaba yo con sorna si ahora le pagaban diez veces más (o simplemente más) al producir diez veces más. La respuesta medio contrariada fue que no pero aún así ella seguía celebrando las bondades de la tecnología de los procesadores de texto. Solo un poco de tiempo después esa misma secretaria despotricaba mostrando su hartazgo por el hecho de no hacer otra cosa más que tareas mecánicas (a cientos, eso sí) de recibir, enviar, corregir documentos, corta-pegas, etc. Y de ventajas competitivas para la empresa solo se puede hablar durante el tiempo que tardan los competidores en incorporar la misma tecnología, lo que ya hoy ocurre en todos los ámbitos empresariales a velocidad vertiginosa.

Así mirada la tecnología no es tan maravillosa, sino una presión para poder subsistir liberando tiempo de algunas tareas para dedicarlo exigentemente a otras. Son nuevas tareas y exigencias que surgen para mantener la dinámica competitiva y la actividad de las personas. Es sin duda generadora de un gran movimiento económico directo e indirecto mediante la transformación del comportamiento social. La naturaleza, a través de la sociedad, y esta a través de su régimen socioeconómico, es perfectamente inteligente para garantizar su supervivencia y el sostenimiento de los individuos que la integran. Y visto así me produce una gran admiración observar la inteligencia espontánea o la sabiduría de la evolución social.

Pero de nuevo yo, como individuo con sus necesidades animales absolutamente satisfechas, tengo también otra visión de ese sabio fenómeno de nuestra «naturaleza social». Una mirada en la que pesan mucho nuestros estados de ánimo y las relaciones interpersonales, que son subyugadas por la exigente, a la vez que brillante, eficacia y productividad puramente material conseguida por nuestro régimen socioeconómico y por las nuevas tecnologías que van dejando excluidos a quienes no se montan en ellas.

Es una mirada agridulce a la permanente vorágine tecnológica que nos somete y que se me ocurre dulcificar al recordar lo que disfruto del mundo entero a través de mi iPad desde algún lugar favorito perdido en la naturaleza. Pero si seguimos pretendiendo ganar en eficiencia, productividad y utilidad a todo lo que nos rodea, yo me apuntaré un día a la «revolución de la ineficiencia» para reivindicar la bondad de todo aquello que es inútil desde un punto de vista instrumental pues en general es en esos ámbitos de lo «inútil» donde se encuentran las cosas más grandes de nuestro mundo como son el amor y el arte.

Sin códigos de referencia

Voy por la calle Serrano el otro día y me cruzo con varias mujeres de unos cincuenta años que me atraen por su aspecto elegante y actual. Veo que sus pantalones están rotos por las dos rodillas y me quedo pensativo interpretando e integrando el fenómeno en mi interior.

Me vienen a la cabeza voces de madres, cuando yo era adolescente, diciéndoles a sus hijos que cómo se ponen unos pantalones rotos o sucios o que cómo se ponen un pendiente en no sé dónde o miles de cosas de ese estilo. Es sin duda una simple anécdota que muestra que hoy todo vale para distinguirse y estar al día, aunque sea a costa de poner en cuestión muchas creencias o convenciones básicas con las que la sociedad ha vivido durante toda su historia.

Pienso que en todas las generaciones se dan esos cambios y evoluciones, pero siento que ahora el ritmo de cambio es mucho mayor. Es tan rápido que creo que se están perdiendo algunas referencias que la sociedad tenía más o menos aceptadas con carácter general como reglas de convivencia o decoro. Y esa velocidad y renovación constantes hacen que no puedan ser sustituidas por otras con igual finalidad de manifestación o cauces de decoro, de educación o de convivencia... Quizá la necesidad de permanente renovación y cambio que provoca el consumo tenga su cuota de responsabilidad en ello.

Las concretas reglas de decoro y convivencia y los patrones adecuados de comportamiento no son buenos ni malos como tales. Pero sí creo que es bueno para una sociedad tener algunas referencias como forma o convención para la manifestación de determinados mensajes por parte de los miembros de una comunidad y para ayudar en nuestras relaciones. Son códigos de comunicación que estamos perdiendo. Da igual que ir elegante a un lugar como muestra de respeto a alguien se haga utilizando corbata, turbante o yendo con el pecho desnudo. Pero es muy útil para la convivencia el que la sociedad tenga a su disposición unos códigos utilizables que no generen conflicto y sean interpretados por quien los observa de forma similar a como los interpreta el que los utiliza.

Quizá no sea especialmente importante el tema cuando hablamos de ropa y del puro ornamento. Pero el mismo fenómeno se da de forma creciente en todos los ámbitos de la vida en los que cada vez más todo vale y hay muy poco respeto a referencias, códigos de actuación, tradiciones y costumbres. Pues incluso en aspectos tan relevantes como el de la posición de liberalismo económico de países que tradicionalmente lo eran y lo promovían, hoy se producen cambios de dirección tendentes al proteccionismo. Basta ver los anuncios y las nuevas políticas de Trump.

¿Qué es hoy lo correcto en política? ¿Y en el mundo empresarial? ¿Y en los medios de comunicación? ¿Se puede sobrevivir en esos ámbitos siendo correcto? Confío en que sí, pero sin duda es cada vez más complicado y heroico el hacerlo.

Los propios valores, antes generalizados e interiorizados como propios por las personas, hoy son puestos en entredicho o retorcidos para servir a los intereses de quienes los retuercen, de tal forma que se pierde la esencia de su razón de existir. Basta para ello ver los muchos programas de televisión (probablemente los de mayor audiencia) en los que el atractivo principal es asistir al espectáculo de cómo unos y otros trasgreden en el plató las normas de relación entre personas o llaman la atención con comportamientos de pésima educación o en contra de todo «principio básico», según los cánones con los que se han educado mi generación y las anteriores. Con estos comportamientos muchos se construyen una imagen que luego explotan con gran lucro como medio de vida. Y si salirse de la regla trae éxito o reconocimiento, tales comportamientos serán adoptados por más y más personas.

Me avergüenzo de escribir esto y siento que si alguien lo lee me tachará de retrógrado, conservador y anti progreso. Quizá tengan buenas razones para pensar eso, pero yo creo también tenerlas para sentir algo de inquietud al ver un mundo que va perdiendo o diluyendo los valores y referencias generalmente aceptados por la sociedad. Quienes califican esto de tonterías retrógradas, ¿se imaginan si un día me presentara en taparrabos en la boda de su hija alegando que pertenezco a una nueva corriente naturista que me obliga a ir así en los actos sociales importantes? ¿O si me presento así en un juicio en el Tribunal Supremo? No sé con qué argumentos se me impediría si llevamos hoy al extremo mi derecho a vestir libremente. Yo creo que a veces la sociedad tiene que «dar un puñetazo en la mesa» y decir que «hasta aquí hemos llegado» para dejarse de tonterías y volver a respetar códigos y valores de conducta que facilitan la convivencia.

Individuos perdidos pero muy críticos

La dificultad de encontrar respuesta a cuestiones complejas en una sociedad tan evolucionada nos está llevando a ser cada vez más críticos con todo. No existen hoy ideas o metas razonables, coherentes y sensatas que permitan dibujar con realismo un escenario social integrador de la generalidad de las personas manteniendo un sentido vital para ellas. Lo que años y siglos atrás constituyó una motivación suficiente para el ser humano con la que encauzar su energía de supervivencia hoy no sirve.

El que se levanta cada día con la preocupación directa o indirecta de mantener su supervivencia física no necesita tener otro sentido movilizador en su vida. Pero el que al levantarse da por asumido que tendrá comida y cobijo, complica mucho más sus motivaciones vitales y el encauzamiento de su energía. Se ve necesariamente obligado a canalizar esa energía hacia una «supervivencia social» en un entorno en el que ya no existen unos mínimos pilares, reglas o principios generalmente aceptados como los que han resultado vigentes y de utilidad durante los últimos siglos.

Por ello, en general las personas no tenemos muchas ideas sobre cómo deberían ser las cosas en una sociedad tan rica y avanzada, aunque sí tenemos claro o sentimos cómo no deben de ser. No tenemos recorrido como sociedad para luchar por ir hacia algún destino que nos motive porque todavía la sociedad no sabe hacia dónde tiene que ir si quiere integrar a la mayoría de sus individuos y pensar en algo más que en seguir incrementando una riqueza material que ya está cercana a una espiral de consumo agobiante.

El rechazo a lo que está pasando, unido a la energía que todos tenemos, nos lleva a la permanente crítica de todo y de todos de forma cruzada, al reproche, a la sospecha (probablemente acertada) de que todo el mundo va a lo suyo. Nos conduce a fijarnos en lo que no se debe hacer sin saber lo que sí se debe hacer.

Vivimos en una sociedad desorientada que aglutina y une a sus individuos, no tanto por compartir un destino común, sino para combatir a un enemigo al que criticar o derrocar, aunque solo sea como mero desahogo. La crítica y la confrontación permanentes suponen un canal de liberación de energía, el desasosiego o la ira que generan el hecho de que muchas veces no encontremos sentido para seguir caminando mientras disponemos de mucho tiempo para pensar o ronronear sobre ello.

Nuestra sociedad es cada vez más rica pero a la vez más exigente. Nadie puede pararse un momento y dejar de seguir el frenético ritmo de adaptación y consumo pues quedará excluido. Esta velocidad nos impide tomar conciencia del sinsentido que supone ir hacia un modelo social en el que muchos nos hacemos innecesarios como elementos del sistema productivo, mientras pensamos que «más, más y más» nos procura felicidad, deslumbrados por los avances tecnológicos que no necesariamente se traducen en un bienestar emocional o verdaderamente vivido. Vamos perdiendo gradualmente valores y códigos de conducta que eran referencias estables de comportamiento y la confusión se apodera de nosotros, lo que nos lleva a practicar cada vez más activamente una crítica poco constructiva. Pero, más allá de la crítica, ¿qué es hoy lo correcto?

UNA SOCIEDAD NUBLADA POR EL DINERO Y LAS FINANZAS

Nuestra sociedad, gradualmente y de forma inconsciente, ha ido convirtiendo el dinero en «lo» más preciado, hasta el punto de hoy ser este irracionalmente venerado y haberse convertido en el amo del mundo. Lo que un día fue una herramienta útil para facilitar los intercambios hoy nos somete, y hasta cierto punto limita, sin que la sociedad sea consciente de ello. Nada que no sea medible en dinero y que no esté al servicio de generar dinero/crecimiento merece la atención de las esferas del verdadero poder. Y no quiero con esto ser crítico pues comprendo que sea así. Pero sí pretendo poner de manifiesto el fenómeno por inquietante pues no es culpa de nadie sino responsabilidad de todos.

Sabemos que el funcionamiento de nuestra sociedad necesita hoy del dinero, las finanzas y el crecimiento. Y por tanto debemos seguir hablando de crecimiento, pues lamentablemente estamos obligados a hacerlo como mera defensa frente a los problemas y conflictos que genera el no crecimiento prolongado. Pero tenemos que darnos cuenta de que la humanidad no puede vivir solo con una actitud defensiva y que, más allá de la finanzas y el necesitado crecimiento, debe buscar otras dimensiones de conversación que vayan perfilando un mundo con parámetros y variables nuevas que supongan una motivación a los individuos para canalizar su esfuerzo, energía y sus retos. Y eso ya no puede consistir tampoco en «tener o consumir más».

La actitud defensiva del dinero y de las finanzas nos lleva a perder perspectiva respecto de las verdaderas necesidades humanas, o de lo que procura felicidad al hombre. A su vez nos hace ciegos a muchos fenómenos y nos priva de entender bien el mundo, pues solo somos capaces de comprenderlo desde la perspectiva monetaria y pensamos que el hombre únicamente trabaja por dinero, sin contemplar que quizá ya algunos hombres hoy y muchos en el futuro trabajarán a cambio de cosas que no sean precisamente dinero.

El dinero ya no es lo que era

A menudo pienso que las sociedades se comportan como los individuos. Determinados fenómenos, sustancias y estímulos los hacen funcionar y evolucionar. Y al igual que nuestras funciones cerebrales con sustancias químicas como la endorfina, la oxitocina, la serotonina, las sociedades se mueven con sus propias drogas o estimulantes.

Vivimos estimulados por el dinero y muchos de nosotros con una enorme adicción a él como vía para la consecución de todo lo demás. Sin darnos cuenta traducimos todo a dinero. A su vez los bancos centrales permiten que el sistema financiero inyecte más o menos dinero en la sociedad en función de las necesidades de dinamización económica que se dan en cada momento.

El dinero hoy constituye la droga del mundo y el mecanismo para incentivar o desincentivar la actividad humana. Es el mayor elemento de motivación que hoy por hoy tiene el hombre. Pero ni es aconsejable que sea así ni es sostenible en el largo plazo por su progresiva pérdida de valor como estupefaciente social y por su progresiva pérdida de credibilidad.

El dinero todavía se asocia a poder y a seguridad. Es una unidad de medida del éxito y una fuente de poder. A su vez constituye una referencia para la seguridad futura de quien lo acumula. Y la búsqueda de seguridad, reconocimiento, poder, éxito, etc., como objetivos de máxima relevancia, jamás desaparecerán de la sociedad.

El primer aspecto de valor del dinero es el poder, el éxito y la distinción que el mismo otorga en nuestra sociedad. Distinción porque el que tiene mucho dinero sobresale y resulta atractivo para los demás. Aunque no nos guste aceptarlo a la mayoría de las personas les atrae tener amigos ricos o vivir y tener experiencias con ellos.

Cuestión distinta pero ligada a lo anterior es la faceta del dinero que permite comprar a los demás. Pues realmente la gente sigue a los ricos porque cree que puede sacar algo de ellos para su supervivencia o para mejorar su vida. Y por tanto esa faceta de poder basada en la capacidad de comprar a las personas está relacionada con el aspecto de seguridad que aporta el dinero. Pues mientras tengamos dinero (y el dinero funcione como hoy) podremos tener gente a nuestro servicio, entendiendo esto en un sentido cercano o directo, o lejano e indirecto. Es decir, las sociedades o las personas que tenemos dinero disfrutamos de bienestar material pues otras sociedades o personas más pobres trabajan para nosotros, cultivando tierras, produciendo bienes, prestándonos servicios o gestionando procesos.

Pero hoy, si preguntáramos lo que es el dinero, sería difícil obtener una respuesta coherente más allá de escuchar que es una droga estimuladora de la actividad humana, además de su evidente función operativa de intercambio y su supuesta utilidad como almacén de poder de compra o seguridad futuros, lo que en mi opinión estará cada vez más en entredicho. Es evidente que continua teniendo una función de intercambio pero, en lo que se refiere a su creación y esencia, su definición resulta compleja, si no imposible.

Solo unos cuantos bancos centrales tienen licencia «oficial» para administrar la droga del dinero en los mercados. No obstante hoy empiezan a surgir otros competidores fuera del sistema financiero, las llamadas monedas virtuales entre las cuales el *bitcoin* es la referencia más notable, que contribuyen a una mayor confusión respecto a lo que es el dinero. Aunque esas nuevas monedas llamadas «virtuales» o «criptomonedas» generan gran irritación al poder financiero establecido y sería el deseo de muchos acabar con ellas, hoy por hoy no pueden ser declaradas ilegales porque nadie sabría bien cómo hacerlo y porque sería como intentar poner puertas al campo.

Tiempos atrás el dinero representaba un instrumento para el intercambio de bienes y servicios que tenía detrás el respaldo del oro que impedía darle a la máquina de hacer billetes libremente. Pero hoy el dinero es algo a lo que le atribuimos valor porque creemos que la gente va a hacer lo mismo. No se me ocurre otra posible definición. No hay más respaldo y sustento del dinero que la confianza. Confianza en el respaldo del emisor, aunque no se sepa muy bien lo que ello quiere decir, y confianza en que las personas de la sociedad van a seguir atribuyendo valor a ese bien llamado dinero. Podría también decirse que el dinero hoy es la representación, en unidades de medida, del poder de compra. Una confianza supuestamente basada en la creencia acerca de la bondad y confianza del sistema financiero emisor de cada moneda y en el respeto general a dicho sistema, a la vez que la atribución generalizada de valor a esa confianza. Y en estas definiciones entran tanto las monedas oficiales como las criptomonedas.

Pero hoy, como quien juega al Monopoly, los distintos países o bancos emisores juegan con la administración de liquidez inyectando estimulantes en las sociedades a su antojo y según su conveniencia en la competición con otros países para ganar en prosperidad y generar competitividad y movimiento económico y real en nuestras vidas. Unos emiten billetes con la prudencia que les conviene y otros con la ligereza que también les conviene. En definitiva, esa confianza y la creencia en la bondad de nuestro sistema empiezan a estar más que cuestionadas. Y mientras tanto algunas personas estiman que la sociedad seguirá atribuyendo valor a las criptomonedas... ¿Quién ofrece hoy más confianza? ¿Un emisor regulador? ¿Un algoritmo?...

Las crisis financieras recientes han puesto de manifiesto la complejidad y el entramado de influencias de reguladores en el ámbito financiero. Distintos niveles en distintos territorios y con distintas monedas. Los reguladores se sienten presionados por los efectos del corto plazo, lo que les impide tener el coraje que en algún momento se necesita para sanear los balances sin hacer más y más agujeros que no se sabe ni quién ni cómo se pagarán. Pero lo que sí se sabe es que los altibajos de expansión y recesión económica o de exceso o falta de liquidez producen graves daños económicos y psicológicos a muchas personas con las subsecuentes crisis y desplazamientos de riqueza de unas personas a otras de una forma que la conciencia social no aplaude sino todo lo contrario.

No soy experto pero algunas veces escucho a especialistas. Y escuchando a los que de verdad considero expertos independientes concluyo que el sistema financiero mundial (como suma de los sistemas de las distintas monedas) tiene muchas debilidades y pocas posibilidades de ser regenerado pues nadie hay (ni creo que lo haya en un futuro) que tenga la fuerza y el coraje necesarios y sostenidos en el tiempo para enfrentarse a la realidad con los efectos que en el corto plazo la regeneración podría producir. La sociedad no se lo va a permitir. Al fin y al cabo recordemos que el dinero es en gran medida la droga que sostiene nuestra sociedad y, como con las drogas, una sociedad «con mono» muerde. Por ello, si tuviera que jugarme mi dinero apostaría por que es más probable que las criptomonedas u otros mecanismos de intercambio y motivación humana vayan creciendo y desplazando al dinero tradicional que pensar que los reguladores mundiales consigan recuperar, sin pasar por una guerra o serio conflicto, el control y el prestigio de los sistemas financieros tradicionales o quizá de solo un sistema financiero que quedara como imperante.

El mundo vive en la creencia de que el dinero representa algo cuando en realidad no es más que un estimulante social para la actividad económica. Y en muchos aspectos el sistema financiero asociado al dinero resulta ser en gran medida un castigo para la verdadera riqueza no financiera, precisamente por el efecto distorsionador de lo que me gusta llamar «trilerismo financiero» y del régimen oligopolístico de hecho de quienes mueven la liquidez y las grandes alzas y bajas de los mercados y se aprovechan de ellas. Aunque sea una hipótesis exagerada, basta para observar esto con pensar que el «valor» de mi dinero líquido vería reducido su poder adquisitivo a la mitad si mañana el Banco Central Europeo decidiera duplicar la cantidad de dinero en circulación y observar a la vez cómo los bien informados, financieramente hablando, pueden lucrarse de tal movimiento desplazando riqueza de la economía real a la financiera simplemente mediante hábiles movimientos especulativos.

Y me atrevo a decir que más y más personas van tomando conciencia de la arbitrariedad de ese juego financiero. A la vez somos cada vez más conscientes de cómo muchas veces parecemos ser objeto de manipulación o víctimas de los mercados financieros. Y creo que la sociedad, lejos de tender a confiar más en las monedas de emisores oficiales con reguladores, cada vez confía menos en ellas a la vez que siente que las monedas virtuales basadas en algoritmos podrían estar más protegidas del uso interesado por parte de quienes las han creado y regulan.

No sé si es cierto o no pero creo que la sociedad piensa que en esas cosas de las finanzas siempre ganan los mismos y que es el pueblo el que pierde. Además creo que la conciencia popular ve con mucho mejores ojos la riqueza de empresarios no financieros que aquella de quienes se han beneficiado y enriquecido con el tráfico de esas sustancias que se llaman dinero, finanzas o mercados, aprovechándose de los arbitrajes y desfases que se producen como consecuencia de los juegos cíclicos de aumento y reducción de la liquidez y de fenómenos similares de movimientos en los mercados. Y no me refiero al ejercicio empresarial de la banca, sino a los juegos malabares que hacen muchos en los entornos financieros, que son los que verdaderamente producen las mayores magnitudes de beneficio, provocan las más agresivas conductas por ambiciosas y generan los mayores daños y ruinas asociados a las crisis.

Pero hoy, y progresivamente de forma más marcada, puede afirmarse que tener dinero ya no es tan seguro. Existen motivos varios para ello:

a. «Vivir de las rentas» es un concepto que hoy no existe como tal, pues el mantenimiento del dinero es más bien un coste con tipos negativos o en el entorno de cero que hacen que hoy tener dinero sea muchas veces costoso si se quiere mantener sin incurrir en riesgos. Y vivir de invertir no es tanto vivir de las rentas sino del éxito en el Monopoly de las finanzas y los mercados, siempre que uno tenga la suerte o el acierto de ganar,

b. Riesgo de inflaciones financieras extremas que pueden convertir nuestro dinero en nada,

c. La pérdida del valor por deterioro de la credibilidad del emisor del dinero,

d. La competencia creciente de otros agentes libres creadores de dinero, pseudo-dinero o criptomonedas,

e. El riesgo de «inflación de necesidades» que hace que magnitudes dinerarias que parecían suficientes para llevar una vida normal dejen de serlo ante el incremento de nuevas necesidades creadas. La defensa individual frente a dicho riesgo depende en gran parte más de una actitud personal interna que de cuestiones objetivas.

Por otra parte, el nivel de vida social es y seguirá (con sus altibajos) en tendencia creciente, lo que implica que poco a poco se vaya acrecentando la impresión de que el problema en el mundo no es la supervivencia en los aspectos más materiales, sino la satisfacción de inquietudes en forma de sentido, propósito y necesidades sociales como el estatus o la seguridad, tema que más adelante trataré con mayor detalle.

Podría decirse que ninguna cantidad de unidades nominales de dinero de hoy puede garantizar una vida digna mañana ni siquiera incrementándola con la inflación monetaria. Pues a estos efectos solemos olvidar la inflación social de necesidades que nos lleva a que «para ser normales» tengamos que disponer de muchas más cosas cuya existencia antes ni siquiera éramos capaces de vislumbrar. ¿Quién podía decirme a mí hace veinte años que alguien normal como yo tendría que pagar cada mes en su casa seis cuentas de teléfono, renovar cinco ordenares periódicamente, tener canales de pago… y comprar comida orgánica y sin alérgenos para cuidarnos de algunas intolerancias que antes parecían no existir?

La veneración del dinero y el hecho de que la fórmula de mayor éxito para alcanzarlo se sitúe en el campo financiero hace que hoy sea una realidad que los jóvenes ingenieros, matemáticos, físicos etc. más brillantes, que seguramente estudiaron sus carreras con una vocación asociada, traicionen las mismas y se muden al mundo financiero movidos por la búsqueda del dinero y el poder asociado a él como único camino para enriquecerse y «ser alguien en el mundo».

Sin ser un experto en economía y finanzas, hago mía la opinión de sensatos gestores de patrimonios expertos en mercados financieros que confiesan que los mercados hoy resultan técnicamente incomprensibles y sujetos a una emocionalidad difícil de interpretar en la que el dinero es la sustancia narcotizante que los mueve, guiados por la ambición y el miedo de quienes en ellos participan.

Poderoso caballero don dinero

Quizá un día podamos vivir sin que exista el dinero. Yo digo que sí aunque ello no deja de ser una especulación un poco provocadora. El ser humano ha vivido en sociedad durante muchos milenios sin dinero. Posteriormente inventó el dinero como concepto y fue capaz de implantarlo como forma habitual y generalizada para el intercambio de bienes y servicios. Realmente el dinero nació como una herramienta o un instrumento al servicio del hombre.

Durante milenios el dinero contribuyó a generar bienestar a la sociedad. ¿Podemos hoy decir lo mismo? La ecuación del bienestar hoy es mucho más compleja de lo que lo fue durante todos esos milenios y por ello, alcanzados en la sociedad determinados niveles de bienestar y progreso material, es necesario otorgar mayor peso a otras variables del bienestar y ver cómo unas y otras contribuyen a un resultado final conjunto. Sin duda el dinero como institución ha procurado y nos procura la generación y el acceso a bienes materiales pero ¿no es verdad que muchas veces sentimos que la búsqueda de dinero nos priva de vivir la vida, nuestra vida? ¿No es verdad que muchas veces por tener dinero y luchar por ello dejamos de ser quienes realmente somos y queremos ser?

Ninguna de estas preguntas tiene una respuesta fácil. Pero hoy posiblemente estamos en un punto de inflexión en el que el dinero empieza a crear muchas limitaciones, cargas, servidumbres y apegos, que lejos de ser algo positivo, implican, al menos para mí, aspectos negativos derivados de su existencia o de la relevancia que en esta sociedad le damos. Vivimos muchas veces excesivamente preocupados por el dinero u orientados a actividades profesionales y vitales que solo acometemos para ganar más y así entramos en bucles que, sin darnos cuenta, nos sacan de ser quienes realmente somos y de vivir como realmente nos gustaría, inconscientemente secuestrados por esa idolatría al dinero tan extendida socialmente. El dinero, al convertirse en meta vital, se transforma sin duda en la mayor distorsión del sentido, la creatividad y el fluir de las personas.

A menudo ponemos el objetivo de ganar dinero muy por encima de cualquier otro. Los padres nos preocupamos porque nuestros hijos aprendan a ganar dinero como medio para «ganarse la vida», casi asimilando ambos conceptos sin ser conscientes de que hoy en nuestra vida es mucho más importante aprender a no necesitar tanto que aprender a ganar mucho dinero para satisfacer muchas necesidades. Sin duda nada procura tanta holgura económica como mantener nuestras necesidades tanto materiales como sociales a raya.

El dinero hoy es el mayor desencadenante de conflictos entre personas que se quieren y en contextos en los que, de no existir discusiones por dinero, las relaciones fluirían de forma maravillosa. Y quienes vivimos de comprender los conflictos observamos que en general no es tanto el valor económico del dinero lo que realmente los motiva sino las diferencias y rencillas emocionales y de sentimientos de otro tipo que el dinero consigue explicitar hasta convertirse en conflicto. El dinero separa a las personas y saca lo peor de ellas pues lo hemos convertido en un preciado bien en sí mismo con el que la sociedad sueña en la creencia de que con la obtención de suficiente dinero uno adquiere la felicidad.

Ganar dinero, y sobre todo conservarlo, se ha convertido en una de las principales metas vitales para muchos en una sociedad donde todo, incluso el éxito, se mide en dinero. Secuestra en gran medida nuestras vidas, nuestra libertad y nuestra espontaneidad para atarnos a vidas diseñadas para generar o conservar el dinero de las que difícilmente podemos liberarnos.

El dinero debe ser un instrumento al servicio del hombre y no un fin en sí mismo. Ya lo ha dicho nuestro papa y ya lo dijo Aristóteles a su manera en su momento en relación a la riqueza. Pero hoy lamentablemente creo que nosotros estamos más al servicio del dinero que el dinero al nuestro.

Esclavizados y limitados por la mirada financiera

Acabo de leer un fantástico libro sobre el futuro *(El futuro que viene,* de Juan Martínez Barea) y me sorprende que en general casi todas las bondades relacionadas con los avances tecnológicos tienen que ver con la competitividad y los ahorros de costes, energía, etc. ¿No tenemos ya suficiente eficiencia económico-financiera y nos olvidamos de otras variables o componentes de nuestro bienestar que nada tienen que ver con lo que tenemos o lo que avanzamos o progresamos sino con la capacidad del ser humano de encajar en su entorno y tener una feliz trayectoria vital integrando sus logros, consecuciones y pérdidas adecuadamente?

Lamentablemente no sabemos medir las cosas con otro criterio y nos encontramos dominados por la eficiencia económica-financiera. En el aspecto puramente económico puede tener sentido desde la necesidad de que las cosas tengan sostenibilidad, pudiendo considerarse que la economía (entendida en el sentido amplio del término) nos habla de la gestión de magnitudes de valor. Pero el valor es más que el dinero y por ello el gran problema y la limitación provienen de no ser capaces de concebir una economía con lenguajes y miradas más allá de las puramente financieras. ¿Es que no cabe sostener cosas y acciones buenas apoyándose en el trueque o en las contribuciones voluntarias?... La realidad es que hoy solo sabemos utilizar el dinero como magnitud para analizar o estudiar los intercambios de bienes, servicios y prestaciones de todo tipo en la sociedad.

Ya he manifestado que el dinero y las finanzas han sido grandísimos instrumentos para la creación de riqueza material asociada al bienestar humano. Y supongo que en enorme medida siguen contribuyendo a esa función. Pero hoy, el empeño y la limitación de mirar todo casi solo desde la perspectiva financiera nos lleva a tener visiones distorsionadas y limitadas del futuro. Los paradigmas y las miradas financieras tradicionales ya no sirven para explicar lo que pasa, y menos para hacer previsiones sobre el futuro de nuestra sociedad. Más bien al contrario: el empeño en explicar todo desde una perspectiva financiera tradicional nos impide ver que el mundo camina inexorablemente en muchos aspectos al margen de la comprensión y el encaje en la ortodoxia financiera. La omnipresente perspectiva financiera del mundo nos impide ver que el dinero irá gradualmente reduciendo su función motivadora y protectora para el ser humano y serán otras variables o mecanismos los que más y más nos procurarán motivación para trabajar y hacer cosas y las que harán de «despensa de seguridad» para vivir en el futuro de nuestro esfuerzo pasado.

El exceso de mirada financiera para la previsión y gestión de nuestro futuro bienestar nos lleva como sociedad a contradicciones o absurdos como es la falsa creencia de pensar que nuestro futuro será peor en el plano material que en el pasado, pues en el mundo no se podrá sostener un nivel de vida como el que hoy tenemos. Contrariamente me atrevo a afirmar con muy pocas dudas que el futuro será mejor en lo que se refiere al nivel de riqueza material del ser humano, y ello con independencia de que las previsiones y los métodos financieros permitan o no explicar hoy cómo se organizarán en el futuro la generación y el reparto de la riqueza en nuestro sistema económico. De eso no tengo duda, digan lo que digan los expertos y los gurús financieros. Me resulta por tanto un error pensar que la sociedad no será capaz de procurarnos bienes y servicios a los que seamos pensionistas dentro de veinte años. Dicen los derrotistas que la contribución financiera de las personas laboral o profesionalmente activas no será suficiente para satisfacer las pensiones (siempre viéndolo todo en términos de dinero o finanzas) de las clases pasivas.

En los mismos foros donde se hacen esas afirmaciones ortodoxas y pesimistas sobre nuestras futuras pensiones, se crea la alarma destacando el enorme paro que se va a generar con la automatización de millones y millones de puestos de trabajo.

Son ambos acercamientos económico-financieros que vislumbran dos problemas coetáneos contradictorios sin que quienes piensan una y otra cosa se den cuenta de esa paradoja. O nos preocupamos por que no habrá capacidad productiva para los bienes o servicios que necesitaremos los jubilados o nos preocupamos por que habrá mucho paro por la robotización. Pero todo a la vez es absurdo pues se supone que la sustitución de personas por máquinas incrementará la productividad, y yo asumo por tanto que también la capacidad de producir bienes y servicios. Pues, desde luego, lo que no puede ocurrir es que la sociedad en el futuro tenga un problema de paro por la automatización y que al mismo tiempo el problema sea que no hay trabajadores suficientes para atender las necesidades de las clases pasivas. Solo las limitaciones y las distorsiones crónicas que padecen las opiniones de muchos de los expertos financieros que nos gobiernan pueden explicar este contradictorio derrotismo.

Tengo pocas dudas de que si no se da un conflicto mundial o nacional grave que modifique la normal evolución de las cosas, las pensiones (en términos de bienes, servicios y prestaciones recibidos) que tendremos los pensionistas de la generación nacida en el *baby boom* serán muy superiores a las disfrutadas por quienes hoy son pensionistas. Quizá no se perciban en dinero o solo en dinero, como ya hoy ocurre en parte. Pero sin duda, traducidas en unidades teóricas (distintas al dinero) supondrán mayores bienes y servicios de los que hoy goza un pensionista. Se crearán otros sistemas de reparto o entrega de prestaciones, de impuestos, inmigración o lo que sea necesario para progresar con una lógica evolución adaptada a las realidades y necesidades de cada momento. Y seguramente conviviremos con amables robots que nos prestarán magníficamente los servicios que necesitemos, aunque, eso sí, perderemos mucho del trato humano de carne y hueso real, con lo que ello puede implicar.

Los números hoy no salen para explicar cómo recibiré en mi cuenta corriente cada mes una cantidad de dinero para atender una pensión, al menos como la que perciben los pensionistas hoy. Pero ¿estamos seguros de que necesitaré dinero para recibir prestaciones de bienes y servicios? ¿Serán las magnitudes económicas de hoy parecidas a las de dentro de veinticinco años? O quizá se produzca una tremenda deflación que no exija un nivel nominal alto de pensiones.

Y, mientras tanto, mientras la mirada puramente financiera nos distrae, nos olvidamos de que la inflación de necesidades distorsiona cualquier previsión, estimación o cálculo que hoy pueda hacerse para calcular cuáles serán mis «necesidades» y cuál el nivel de dinero que requeriré (si el dinero sigue siendo la única unidad de medida o intercambio) para cubrirlas.

Sé que las cosas son algo más complejas cuando cualquier sociedad (como la española) se encuentra sometida globalmente a un contexto competitivo de naciones o mercados que evidentemente pueden trasladar mayores niveles de riqueza, o de percepción de riqueza, de una a otra de esas naciones. Y por ello es cierto que la calidad de vida futura de un país dependerá en parte de cómo de bien o mal lo haga la sociedad del mismo en relación a su gestión socio-económica, pues el poder y las dependencias entre países o mercados seguirán existiendo en tanto en cuanto no cambien muchos de los paradigmas y fuerzas bajo los que hoy vivimos (y probablemente siempre lo haremos).

¿Puede alguien pensar que mi generación no podrá recibir bienes y servicios de la sociedad, al menos del mismo nivel que hoy reciben los pensionistas? El enfoque financiero tradicional no sabe todavía cómo explicarlo pero yo no tengo dudas de que la sociedad se las arreglará para continuar progresando y siendo eficiente en la producción de bienes y servicios al servicio de los ciudadanos. Y para todos, si no nos peleamos entre nosotros (por el dinero).

Tras la crítica a ese exceso de mirada financiera, no quiero terminar sin hacer un reconocimiento a la función conservadora y de prudencia para la estabilidad y la paz mundiales que hoy desempeñan las finanzas mundiales. Sin duda personas con grandes capacidades y conocimientos y llenas de las mejores intenciones para beneficiar a nuestra sociedad dedican grandes esfuerzos a pensar y gestionar los equilibrios económicos entre las distintas sociedades. Y aunque nunca de forma perfecta (pues ello no es posible), toman medidas ante las crisis y amenazas de crisis manteniéndonos, al menos de momento, apartados del caos y el conflicto que supondría dejar los asuntos del dinero a la espontaneidad del actuar social, precisamente por esa función narcotizante y de dopaje que tiene el dinero. Por ello, aunque en algunos aspectos mi visión es crítica con el mundo financiero, quiero aclarar que lo es en cuanto a su posible limitación para incorporar otras perspectivas más humanas que pueden explicar o poner luz a muchos de los fenómenos que ocurren en nuestra sociedad.

Miremos por tanto la vida y la sociedad con una perspectiva más grande no limitada por los paradigmas financieros y económicos tradicionales pues ello nos permitirá tener una visión más enriquecida y mayores capacidades de previsión y gestión de nuestro futuro.

¿Es la deuda para pagarla? No, nunca...

Oímos muchas veces decir a los expertos económicos con tono negativo que nuestros hijos vivirán peor porque tendrán que pagar y cargar a sus espaldas el enorme endeudamiento que estamos generando en nuestra sociedad. Se oye también decir que estamos acostumbrándonos a un nivel de bienestar que no es sostenible porque no se podrá financiar.

Comprendo lo que dicen y me muestro alineado con la actitud austera y con el mensaje de prudencia asociado a tales manifestaciones, pues el desenfreno en el gasto, en el crecimiento y en el consumo puede acarrear grandes riesgos. Los riesgos no tienen tanto que ver con el sostenimiento del nivel de vida sino con los altibajos que la financiarización de nuestro mundo puede generar en relación a los excesos de deuda, las crisis, las burbujas, las quiebras sistémicas. A ello se une una inconsciente y adictiva necesidad social de cambio y novedad permanente que lleva a olvidar enseguida lo aprendido o corroborado en cada crisis, lo cual un día puede provocar un descarrilamiento. En definitiva considero que hoy el «polvorín» del mundo está mucho más situado en el territorio financiero que en el de la economía real.

Pensar que en el mundo no se va a poder sostener el sistema de bienestar (en sus aspectos de riqueza material, al margen de la financiera) que hoy tenemos precisamente por la acumulación de deuda me parece una afirmación hecha por la incapacidad de ver con un cristal distinto al del paradigma financiero tradicional. O, lo que es lo mismo, desde el anclaje en una mentalidad y unos cánones que no pueden mantenerse vigentes muchos años más.

La cantidad de bienes y servicios que el mundo puede producir con las personas que estamos ahora en él (y lo mismo con los que estén dentro de veinte o veinticinco años) no tiene nada que ver con el nivel mundial de deuda. Es la capacidad productiva la que nos permite vivir siendo beneficiarios de los múltiples bienes y servicios producidos. Y esa capacidad solo depende de:

- Los activos, incluidas materias primas, tierras... que existen en cada momento,
- El conocimiento acumulado y organizado (que siempre es creciente) en las distintas disciplinas del saber,
- La experiencia práctica trasladada a procesos reales y a la organización de esos activos y bienes así como de las personas al servicio de esa producción con su correspondiente curva de aprendizaje,
- La disposición a trabajar de las personas que tienen que hacerlo en el sistema de producción de bienes y servicios,
- Y, por último, de que ningún acontecimiento o fenómeno que se produzca en nuestro sistema social o físico-ambiental le impida a la maquinaria productiva producir. Y dentro de esto podrá estar el boicot de una parte de la sociedad en la medida en que no tenga percepción de beneficiarse razonablemente del sistema. Llamémosles los irritados, los «antisistema», los que no encuentran su encaje o su sitio en la sociedad y hacen de ello su causa.

Resumiendo, se podría decir que el sostenimiento de una buena maquinaria económico-productiva es consecuencia de una serie de bienes y estructuras creadas con una curva de aprendizaje y ligadas al servicio de esa producción y de la participación de las personas en esa cadena. Hipotéticamente, con una total automatización podría llegarse incluso a que sin trabajadores todos fuéramos privilegiados beneficiarios y consumidores en ese sistema productivo. El dinero no aparece en la ecuación y por ello es irrelevante que la deuda sea de uno o mil billones de billones.

Por tanto, nuestros hijos serán capaces de disfrutar de al menos un nivel de vida similar en la medida en que se den tres requisitos:
1. Que «no se pierda lo aprendido» dándose marcha atrás en esa curva de aprendizaje
2. Que las personas necesarias para operar e interactuar en la cadena o maquinaria de producción de bienes y servicios sigan dispuestas a hacerlo
3. Que las personas que no son «necesarias» o útiles para esa cadena no lo impidan con revueltas o movimientos

No me preocupa mucho pensar en que se pierda «lo aprendido», pues me cuesta imaginar escenarios en los que tal cosa pueda darse. Tampoco veo complicado encontrar mecanismos para que las personas necesarias trabajen en la maquinaria de producción. Me preocupa mucho más el riesgo de expansión de elementos antisistema nocivos y, relacionado con ello, el encaje financiero de esta situación y la sustitución o evolución del dinero como mecanismo de motivación de los seres humanos que sustituya a la inversión financiera creciente y la deuda como impulso de la actividad. Pues, aunque creo que la deuda mundial jamás será pagada, el riesgo de pinchazo de la burbuja de la deuda me parece potencialmente peligroso para la paz. La transición de un mundo de deuda creciente a uno que no goce de incentivos financieros, en el que la deuda generada se haya diluido y que se mueva por incentivos distintos me parece una incógnita y altamente peligrosa. ¿Qué pensarán y cómo lo asimilarán los acreedores?

El dinero hoy por hoy es el mecanismo fundamental de motivación de los hombres, es su droga para lanzarse y participar en la maquinaria productiva. Para los que tienen mucho porque quieren acumular más. Para los que tienen poco porque para ellos es una forma de asegurar su supervivencia en la sociedad y conquistar otros bienes o servicios que los ricos tienen y ellos no.

Por ello, mientras la ficción del dinero funcione (o cualquier mecanismo que lo sustituya), mantendremos, mal o bien, un sistema que hará que la maquinaria económica siga funcionando. Pero hay dos factores que pueden hacer que esa ficción y ese factor motivador (el dinero) dejen de funcionar.

El primero es que el exceso de dinero lanzado por unos y otros emisores a las sociedades ponga demasiado de manifiesto su carácter ficticio y haga muy visible el hecho de que no tiene respaldo y que no es más que un mecanismo para generar motivación. Es decir, que se pierda la confianza en el «valor» del dinero, como ya he explicado en otro apartado.

El segundo es que la gente en general, como ya está ocurriendo, alcance unos niveles de felicidad material suficientemente elevados que, unidos a una serena y sosegada mirada, les lleve a la conclusión de que su felicidad ya no se asocia a más dinero sino a otras cosas más relacionadas con su propósito vital. A partir de ese momento ya no trabajarán tanto por dinero sino por otras razones que también deberán encontrar encaje en el sistema.

Desde ya y con esperanza, debemos ser conscientes de que una parte de ese catalizador que ha sido siempre el dinero (hinchado con la deuda) está siendo sustituida cada vez más en las sociedades ricas por la vocación, el propósito personal, la búsqueda de sentido, la filantropía, el voluntariado etc.

El funcionamiento de la economía bajo los paradigmas tradicionales creo que terminará pronto. No tardaremos mucho en llegar al momento en que se manifieste esa crítica del papa al hecho de que el dinero se haya convertido en un fin en sí mismo de la sociedad cuando no puede ser sino un instrumento a su servicio.

Y la defensa frente a procesos traumáticos o violentos contrarios al dinero (al llamado sistema) estará muy relacionada con la habilidad y el tacto social para gestionar un saludable tiovivo de subidas y bajadas de estatus (económico-materiales, de poder, de conocimiento, de influencia...) de las distintas personas que vivimos en la sociedad. La riqueza y la pobreza, el poder, la cultura... son siempre conceptos relativos que no existen si no existen diferencias para poder tener una escala de medir. Son las subidas y bajadas de las masas sociales por esas escalas las que habrá que gestionar con tino para evitar graves y peligrosas crisis que pueden sacar lo peor de cada uno de nosotros y de nuestras sociedades. Y en este sentido ningún riesgo veo mayor para nuestra riqueza futura que el hecho de no saber integrar dignamente a quienes no resultan ser competitivos o productivos en la maquinaria de producción de bienes y servicios. Pues cada vez serán más las personas innecesarias para esa maquinaria productiva las cuales, sin embargo, mantendrán toda su fuerza humana de creatividad para luchar contra el sistema en la medida en que se «sientan» excluidos o no lo suficientemente beneficiados por la riqueza generada. Y ese grupo de «innecesarios» sí puede constituir el elemento que impida por una u otra vía el normal funcionamiento del sistema de producción de riqueza.

Por tanto no debemos defendernos tanto de la deuda sino de las crisis y de generar un sistema emocionalmente insostenible. Y no debemos pensar que las crisis son financieras, pues creo que las crisis son realmente del sistema, por más que quienes se encuentran bien establecidos en él estén ciegos para ver que no estaremos en un sistema sostenible si no evoluciona para incorporar la relevancia de unas relaciones humanas muy distintas a las actuales.

Pensar que podemos sostenernos a base de competir y competir, como hasta ahora, pasa por aceptar que los trabajos de hoy para muchas personas serán amortizados o hechos por máquinas. ¿Pretendemos que solo trabaje un día el diez por ciento de la sociedad? Como ya he comentado los individuos «caminamos hacia ser innecesarios». Preocupémonos por tanto más de ver cómo gestionamos ese hecho que de la deuda en sí.

Y, desde esta perspectiva, considero que nadie es más antisistema (aunque de forma inconsciente) que quien desde posiciones de liderazgo en el sistema se niega a comprender que las personas no siempre serán comprables con dinero o con un trozo de pan, pues esto cada vez es menos así.

La maquinaria que hemos creado no hay quien la controle

He dedicado ya un apartado a explicar cómo los individuos hoy están al servicio de la sociedad en lugar de estar esta al servicio de aquellos. Pero ahora me gustaría insistir en esta idea desde la perspectiva económico-financiera.

Nuestra sociedad y el sistema económico que la mueve necesitan secuestrarnos para ponernos a su servicio. Más y más tengo la impresión de que la sociedad se sirve de nosotros arrastrándonos a consumos y comportamientos que son la gasolina imprescindible de nuestro sistema económico. Son muchas las muestras de esta frenética tendencia que provoca un permanente movimiento generador de actividad económica y del tan manido crecimiento. Los estados, necesitados de crecimiento, sacrifican cualquier cosa para conseguirlo. Y cuidado con el que se atreva a cuestionar las bondades del crecimiento siquiera de forma teórica.

No creo en teorías conspiratorias ni en el recurrente «nos manipulan». Pero sí que creo y observo en estos hechos una inteligencia espontánea y natural de la propia sociedad para crear fenómenos dentro de ella y así garantizar su supervivencia, incluso a costa del sacrificio o el malestar de sus individuos.

Como ya he dicho, las empresas han pasado de triunfar satisfaciendo necesidades a triunfar creando nuevas necesidades a los ciudadanos. Las empresas exitosas de dimensión global son generadoras de lazos y dependencias de las que nos resulta imposible liberarnos. Lo más que podemos hacer es cambiarnos de un proveedor a otro dentro de un súper-cartelizado oligopolio de prestadores de servicios de masas. Pero siempre seremos esclavos de una relación impersonal con alguna empresa que nos muestra una sonrisa amable para captarnos y mantenernos como clientes pero cuyo único objetivo o indicador de éxito será conseguir no perdernos como clientes.

Aunque no somos conscientes de ello, nuestra lista de necesidades es cada vez más larga, pues es y será siempre la acumulación de necesidades creadas a lo largo de la Historia de nuestras civilizaciones. Pero lo que hoy llama la atención es el ritmo de crecimiento de esa lista. Es sin duda exponencial y se nutre de cosas que se han convertido en necesidades sin casi haber pasado por un periodo de disfrute subjetivo de los beneficios que aportan. Es decir, que en un cortísimo periodo de tiempo nuestro sistema económico consigue superar todos los estadios para la generación de una necesidad: (1) ignorancia de que algo nos puede resultar útil por desconocimiento de su existencia; (2) apreciación del valor de la prestación (bien o servicio), que luego se convertirá en necesaria; (3) disfrute real o percibido del bien o servicio antes de considerarse necesario y; (4) generación de la necesidad o dependencia sin aportar ya disfrute subjetivo. Pues bien, en muchos aspectos la etapa 3 de ese ciclo es prácticamente inexistente, siendo esa la razón por la que digo que en gran medida nos encontramos al servicio de un sistema que viste su éxito «vendiendo» que todos los avances proporcionan mucho progreso. ¿Es ese y solo ese el tipo de progreso que yo quiero que tenga la sociedad en la que vivo? ¿Disfruto subjetivamente de ello más allá de aplacar la ansiedad que provocan los inventos hasta que conseguimos darlos por incorporados en nuestras vidas al sentir que ello hace falta?

Lamentablemente hoy la mayoría de la cosas que hacemos o de los bienes o servicios que incorporamos a nuestras vidas no es tanto por gustosa opción personal sino más bien por la necesidad de no quedarnos atrás, obsoletos o fuera del sistema. Y sí, confirmo que llamo «necesidad» a algo aun cuando venga impuesta psicológicamente por la presión social y el temor a la exclusión o a ser un inadaptado.

Me gusta recordar que «no es más rico el que más tiene sino el que menos necesita». Pues es cierto que las novedades tienen un periodo de disfrute que aporta valor subjetivo positivo, aunque pronto ese valor muere y permanece en un régimen de dependencia o secuestro. Y conseguir mantener eso que hemos incorporado como «necesario» se convierte en un mecanismo de auto-exigencia y presión que contribuye a menudo a la relajación y al relativismo morales para alcanzar eso que «necesitamos» y conservar aquello que ya consideramos «nuestro» pues nos hemos acostumbrado a ello.

Me sorprende la tolerancia que existe en la sociedad a prácticas empresariales que no son aceptables pero con las que convivimos diciendo que son cosas de las empresas. Lo mismo puede decirse de la política. Parece que por conseguir beneficio y actividad económica estamos dispuestos a tolerar muchas cosas y sobre todo a sacrificar muchos principios. Este enfoque está cada vez más presente en nuestra sociedad y es el origen de la decadencia social en muchos aspectos relacionados con sus valores y sus referencias. Creo que resulta innecesario mencionar ejemplos de cuál es el trato que a menudo se ofrece a trabajadores o las prácticas comerciales que muchas empresas emplean con normalidad y que, aun siendo rechazadas por una inmensa mayoría, se toleran por ser generadoras de actividad económica.

Se observan también múltiples muestras en las que retorcidamente se encajan medidas o decisiones político-empresariales sin respetar el sistema de reglas establecido cuando ello contribuye a vender o generar movimiento económico. Por supuesto se destacan las ventajas que ese encaje tiene para los consumidores pero no se menciona el daño que genera a las reglas y principios establecidos. Es el caso de la conversación y confrontación entre distintos intereses como los de Uber, Airbnb, etc. A Dios gracias los tribunales acaban equilibrando las cosas pero en general la conversación social dominante se alinea con la llamada «modernidad» (lo que no me parece en sí mismo malo) pero sin ninguna consideración a colectivos tradicionales como el de los taxistas, que han podido invertir un alto precio para adquirir sus licencias y se encuentran firmemente regulados para servicios muy similares... Y, como mera anécdota, me quedo también perplejo cuando observo cómo los aeropuertos modernos han cambiado los flujos de las personas enchiquerándolas en caminos en zigzag hacia las puertas de embarque sin que uno pueda librarse de pasar por las tiendas *Duty Free*. ¡Todo vale para vender y crear movimiento económico!

Me sorprende también ver cada vez más ciclistas jugándose la vida por las calles de Madrid con unas enormes cajas a sus espaldas para llevar cualquier producto a quien estando en su casa se le antoja cualquier cosa para «ya mismo». Son escenas que recuerdan a las que todos hemos visto en ciudades indias donde las personas hacen lo que sea para conseguir alimento.

Dentro de ese sistema de reglas que creo que ya no se respetan me permito traer a escena la arraigada práctica de algunas grandes empresas consistente en desarrollar actividades de forma ruinosa durante todo el tiempo que haga falta con la esperanza de echar del mercado a los jugadores existentes y quedarse con un monopolio u oligopolio. Antes, a eso (o a algo muy parecido en su filosofía) se le llamaba «*dumping*» y estaba totalmente prohibido, pero hoy no oigo a nadie hacer este tipo de reflexiones tan aplicables al mundo del comercio electrónico y a algunos negocios creadores de redes colaborativas.

Vivimos envueltos en una maquinaria económica productiva que ha ido cogiendo fuerza y que hoy somete a los individuos que la hemos creado. Todo lo que alimenta esa maquinaria en forma de prácticas, relajación de principios, etc. debe ser tolerado e incluso se fomenta. Toda mirada crítica a este fenómeno de predominancia del mundo económico-financiero sobre el resto de aspectos de la vida es incomprendida, descalificada o encuadrada con absoluto desprecio y sin filtros dentro de los intereses de los «antisistema». El monstruo económico-financiero que hemos creado ahora nos somete, aunque muchas veces no nos demos cuenta de ello.

Muchas personas asentadas en posiciones de mando de nuestra maquinaria económica y política quizá piensen que no pueden permitirse darse cuenta de ello pues nada se puede hacer para frenarlo y que, mientras seamos capaces, hay que «sostenerlo y estirarlo» pues el día que esto no ocurra será porque habrá estallado un importante conflicto. Puedo comprender esa postura pero no puedo aceptar un derrotismo inmovilista, seguramente motivado (con mayor o menor consciencia) por la conveniencia de mantener las cosas como están y por la dificultad de esas mismas personas de manejarse con soltura en un mundo evolucionado con paradigmas distintos que colocan al ser humano, su dignidad y su sentido en primer plano. He hecho ya un reconocimiento a la labor de muchas personas líderes en nuestro sistema que piensan y luchan por mantener los equilibrios financieros desde actitudes realistas y bien intencionadas y quiero aquí reiterarlo, pero eso no excluye mi crítica a pensamientos y actuaciones desde paradigmas obsoletos por incompletos al no incorporar variables del ser humano como experiencias, emociones, sentimientos, sufrimiento, frustración... A esa actitud crítica se une su actitud escéptica ante las posibilidades de cambio...

No pretendo volver al pasado ni frenar nuestra evolución y nuestro desarrollo económico. Pero sí me gusta siempre mostrar esta visión crítica con el exceso de perspectiva financiera y con la supresión de frenos a actuaciones en el campo económico y empresarial que llevan a tolerar prácticas inaceptables y sobre todo a la pérdida de foco colocando a la sociedad en actitudes inmovilistas que dificultan una evolución social más humana.

Adictos a la novedad

Como parte, causa, efecto y necesidad de este mundo financiarizado, los individuos de nuestras sociedades nos hemos convertido en personas adictas a lo nuevo, a lo distinto. Nos creemos que lo siguiente que nos ofrece el mercado nos hará felices, sin ser conscientes de que la felicidad es muy efímera.

Ello tiene una parte positiva pues contribuye a dar dinamismo a un mundo que ya tiene todo lo que necesita para sobrevivir. Pero por otra parte, y ante la cierta infantilidad y superficialidad de la que hace gala nuestra sociedad, debemos hacer un especial esfuerzo para tomar conciencia de que, como les pasa a los niños, en muy poco tiempo dejaremos de disfrutar del nuevo juguete y necesitaremos el siguiente chute de «novedad» o distinción. Y al igual que no es difícil observar como muchos niños son malcriados y estropeados por sus padres al satisfacer permanentemente sus deseos, tampoco es difícil, mirando con perspectiva, ver como la sociedad está creando individuos malcriados, especialmente los más jóvenes, a quienes parece que los padres no pueden someterlos a esfuerzos, disciplina o privarlos de nada que tenga «el de al lado».

Pero también los adultos, aunque nos cuesta más tomar conciencia de ello, sufrimos el mismo fenómeno en nuestra sociedad de frenético consumo. La necesidad media del hombre de hoy de tener estímulos relacionados con la novedad se ha multiplicado. No podemos parar un minuto de tener o experimentar novedades. Y esa adicción es el mejor estimulante para la sociedad que sostiene nuestro sistema económico.

El poder económico establecido apaga este tipo de reflexiones, pues tomar conciencia de ello provocaría cierta deriva hacia una sociedad más austera que se proyectaría en la búsqueda de otras variables distintas al consumo para gestionar la ecuación de la felicidad.

La sociedad necesita ciudadanos cuyas prácticas contribuyan al crecimiento del PIB y por ello nada como conseguir que la renovación de todo lo que nos rodea sea necesaria. Con cada renovación se producen milésimas de contribución al crecimiento del PIB en forma de obras, decoración, comercio, nuevas estéticas personales, trabajo etc. Basta observar la necesidad de renovar cada vez con mayor frecuencia nuestro vestuario, nuestro coche y la decoración de los restaurantes. Hace no mucho tiempo había cosas que no estaban sujetas prácticamente a la moda y hoy sin embargo sus ciclos de obsolescencia son muy cortos.

Realmente me pregunto yo si eso es crecimiento. Y mi respuesta es que eso más que crecimiento es «movimiento», con su parte positiva, pues genera actividad de personas y una variedad que puede ser beneficiosa, siempre que no se convierta en algo incontrolado, compulsivo y omnipresente, consiguiendo que lo que no es nuevo (ya sean bienes o comportamientos, corriente, prácticas...) sea depreciado. Una copita de vino cuando corresponde es para mí una magnífica práctica, pero tener que vivir todo el día agarrado a la botella es un serio problema. Algo similar pasa con las novedades, pero todavía no nos hemos dado cuenta.

Y no quiero con esto culpar ni demonizar a las empresas ni a nadie de todos estos fenómenos y de la inconsciencia de muchos ciudadanos. Pues a ello se llega con la participación y la contribución de individuos, instituciones y clases económicas, políticas, sociales, etc. que participan en el fenómeno probablemente como un mecanismo de defensa evolutivo para garantizar la sostenibilidad de nuestra sociedad desde paradigmas financiero-económicos tradicionales. Sin duda muchos de estos logros, tendencias o comportamientos sociales resultan muy absurdos desde el punto de vista de los individuos por su escasa aportación al bienestar subjetivo individual, pero son imprescindibles para el sostenimiento de nuestra sociedad o del mantenimiento de la paz dentro de ella, como lo es para cualquier adicto el consumo de la sustancia de la que depende.

Nuestra sociedad actual como sistema socio-económico es y será ambiciosa. Y en ese aspecto hoy me atrevo a decir que su mayor éxito es habernos hecho adictos a la novedad. Sus individuos se encuentran abducidos por la novedad sin tomar todavía conciencia de su creciente adicción a ella, de la cual será difícil liberarse si no se detecta y asume pronto.

El dinero constituye todavía el mayor estimulante de la actividad social productiva. Pero la confusión acerca de su verdadera condición de instrumento a nuestro servicio convirtiéndolo en un fin en sí mismo nubla nuestra mirada haciéndonos incapaces de interpretar el mundo y hacer previsiones al margen de la perspectiva financiera tradicional y nos lleva a una relación social patológica con él. La necesidad de encajar todo en paradigmas financieros exige una presión de consumo creciente que nos lleva a una auténtica adicción a lo nuevo que contribuye a sostener el movimiento económico, confundiendo muchas veces la felicidad con la calma que produce aplacar la adicción con el consumo. Pero la realidad es que las motivaciones profundas del ser humano se irán alejando progresivamente del dinero y que el sostenimiento de nuestro nivel de bienestar material depende de variables distintas al dinero y a nuestro nivel de deuda. Son variables como la «capacidad instalada e instalable de estructura productiva» y la voluntad de los habitantes de la Tierra de «hacer funcionar» (o de dejar funcionar) esa estructura de producción de bienes y servicios.

UNA SOCIEDAD CIEGA A LA IMPORTANCIA DE LA EXPERIENCIA HUMANA

Las personas y los individuos deben ser comprendidos por dentro y por fuera. De forma superficial en lo que se refiere a sus comportamientos individuales o fenómenos sociales visibles, y de forma profunda e interna en lo que se refiere a sus experiencias o vivencias, su sufrimiento, sus alegrías, sus ilusiones, sus frustraciones... Una es la comprensión superficial y la otra la comprensión interna.

Hoy me he acostumbrado y ya veo con naturalidad la falta de sensibilidad social en relación a la comprensión de la vivencia «por dentro» de las experiencias humanas ante las realidades, novedades y progreso del entorno. Pero me ha costado asumirlo pues, quizá con cierta pasión romántica, siempre he pensado que lo importante no son las cosas en sí mismas sino cómo las vivimos o, lo que es lo mismo, cómo nos sientan y nos relacionamos con ellas. Y en gran medida muchas de las reflexiones de este capítulo contribuirán a una mejor comprensión del diagnóstico social efectuado en este libro.

No solo de pan vive el hombre, ¿y a mí quién me cuida?

Ya sabemos que no solo de pan vive el hombre. Y, sobre todo, cuando ya nos hemos atracado de pan. Pero ¿quién está velando por que todo el pan que como no se me atragante?

Nuestra sociedad es ya muy rica y eficiente en la producción de bienes y servicios, y dedica toneladas de tiempo y papel a discutir y analizar cualquier cuestión relacionada con la productividad, el crecimiento, la sostenibilidad financiera, la innovación... En definitiva, a todo aquello que tiene que ver con parámetros o referencias de nuestro actual sistema económico-financiero.

Pero ¿cuántas veces oímos hablar de cómo acogen todo el progreso los individuos, del rozamiento o sufrimiento que produce la adaptación al cambio? ¿Cuánto se oye hablar de la experiencia subjetiva asociada a los nuevos bienes o servicios que nos procura la sociedad y de las dinámicas a las que necesariamente nos arrastra? Ya he comentado la carga o el fastidio de tener que cambiar de televisión por quedarse obsoleta la anterior, o de tener que cambiar de teléfono porque el anterior (que no antiguo) ya no sirve para las funciones que necesito, o que en nuestro armario cada vez lo veamos todo pasado de moda a mayor velocidad, o el trastorno de tener que incorporar la siguiente versión de Windows. En fin, podríamos hacer una interminable lista de cargas asociadas a lo que llamamos «riqueza» y «progreso».

Los seres humanos somos sujetos de experiencias. Vivir es experimentar, sentir y sentirse de una forma o de otra, bien o mal, triste o contento. Se experimenta placer, sufrimiento, gozo, amor, cariño, satisfacción o insatisfacción, dependencia, sometimiento, ira, enfado, presión... y muchas cosas más. Las experiencias difícilmente pueden explicarse salvo mediante la experimentación o la vivencia de los actos que las conforman. Es lo que llamamos «vivir» algo.

Hoy la neurociencia, tan avanzada en muchos ámbitos, no tiene todavía noción ni forma de abordar el mundo de la experiencia humana más allá de la explicación de los fenómenos físico-químicos-eléctricos asociados a la experimentación. Es decir, la ciencia sabe lo que pasa en el cerebro cuando alguien experimenta algo pero no sabe lo que es la experiencia. El científico solo puede conocerla a través, precisamente, de la experimentación de la misma como ser vivo sujeto de experiencias, pero nada de este conocimiento tiene que ver con el método científico.

El hecho de que la experiencia vivida como tal y el sentir de las personas ante lo que ocurre a su alrededor y en su interacción con el mundo no pueda abordarse científicamente, ni definirse o medirse con propiedad, ni legislarse, parece que ha provocado el que caiga en el olvido de la conversación social. Pues la sociedad hoy desprecia todo aquello que no es medible mediante procedimientos o unidades matemáticas, económicas u objetivas. Y por ello algunos científicos y visionarios son capaces de vislumbrar un futuro con robots casi equiparados, sino superiores, a los humanos, sin darse cuenta de que estos son máquinas que ni sienten ni padecen. Y es precisamente el sentir, padecer, sufrir, gozar etc. lo que da carta de naturaleza a la vida y a la misteriosa inteligencia de supervivencia asociada a ella, de la cual la inteligencia artificial es solo una copia parcial de sus manifestaciones o apariencias pero jamás de sus vivencias.

Por tanto, si queremos hablar de felicidad, nada es tan importante como hablar de la satisfacción de nuestras necesidades y de nuestro sentido en la vida. Se trata de dos cuestiones cuyo mayor o menor grado de satisfacción conforma internamente experiencias de sufrimiento o satisfacción existencial. Y la mayor o menor satisfacción no puede relacionarse solo con la consecución o alcance de determinados bienes o con la realización de determinas actuaciones objetivamente descriptibles. De hecho mi felicidad está mucho más relacionada con cómo gestiono mi relación con lo que tengo que con lo que objetivamente tengo. Y ello a su vez está muy relacionado con la trayectoria de mi experiencia de vida.

Eso explica que alcanzar el acceso a la educación, a tener vehículo propio y a una vivienda digna puede ser suficiente para tener una vida satisfecha para quienes provienen de carecer de todo ello en sus entornos. Pero tener solamente esa misma educación, vehículo y vivienda puede suponer en muchos casos una gran frustración para quienes provienen de una infancia en la que han vivido en palacios, viajado en coches de lujo...

A partir de la satisfacción de las necesidades básicas de la vida (alimento, techo, calor...), todo lo que se tiene o se deja de tener en términos absolutos resulta irrelevante si no se relaciona con tres variables:
- lo que tienen los de nuestro entorno, lo que vemos
- cuánto y de qué calidad es lo que hemos tenido en el pasado, es decir, a qué estamos acostumbrados
- nuestras expectativas, junto a nuestra capacidad de gestionar la frustración interna, de no conseguir lo que es nuestra aspiración o de perder aquello a lo que estábamos acostumbrados

Y son estas experiencias, junto a la adecuada actitud para vivirlas de una u otra forma, las que nos dan o nos quitan lo que el pan no satisface.

Y de todo esto la sociedad habla muy poco, sobre todo en los ámbitos de poder que mueven el mundo. Pues introducir estas variables podría afectar al consumo como gasolina de ese crecimiento económico tan importante para sostener con paz nuestro sistema, en tanto en cuanto los paradigmas financieros que sostienen nuestra sociedad no sean sustituidos total o parcialmente por otros. Y es comprensible pues yo mismo entiendo que la maquinaria socio-económica no puede detenerse mientras no sea por evolución hacia terrenos que garanticen la sostenibilidad de nuestros niveles de riqueza conviviendo con una paz y una satisfacción social razonablemente generalizadas. No obstante, la cerrazón a considerar otras miradas que incorporen la relación con las personas y su comprensión y la de sus vivencias para evolucionar hacia una sociedad que no viva con el dinero y lo material como únicos instrumentos de motivación y reconocimiento no es admisible.

Nuevos tiempos, nuevas necesidades

Como seres humanos siempre seguiremos persiguiendo la felicidad a través de una adecuada satisfacción de nuestras necesidades. Nuestro altísimo nivel de riqueza material y de prestaciones o servicios recibidos nos ha llevado a que cada persona, conforme a su propia receta y equilibro, deba gestionar las necesidades en al menos tres ámbitos: el de las necesidades materiales, el de las emocionales o sociales, y las relacionadas con el espíritu o el sentido.

Hoy día nuestras necesidades, por las que tenemos que luchar, no están tan relacionadas con la supervivencia física sino con la supervivencia y satisfacción social. Son las llamadas «necesidades sociales». Y de hecho la neurociencia ya sabe que nuestro cerebro actúa en relación con la satisfacción de las llamadas necesidades sociales de manera idéntica a como lo hace en relación con la satisfacción de las necesidades biológicas y básicas a las que se dedicaron principalmente nuestros antepasados y hoy todavía los integrantes de muchas sociedades muy pobres.

Me gusta el modelo de análisis de estas necesidades elaborado por David Rock, fundador del Neuro Leadership Institute. En virtud de su denominado modelo SCARF (abreviatura de *Status, Certainty, Autonomy, Relatedness* y *Fairness*) define o clasifica las necesidades del ser humano en las sociedades modernas en cinco categorías:

- Estatus: necesidad social de tener importancia relativa respecto a los demás, respeto, estima y significado dentro de un grupo
- Seguridad o certidumbre: necesidad de sentirnos seguros sabiendo que nuestro cerebro analiza de forma constante y prefiere patrones familiares. Evalúa lo conocido como seguro y lo desconocido como peligroso. Vencer las resistencias al cambio pasa por gestionar bien este dominio

- Autonomía: necesitamos percibir que poseemos cierto control sobre los acontecimientos así como la posibilidad de tomar decisiones propias
- Encaje social o relacional y sentido de pertenencia: necesitamos la relaciones y pertenecer a nuestro grupo en el que nos sentimos seguros, para lo cual analizamos constantemente si las personas de nuestro entorno son amigas o extrañas
- Justicia: necesitamos vivir en un entorno justo pues la sensación de falta de equidad a nuestro alrededor desencadena respuestas negativas y provoca posturas defensivas

Muchos pensaremos que el dinero que ganamos con nuestro trabajo lo dedicamos a la comida y al refugio de nuestra familia, pero la realidad es que si profundizamos podemos concluir que la forma en que administramos el gasto o la aplicación de nuestro dinero se orienta a la satisfacción adecuada de nuestro estatus, autonomía, seguridad... entendidos en sentido amplio. Lo que realmente hoy nos preocupa no es tanto comer, o tener una casa o un coche, sino tenerlo a la altura de lo que creemos merecer, lo que a su vez está muy relacionado con lo que tienen los de alrededor.

En línea con el modelo SCARF me ha llamado profundamente la atención, por su fuerza y sencillez a la vez, una teoría sobre las cualidades o regalos que todo ser humano busca en sus relaciones con las personas que le importan. Es el modelo de las 5 «Aes» del prestigioso psicólogo y experto en *mindfulness* David Richo. En virtud del mismo cualquier persona se ve beneficiada y satisfecha al recibir de las personas que le importan:

- Atención: interés en uno mismo, en lo que nos motiva, nos inspira, lo que nos gusta y lo que no, desde el respeto y sin intromisión en la intimidad y autonomía personal. Se trata del valor de ser «escuchado y visto»
- Aceptación: la acogida de nuestros intereses, preferencias y deseos sin pretender alterarlos
- Afecto: la recepción de cariño, compasión o consuelo físico
- Aprecio: reconocimiento del valor de uno mismo por ser quien es y tal como es
- Autorización o permiso *(allowing):* reconocimiento del derecho de uno a ser quien es y como es y a expresar sus sentimientos aunque difieran de lo socialmente aceptado

Nos sorprendería mucho oír a alguien decir que *«me compro un Ferrari o un Rólex para que me lo vean y me quieran».* Pero es probablemente esa, en la mayoría de los casos, la razón última, profunda e inconsciente para su compra.

Nuestra sociedad está todavía muy ciega ante esta realidad. Nos olvidamos a menudo de dar cariño y prestar atención a quien nos rodea sin darnos cuenta de que nada importa más a la gente que sentirse escuchada, relevante y parte del grupo en el que uno quiere estar. Creemos que solo lo material es agradecido cuando, a la hora de regalar, nada es más importante que la calidad de la atención y el respeto a aquellos con los que uno convive.

No es este el lugar de profundizar en estos modelos o en otros similares. El que esté interesado solo tendrá que teclear esas denominaciones en su ordenador y encontrará información para aburrir en Internet. Esa es la ventaja de esta sociedad. Pero sí es el lugar para insistir en que hoy nuestra sociedad, obsesionada con el PIB, con el crecimiento, con las *start ups*, con la innovación... se olvida del debate sobre el encaje o el acoplamiento del ser humano en todas aquellas consecuciones (o imposiciones, según se mire o experimente) en el ámbito material, económico, prestacional... Definitivamente la sociedad se olvida del bienestar sentido o percibido en la profundidad de cada persona, mostrando de nuevo con ello que tiene a los individuos secuestrados o esclavizados al servicio de objetivos económicos y sistémicos de alcance limitado, con gran menosprecio de las experiencias humanas internas. La mirada del poder a los ciudadanos es casi únicamente superficial, es decir observadora de los comportamientos y posesiones físicamente observables. Y es una mirada siempre muy centrada en las posesiones y consecuciones materiales con desprecio casi total por esos otros aspectos humanos y emocionales de la vivencia del hombre que contribuyen más que la riqueza material a la felicidad de las personas.

Seguro que la búsqueda de estatus, seguridad, libertad, dignidad, justicia, etc. ha estado siempre presente en el ser humano a lo largo de nuestra Historia. Pero creo que era un fenómeno asociado a las clases altas o privilegiadas que ya tenían asegurado su sustento biológico y sus mínimos para la supervivencia. Los que no pertenecían a esas clases privilegiadas seguramente se preocuparían de poco más que de asegurarse alimento, techo y las necesidades básicas. La oferta de comida o de un salario con el que procurarse alimento, techo y ropa sería seguramente un elemento suficientemente motivador sin que se plantearan (al menos no tanto como hoy) otras sofisticadas necesidades. Hoy, sin embargo, en las sociedades desarrolladas todos nacemos con el alimento asegurado y por ello nos hemos hecho mucho más exigentes y sofisticados en cuanto a la determinación de lo que nos gusta, lo que nos moviliza y lo que estamos dispuestos a tolerar. Supone sin duda un progreso al haberse extendido a la inmensa mayoría de la población el derecho y la posibilidad de cuidar de estas necesidades sociales.

¿Por qué no hay más debate, conversación social, escuelas, patrocinios... que se dediquen a la investigación en el campo de la antropología social? Porque no da dinero.

Y, de hecho, la comprensión de la fuerza motivadora de estas necesidades sociales para el ser humano en distintos grupos sociales resulta fundamental si se quieren entender, como más adelante veremos, los nuevos movimientos sociales y los populismos. Detrás de ellos siempre está la explotación de unas necesidades sociales conscientes e inconscientes de los grupos sociales. Gracias a Dios van apareciendo más y más emprendedores e innovadores sociales que muestran inquietudes y preocupaciones por el cuidado de la persona en sus aspectos más internos y de sentido personal.

Concluyo manifestando el enorme desequilibrio que hoy existe entre el tiempo y esfuerzo dedicado a formar a las personas para su entronque competitivo en la cadena de producción y el dedicado al autoconocimiento y al cuidado de uno mismo y a la relación de cada uno con las personas y las cosas de su entorno.

Cuando el objetivo nos hace olvidar la importancia del camino

Nuestra sociedad promueve una presión competitiva muy importante para la consecución de objetivos. Parece que el hecho de alcanzar objetivos por sí mismo produce satisfacción y felicidad. Y por ello parecemos aceptar sin rechistar el que nuestro entorno viva obsesionado con conseguir más y más objetivos, metas, bienes, dinero, puestos, cargos...

Pero considerando la naturaleza del hombre y su perspectiva relativa de todo, la imparable elevación del nivel de objetivos que deben conseguirse en una vida y su alta velocidad de consecución no garantizan la felicidad. Sin embargo la permanente lucha y presión para estar siempre dando la talla en todos los ámbitos produce un desgaste poco agradable y causante de insatisfacción.

Además, los objetivos que se persiguen son en general de tipo material, medibles, concretos y efímeros. Pocas veces los objetivos de las masas están relacionados con el desarrollo de virtudes o con el trazado de una trayectoria progresiva por la que discurrir a lo largo de la vida y crecer como personas. En raras ocasiones el objetivo consiste en encontrar un propósito vital que nos dé sentido o el hecho de tratar de encauzar nuestra vida para desarrollarla o vivirla lo más posible de forma alineada con nuestro propósito.

Esto crea sociedades muy vacías que piensan que la vida es un destino, cuando la vida es un camino por el que debemos discurrir tratando de hacerlo con respeto a la verdadera esencia que cada uno es y con la plenitud que produce el respeto del compromiso con nuestro propósito.

Transcurrir a diario por un camino hacia unas sanas metas que nos hayamos fijado es uno de los ingredientes más importantes de la felicidad del ser humano. Como humanos necesitamos saber hacia dónde ir siendo muy importante vivir la sensación de avance y progreso hacia nuestro destino. Y tan importante es eso como hacer el camino con respeto a los principios y valores con los que de verdad nos sentimos identificados. Por ello, la felicidad asociada a la consecución de algo es de corta duración si se desliga del esfuerzo saludable y motivador que produce el camino hacia su consecución. Y mucho mayor es la satisfacción asociada al hecho de sentir que se ha obtenido un logro fruto de nuestros esfuerzos y aciertos en el camino.

¿No sería mejor una sociedad que hablara mucho más de la importancia de las trayectorias vitales y de la necesidad de moverse y guiarse por aspiraciones y objetivos no tanto materiales sino intangibles, emocionales, de plenitud y satisfacción personal? Y ¿no tendría sentido ensalzar muchas vidas muy sencillas pero muy plenas que suponen una gran contribución tanto para la sociedad como para el propio individuo en lugar de vivir en la idolatría permanente de logros, metas o récords objetivos y medibles establecidos como puras marcas a batir?

No hacer nada es cada vez más caro

Probablemente las grandes masas en las sociedades siempre se han preguntado poco el por qué y el para qué de las cosas. En el pasado eso quizás fuera menos trascendente cuando la preocupación principal del hombre era procurarse alimento y supervivencia.

Hoy, sin embargo, en las sociedades desarrolladas al tener asegurada la supervivencia resulta mucho más necesario preocuparse de la satisfacción futura de las necesidades sociales además de encontrar sentido a lo que hacemos, seamos más o menos conscientes de ello.

A la pregunta de por qué hacemos muchas de las cosas que hacemos, diremos en general que porque nos gusta. Pero detrás de esa respuesta y de eso que llamamos «nos gusta» suelen estar, en realidad, la búsqueda o satisfacción, presente o futura, de esas necesidades SCARF (u otras clasificaciones): estatus, seguridad, autonomía, pertenencia a un grupo o sentirnos justos y decentes... Conocer que esto es así y salir del autoengaño ante la pregunta de por qué y para qué hacemos las cosas nos ayudará mucho a dotarnos de coherencia interna y consiguientemente de mayor paz interior. Además nos permitirá una administración más eficiente de nuestra energía y de nuestros actos para la satisfacción real (y no solo aparente) de esas necesidades sociales nuestras.

El miedo a perder nuestro estatus o nuestra posición o atractivo dentro de la sociedad nos lleva a autoimponernos un exceso de actividades y exigencias que acabamos confundiendo con nuestros deseos.

Por poner un ejemplo: si preguntamos a alguien que ha invertido tres horas y cincuenta euros un sábado por la mañana en un *spa* que por qué lo ha hecho seguramente nos dirá que lo hace porque le gusta mucho y le relaja. Pero, aunque es cierto que le relaja, seguramente la realidad es que ha ido porque no es capaz de relajarse en su casa sin hacer nada y sin gastarse los cincuenta euros.

Y si nos preguntamos por qué muchos nos vamos a veces a un hotel que está a miles de kilómetros sencillamente para leer y estar en una bonita piscina y cenar en un restaurante parecido a los que tenemos en Madrid, seguramente el fenómeno será muy parecido. Tenemos que poner kilómetros y algo de glamour por medio para permitirnos sencillamente descansar y no hacer nada especial (salvo estar lejos, que «vende» y resulta socialmente atractivo).

Necesitamos disfrazar el «no hacer nada» para vestirlo de una actividad interesante que podamos contar y contribuir a ese permanente «postureo» social en el que vivimos mucho más de lo que somos conscientes. Somos una sociedad hiperactiva, no podemos perder el tiempo no vaya a ser que dejemos de «ser alguien» y nos convirtamos en «don nadies» sin historias o planes atractivos. Y por ello, la realidad es que no hacer nada resulta cada vez más caro.

Una sociedad que menosprecia el universo de las emociones y los sentimientos

El ser humano es, ha sido y seguirá siendo, siempre primordialmente emocional mientras siga siendo humano. El día que no sea así se habrá convertido más bien en una máquina y entonces será superado por los robots (solo racionales) que por ese entonces existirán con enorme superioridad sobre el hombre en términos de racionalidad, conocimiento y gestión de información y datos.

Pero nuestra sociedad predominante científica y económica parece despreciar este hecho y pretende «satisfacer únicamente con pan al hombre». Más bienes, más servicios, más maravillosas *Apps* que nos arreglan la vida, más diagnósticos y prevenciones médicas, más y más de todo y más rápido y más barato. Todo más y fantástico y ¡ya! Pero ¿dónde está la conversación sobre los sentimientos individuales y sociales cuando hablamos hoy del bienestar? ¡No está!

Pues no es oro todo lo que reluce y por ello no es tan seguro que el ser humano sienta y disfrute en su profundidad ese llamado progreso. Para el ser humano todo es relativo, como no puede ser de otra forma pues su escala de valores y por tanto de satisfacción solo puede funcionar relacionando lo que hay con lo que antes no había y con la mochila de creencias y emociones que la vida ha ido forjando en su interior como parte esencial suya.

El pensamiento rápido (inconsciente) en el que el psicólogo y Premio Nobel de Economía Daniel Kanheman apoya su teoría sobre los comportamientos económicos humanos da soporte a la mayor parte de nuestras decisiones y opciones aunque resulte inconsciente. Este Nobel explica como, tras un rápido e inconsciente proceso con el que básicamente tomamos nuestras decisiones, tendemos a procesarlas racionalmente para justificarlas y en algún caso someterlas a algún análisis, valoración o filtro. Pero lo que rige realmente nuestras vidas, nos guste o no, son principalmente nuestras emociones y sentimientos, que operan dentro de ese inconsciente pensamiento rápido y que en general son tremendamente sensatos para guiar nuestros comportamientos hacia donde nos conviene. A veces la emoción nos juega malas pasadas pero puede afirmarse con tranquilidad que las actuaciones emocionales distorsionantes y que atacan a nuestro bienestar son la excepción.

Por ello, me alegro mucho de que se concediera este Premio Nobel y de que existan todas las corrientes que hoy dotan a las emociones y al inconsciente de la importancia que tienen para entender el comportamiento del hombre y de las sociedades y comprender lo que nos produce satisfacción e insatisfacción. Y mientras escribo este libro he conocido también la concesión del premio Nobel de economía del 2017 a Richard Thaler precisamente por sus trabajos sobre la psicología de los comportamientos económicos del ser humano y la constatación de que, a pesar de que nos lo neguemos, el peso de muchos sesgos y condicionamientos inconscientes apoyados en nuestros sentimientos y emociones es grande en nuestras decisiones económicas.

Pero, lamentablemente, nuestra sociedad occidental, a pesar de estos premios Nobel y de la ciencia consolidada sobre estos temas, permanece muy ciega a la importancia de la emocionalidad y los sentimientos humanos en la gestión de las organizaciones y del mundo en general pretendiendo seguir apalancándola en «verdades» apoyadas en supuestas buenas razones lógicas. El poder establecido es todavía muy ignorante del ser humano en sus aspectos emocionales y reticente a escuchar y considerar con normalidad estos aspectos para la mejor gestión de las atmósferas emocionales en las organizaciones y en la sociedad en general. En paralelo desprecia o ha desplazado plenamente la espiritualidad como un elemento o dimensión fundamental para comprender al hombre. Trabajar en dotar a la sociedad de mayor conocimiento antropológico y a sus individuos de un mayor autoconocimiento de sí mismos es sin duda una asignatura pendiente.

He desarrollado mi carrera profesional en ámbitos donde el conflicto y la tensión son protagonistas y en general puedo decir que nos negamos a la comprensión de los comportamientos de los demás como primer paso para tratar de resolver conflictos o disputas empresariales. Criticamos mucho a la parte contraria desde nuestra indignación en lugar de comprender qué es lo que realmente mueve a la empresa contraria y lo que mueve a las personas concretas que representan a esa empresa, pues muy a menudo se produce una divergencia entre los intereses representados y los intereses del representante. Negarse a comprender es una actitud poco inteligente pues comprendiendo las razones incluso inconscientes que mueven a la otra parte y que nos mueven a nosotros podremos encontrar maneras de cambiar la visión y la percepción de las cosas. Igualmente, siendo conscientes de los sesgos que afectan a nuestras preferencias o la valoración de la cosas podremos liberarnos de sus efectos negativos y desactivar los de la parte contraria que están impidiendo una buena solución o una adecuada atmósfera para las relaciones. Pero pocas veces los representantes empresariales pierden más de dos minutos en este análisis o en la comprensión de la emocionalidad de su organización, sus miedos, inquietudes, aspiraciones etc. Y en los casos de conflictos manifiestos, a menudo se quitan de encima el problema adoptando acciones recomendadas por unos abogados que en general trabajan con consideraciones meramente legales.

Las empresas viven rodeadas de conflictos de comportamiento derivados de actuaciones de ejecutivos desleales o simplemente contrarias al interés social o a la agenda empresarial. Se trata de acciones en las que se da una falta de alineamiento entre los intereses y el propósito de la empresa y el del directivo. El ejecutivo, de forma consciente o no, trabaja más para sus necesidades sociales de estatus, autonomía, seguridad etc. que por el cumplimiento y la eficacia del propósito empresarial. Muchas veces trabajan más para su propia carrera que para el bien de la empresa.

Pero las empresas hoy parecen desconocer este fenómeno y dedican escasos o nulos esfuerzos a comprender a las personas que trabajan en ellas, a comprender los miedos, las fricciones y tensiones que se dan en las mismas por falta de alineamiento o de claridad de objetivos o por defectos en la comunicación. Su preocupación por el sentido que los empleados encuentran en lo que hacen es escaso si no nulo. Y actualmente considero que no hay una categoría de riesgos mayor en nuestras empresas que la falta de comprensión de sus personas y su encaje en el entorno. Nada hay hoy más importante en el entorno empresarial que gestionar la «atmósfera emocional» del ecosistema empresarial, pero poco dedican a ello los consejos de administración y los más altos directivos que sin embargo se encuentran sobre orientados y formados en aspectos financieros, comerciales y de productividad que, siendo importantes, se quedan cada vez más cojos si no se integran en un mayor conocimiento de las personas y los grupos. De hecho, y a pesar de ser probablemente la categoría de riesgos más relevante que hoy existe en las empresas por su ineludible frecuencia y por su impacto en los resultados, ni siquiera aparece mencionada como categoría en ningún mapa de riesgos que yo haya podido ver. Claramente estamos ante una falta de consciencia del problema por la ausencia de preocupación de las personas, sus necesidades sociales y las peculiaridades de cada uno, que determinan su actuar. Y si en nuestros consejos de administración y en la alta dirección no existe si quiera la inquietud de conocer esos riesgos, difícilmente se dedicará tiempo a gestionarlos.

Quienes quieran gobernar un rebaño como el humano y guiarlo por caminos para conseguir sus logros y promover bienestar, deberán conocer lo que de verdad mueve al ser humano y lo que le produce bienestar en una sociedad cada vez más necesitada de sentido. Se trata de aspectos que van más allá de la dimensión racional y consciente y que se relacionan con el campo emocional y de las experiencias humanas vividas. Y para ello los líderes empresariales deben estar capacitados para tratar estas cuestiones con normalidad sin el pánico que a menudo muchos sufren cuando entran en el universo de las emociones y de las motivaciones de las personas.

En el ámbito social, el menosprecio de este conocimiento explica la sorpresa de los estamentos establecidos ante el nacimiento y la proliferación de los populismos y la dificultad para comprender su porqué. Como veremos más adelante la naturaleza emocional del hombre da perfecta explicación al nacimiento de todos estos fenómenos.

¿Una vida para vivir, o para sobrevivir? ¿o para contarla? Un baile de máscaras

La ciencia, animada por el puro interés científico y por el empuje de la sociedad, progresa a grandes velocidades mejorando nuestra salud y la curación de enfermedades que antes resultaban incurables. Es una fuerza investigadora que genera mucho lucro y que está indudablemente alineada con la programación genética humana que nos lleva a luchar por sobrevivir individualmente y como sociedad.

En paralelo aparecen nuevas enfermedades y riesgos. Pero hasta hoy, cuantitativamente hablando, los efectos dañinos de estos son abrumadoramente menores que el conjunto de curaciones y vidas salvadas que el progreso ha traído. Y no quiero menospreciar la enorme cantidad de dolor que hoy existe en nuestra sociedad como consecuencia de enfermedades dramáticas como el cáncer, la esclerosis, etc. pues es tremendo para quienes las sufren cerca o en carne propia. Pero en términos de fríos datos estadísticos, el ser humano sigue alargando su vida y mejorando su calidad de salud. Quizá un día nos llevemos un susto y padezcamos la agresión de nuevas enfermedades o males de otro tipo con una afectación masiva que hoy no tenemos. Espero que Dios quiera que ese momento tarde mucho en llegar.

Nada tengo ni puedo tener en contra de la lucha por la curación de las enfermedades ni por la mejora de la calidad de la vida de los vivos. Pero lo que me preocupa de nuevo es que vivimos una existencia en la que la calidad de vida en términos de salud está excesivamente orientada a la salud puramente física con cierto abandono de la salud mental y emocional. Son cada vez más los desequilibrios y las cosas raras que aparecen relacionadas con la falta de sanas referencias o la frustración respecto al sentido de nuestras vidas, tales como las depresiones, las anorexias y otros trastornos y fenómenos similares propios de nuestra época. De nuevo la obsesión del ser humano en estos últimos tiempos de mirar solo lo medible, lo físico, lo contable e ignorar los «males de sentido» nos llevan muchas veces a no ser conscientes de los efectos secundarios de una sociedad obsesionada con vivir más y más, y ser más y más guapa o atractiva, abandonando totalmente las vertientes emocionales y espirituales del ser humano.

Efectivamente, a menudo veo personas que viven sobreviviendo desde la abundancia material de la que gozan.

Se preocupan permanentemente de hacer aquello que les va a procurar salud sin darse cuenta de lo insano, según mi criterio, de no dejar unas ciertas dosis de espontaneidad a nuestro cuerpo. Se olvidan de todos los pequeños vicios y placeres y parece que el único sentido de sus vidas es cuidarse. Otras personas sin embargo parecen más disfrutonas y se permiten no seguir tanto los mensajes muchas veces interesados y cambiantes acerca de lo que es bueno y malo para nuestra salud.

Los estados tienden a protegernos más y más, prohibiendo o cuasi prohibiendo aquello que puede ser peligroso o nocivo para la salud. Los medios de comunicación parecen disfrutar alarmando de los peligros de unas y otras cosas de las que los ciudadanos disfrutamos. Y sin darnos cuenta parecemos vivir en un mundo en el que el objetivo principal es cuidarse y alargar mucho la vida, olvidándonos de que una vida no es vida si no es vivida.

Particularmente pienso que es insoportable estar cuidándose permanentemente. Soy un defensor de los «pequeños vicios» bien administrados. Y por ello ensalzo el arte de tener y hacer una serie de cosas y actividades que nos producen placer y nos permiten variar de forma consiguiendo dar bienestar, desahogo y placer al cuerpo y al alma sin incurrir en los efectos negativos y las dependencias de los vicios intensos.

Es verdad que las costumbres o los pequeños vicios pueden convertirse en graves y dañinas dependencias y que por ello debemos estar siempre vigilantes a nuestra capacidad de controlar y administrarlos de forma responsable, lo que será mucho más fácil cuando hayamos sido capaces de forjarnos una vida con sentido en sus aspectos troncales.

¿Cómo es posible que no dejemos a nuestros mayores que hagan cosas con ochenta o noventa años porque les puede pasar algo? ¿Cuántas veces no les dejamos tomarse un dulce porque tiene azúcar o chorizo porque tiene grasa? ¿Es que solo queremos que sobrevivan? ¿Estamos aquí para vivir o para sobrevivir?

Me cuesta soportar una vida en la que parece que el Estado (o los intereses asociados) e incluso muchos ciudadanos pretenden crear una sociedad con riesgo cero y sin responsabilidad individual. Una sociedad en la que su conversación esté demasiado orientada a vivir más tiempo en lugar de a vivir de verdad. No quiero ni mucho menos decir que no haya que cuidarse pues yo soy el primero que me preocupo de hacerlo. Pero seguramente en el equilibrio estará la virtud.

Y en el ámbito de la verdadera identidad y la autenticidad de las personas en nuestra sociedad, muchas veces la falta de una vida verdadera es aún más preocupante. Puedo observar en los demás (como en mis propias carnes) como a menudo dedicamos gran parte de nuestra vida a construir apariencias y personajes con el solo objetivo de ser aceptados por la sociedad que nos rodea. Nos ponemos la máscara que en cada caso nos conviene y sin darnos cuenta vivimos muchas veces en un permanente baile social en el que representamos un personaje mucho más que nuestra auténtica vida. Sin darnos cuenta perdemos la vivencia plena de nuestra vida, de nuestra persona, pues nuestra preocupación se centra mucho más en ser aceptados o en resultar atractivos que en vivir de verdad como somos. Sin darnos cuenta estamos convirtiendo el mundo en un circo de postureo.

Los jóvenes necesitan más y más *«likes»* para sus *posts* y hace unos días he oído que algunos jóvenes empiezan a ver series de Netflix y similares en sesiones maratonianas pero proyectadas al doble de velocidad de lo normal. En fin, que lo que se busca no es disfrutar sino aplacar la ansiedad de no haberlas visto y poder contar que se conocen.

Esto empobrece significativamente la calidad de muchas de nuestras relaciones en la sociedad y poco a poco vamos dejando de vivir nuestra propia vida auto-secuestrados por la necesidad que sentimos de construir un personaje atractivo para nuestro entorno.

Esta vida, que es más para contarla que para vivirla, coloca sobre nosotros un nivel de exigencia excesivo para poder alcanzar, en los distintos ámbitos, niveles suficientes que despierten el interés o al menos la aceptación de nuestro entorno. Y esa exigencia, directa o indirectamente contribuye a través del consumo al sostenimiento de nuestro sistema económico social necesitado de permanente crecimiento y cambio para mantenerse vivo sin colapsar. Es una muestra más del secuestro del individuo por la sociedad y de la permanente lucha del ser humano por cuidar de sus necesidades sociales.

Al igual que muchas personas con las que converso, lucho para liberarme de mis propias máscaras y tratar de ser alguien acoplado en mi entorno pero sin dejar de ser lo que soy ni aparentar lo que no soy. No siempre lo consigo y observo que la presión social es cada vez más marcada, haciendo más difícil a las personas liberarse de estas máscaras y de la rueda del consumo de bienes, servicios y tendencias. La pena social por no vivir con máscaras es en muchos casos la exclusión social en mayor o menor rango.

Vivimos sin ser suficientemente conscientes de que, ante la satisfacción de nuestras necesidades de supervivencia más básicas, las fuerzas que nos mueven ya no son tanto la consecución de bienes materiales sino la satisfacción de nuestras «necesidades sociales» en forma de estatus, seguridad, autonomía, relaciones y justicia. La desatención por parte de nuestros líderes de la experiencia humana vivida y de los aspectos puramente emocionales, unida a la falta de consciencia que casi todos sufrimos, nos llevan a una sociedad que «no nos cuida» pero que nos utiliza para sostenerse, así como a vivir muy desacoplados respecto de quienes real y esencialmente somos, convirtiéndonos en gran medida en portadores de caretas de los personajes que representamos para ser admitidos y queridos por nuestros entornos. Sin ser conscientes de ello muchas veces buscamos la satisfacción de nuestras necesidades sociales despreciando la importancia del camino para conseguir nuestras metas con altos niveles de auto-exigencia que nos impiden «dejar de hacer cosas» y nos llevan a vivir una vida para contarla, en lugar de para vivirla.

EXCESO DE INFORMACIÓN Y SUPERFICIALIDAD

Expertos en superficialidad

Ya sabemos que estamos hiperconectados y que tenemos acceso a todo tipo de información. Lo oímos todos los días. Y esas cosas relacionadas con el progreso suelen ser dichas en tono positivo, casi nunca en tono neutro o negativo. Solo al hablar de la privacidad saltamos algunos nostálgicos que la hemos conocido y que ahora somos conscientes de su pérdida debido precisamente a ese exceso de conectividad.

Hoy todo se sabe y se conoce al instante. Cualquiera puede responder en unos segundos a cualquier pregunta tras consultar con Google. Sorprende el poco valor que tiene hoy, como tal, conocer hechos o datos pues cualquiera puede estar a la altura del más culto en ese aspecto.

Pero esa disponibilidad creciente de información nos está haciendo restar valor al hecho de tener conocimientos propios acumulados en nuestra memoria. Para la mayor parte de los que dimos matemáticas o latín, aprender estas disciplinas no tenía como finalidad su utilización práctica sino más bien crear unas estructuras cerebrales y de conocimiento que constituyeran las bases de nuestro pensamiento, reflexión y en parte de nuestra sabiduría, nuestro sentido común. La reflexión profunda se nutre de estructuras mentales, experiencias y conocimientos preexistentes en nuestro cerebro pues disponemos de ellos inconscientemente en los procesos de reflexión.

Hace ya unos cuantos años, casi al comienzo de la era de Internet y del acceso a los teléfonos inteligentes, leí un libro titulado precisamente *Superficiales,* escrito por Nicholas Carr. Está basado en múltiples estudios rigurosos relacionados con el impacto de las nuevas tecnologías en nuestro cerebro y en el desarrollo de la inteligencia. La conclusión que del libro se desprende es que nuestro cerebro actualmente desarrolla de forma brillante y entrenada acciones operativas y cambios de una tarea a otra con gran capacidad de ejecutar órdenes. Pero a cambio sufre una progresiva reducción de su capacidad de reflexión, debido entre otras cosas a la falta de entrenamiento y a los reducidos conocimientos acumulados en nuestra memoria que son la materia prima para la reflexión y el análisis. Podría decirse que nos vamos haciendo progresivamente más eficientes en desenvolvernos en nuestras vidas cotidianas cada vez más homogéneas pero a la vez progresivamente más ignorantes y con menor capacidad de reflexión profunda.

Según las conclusiones del autor la forma de relacionarnos actualmente con la información dificulta la retención en la memoria a largo plazo de informaciones y datos necesarios o útiles para ser usados en posteriores ejercicios de reflexión. Es decir, nos vamos convirtiendo en grandes ejecutores multitarea de órdenes y operaciones pero reduciendo seriamente nuestra sabiduría y capacidad de reflexión. Yo me atrevo a decir que incluso el sentido común y el buen criterio se están deteriorando seriamente si bien creo que las razones para ello no son exclusivamente las relacionadas con la tecnología sino también con la evolución de los valores y las referencias sociales.

Tras la lectura de dicho libro y otras muchas informaciones relacionadas, comparto plenamente sus tesis aun cuando no me guste la tendencia. Pero como ha ocurrido siempre en la vida, el progreso trae el desarrollo de ciertas facultades y la atrofia de otras. Basta con observar los contenidos que se llaman noticias en los telediarios y ver el espacio que se dedica en ellos a hablar del tiempo, para tomar conciencia de cuáles son las materias de interés generalizado para los ciudadanos. Todo son temas que requieren poca o ninguna reflexión o profundidad y todo ello tratado más como entretenimiento que como verdaderos contenidos informativos. De hecho vivimos en un mundo movido más por titulares que por noticias y lo que las cosas y las personas «parecen» resulta más importante que lo que realmente «son».

Pero la falta de interés por la acumulación de información, además de contribuir a la superficialidad, tiene un efecto también en el cambio de la motivación hacia el aprendizaje. Esa pérdida de interés desvía al desarrollo de otras habilidades una parte significativa de las energías que hasta hace poco tiempo todos dedicábamos a nuestro enriquecimiento y a la adquisición de información. Aprender significaba predominantemente adquirir conocimientos o información y retenerlos para poder relacionarlos. Y ese proceso de aprendizaje resultaba en general «rentable» a lo largo de toda nuestra vida pues la sociedad valoraba a las personas cultas, informadas, con buenos conocimientos de las cosas o con capacidad de análisis, relación y reflexión. Hoy lo que renta no es saber mucho de algo sino conformarse la imagen de «ser experto». Y en ello resultan mucho más importantes las habilidades de comunicación que la cantidad y la calidad de conocimiento que se tiene.

Hoy no está claro que adquirir conocimientos en sentido amplio sea siempre bueno para nuestro progreso personal en la sociedad. Y este hecho nos coloca ante una mayor incertidumbre y dificultad para elegir actividades incuestionadamente buenas a las que dedicar nuestra energía cerebral sobrante cuando queremos que resulten una buena inversión para nuestro bienestar presente y futuro. Y de esta forma, ante la duda y el bombardeo de ofertas formativas varias nos convertimos en consumidores de «formación» en nuevos campos de desarrollo humano de competencias y habilidades de valor «operativo», muchas veces de orden pasajero y con poca contribución al desarrollo de profundidad humana.

Con independencia de mi disgusto sentimental respecto a este fenómeno, ¿es realmente preocupante la atrofia creciente de la reflexión, la sabiduría y el sentido común? La naturaleza, la sociedad y la evolución son muy sabias y por ello perder la sabiduría individual quizá sea algo muy necesario para la supervivencia de la sociedad o del sistema y consiguientemente de sus individuos. Y no es broma, pues el gobierno de personas que se dejan guiar o influir con facilidad siempre será más fácil que el de personas reflexivas y con firme criterio que permiten poco ser manejadas o ser puestas al servicio de la conveniencia del sistema.

El desarrollo integral del ser humano de hoy exige conocimientos y competencias diferentes a las tradicionales y el despertar de la conciencia ante los nuevos fenómenos que nos afectan individual y socialmente. Son todo aspectos que yo hoy echo mucho en falta en nuestra sociedad. Pero quizá ello no sea más que la nostalgia de la pérdida de aquello que se valoraba cuando en mi niñez o juventud se forjaron las estructuras y contenidos de mis creencias y valores. Y quizá la sociedad en un futuro viva muy bien con otros valores y creencias, ¿quién lo sabe?

Adiós al medio y largo plazo

Hemos hablado ya de las limitaciones que supone para nuestra sociedad, con su capacidad de análisis y predicción del futuro, el tener una mirada «financiarizada» de las cosas. De lo que no cuadra con los criterios financieros actuales parece que no se puede ni siquiera hablar. Este hecho es otro de los factores que en mi opinión están impidiendo una visión grande y completa de la sociedad integrada por seres humanos cargados de necesidades sociales. Como ya hemos visto, el dinero es hoy un factor dinamizador y creador de movimiento. Digamos que todavía es el mayor utensilio motivador de nuestra sociedad. Pero creo que sería un error pensar que no habrá pronto otros elementos motivadores que sustituyan (total o parcialmente) al dinero como factor principal, o que al menos modulen su importancia. En definitiva, estoy convencido de que en el futuro habrá dinámicas sociales que se regirán por claves distintas a las financieras tal y como hoy se conciben las finanzas, necesariamente asociadas al concepto y a la existencia de «dinero». Pero de momento solo cabe hablar y otorgar valor a las acciones que producen un resultado medible u observable en el corto plazo desde esos paradigmas financieros tradicionales.

El miedo a ese escenario futuro desconocido y no entroncado en las reglas y paradigmas de la tradicional ciencia financiera y económica contribuye a que la sociedad hoy pocas veces soporte hablar del medio y largo plazo, y tampoco parece que se lo pueda permitir. Cualquier idea, plan o decisión que se quiera debatir o tomar en consideración debe ser capaz de mostrar previsiones de resultados en el corto plazo. Es una sociedad incapaz de tener la agenda desdoblada entre el corto y el largo plazo. Y a quienes tenemos tendencia a mirar el impacto a medio y largo plazo de las decisiones y hacemos comentarios con ánimo positivo pero medio-largo placista se nos mira siempre como diciendo que «no nos enteramos de nada», que somos unos idealistas o Quijotes o sencillamente que solo hablamos de «pájaros y flores». Yo no me considero un idealista o un Quijote y he sufrido mucho estas miradas y comentarios que me han agotado y frustrado. No voy a decir que el tiempo me ha dado la razón pues ello sería muy pretencioso. Pero sí afirmo (y lamento) que discrepar de la corriente mayoritaria en esta sociedad sea bastante ineficaz y caro. De hecho, quien lo hace en general queda excluido de la corriente de ascenso al poder.

La necesidad de obtener resultados (económicos) en el corto plazo por la presión del entorno que sufren quienes son responsables de la adopción de medidas impide o dificulta enormemente cualquier análisis o decisión que requiera reflexión y una perspectiva de largo plazo. Por ello, ante los problemas, tensiones o conflictos, los líderes en general se limitan a «salir del paso» con soluciones aparentes que no hacen más que esconder un problema oculto de tendencia creciente pero sin buscar y atacar sus raíces. Quizá la falta de actuación clara y firme, aunque impopular, de algunos reguladores financieros sea una buena muestra de esa incapacidad de afrontar decisiones con visión de largo plazo.

Por igual motivo, en general el poder empresarial desprecia todos aquellos resultados que no son medibles en unidades económicas u otros parámetro traducibles a dinero. No puede vivir con juicios y observaciones de mejora de tendencias en aspectos cualitativos de la vida tales como el respeto, el bienestar, la sensatez, el equilibrio. Estos parecen todos términos huecos para el poder establecido, y efectivamente lo son si solo queremos vivir en el presente o en el muy corto plazo y damos primacía a la referencia financiera y a la productividad cortoplacista fácilmente apreciables.

Nuestros líderes actuales no saben (o saben poco o no les interesa) hacer análisis o mediciones de los aspectos cualitativos o multifactoriales. Eso de ponderar resultados si no hay una regla matemática o económica que determine lo correcto no parece asumible. Tomar decisiones en estos temas exige el suficiente liderazgo, convicción y seguridad de estar en lo correcto para bien de aquellos que están representados o afectados por las decisiones del líder. Y esto deberían hacerlo los poderosos gestores de las grandes empresas y los líderes sociales y políticos, aunque creo que flojean en este aspecto. Su única justificación puede ser la presión que experimentan por parte de los accionistas o financiadores que los eligen, en el caso de los directivos, o de los ciudadanos que los votan, en el de los políticos. De nuevo, en este aspecto, la opinión, el voto, la crítica o la presión de los ciudadanos se produce con una perspectiva muy limitada y excesivamente crítica tentando a los líderes a adoptar líneas de actuación populistas. Y debo admitir que comprendo las dificultades que esa presión genera, si bien ello no puede ser excusa para la dejación por parte de los líderes de la obligación de gestionar los conflictos entre el corto y el largo plazo y entre lo aparente pero falsamente bueno y lo sólido y duraderamente bueno.

Hoy hace falta mucho coraje para afrontar reflexiones y adoptar decisiones cuyos resultados en el corto plazo no existan y supongan adoptar esfuerzos y sacrificios que impliquen una inversión para una mejor empresa o sociedad el día de mañana. Y hoy ese coraje es muy escaso en nuestros líderes, pues no es precisamente el coraje lo que más se valora en la selección de personas en la escalada hacia puestos de mayor rango o responsabilidad, sino más bien el ser acopladizos, el «no cuestionar mucho las cosas» y en definitiva el seguir la corriente y las «formas de pensamiento y de hacer» propios del entorno.

Las decisiones adoptadas mirando y respetando el largo plazo en cualquier ámbito provocan a la larga caminos y evoluciones de más éxito, más amables, más felices, con menos fricciones y con mayores logros económicos y vitales. Pero ¿quién decide en el presente si todo eso se va a cumplir si no hay datos o reglas claras para la medición? Y ¿cómo podemos hacer estas valoraciones de la calidad de las decisiones con ecuanimidad si no hay resultados a corto plazo cuando todo se sujeta a una politización y confrontación interesadas que llevan a buscar el derrocamiento de quien ha tomado decisiones más que a analizar la mayor o menor bondad de una decisión?

Dice el neurocientífico Mariano Sigman en su libro *La vida secreta de la mente* que para tomar decisiones con múltiples factores es más efectivo el sistema intuitivo que el análisis racional, medible, matemático... Y en nuestra vida y en los grandes proyectos todas las decisiones son «multi-factor». Por ello es importante apreciar los consejos y contribuciones que nos abren los ojos a perspectivas enriquecidas y que nos orientan en la buena dirección, aunque su traducción directa en valor económico en el corto plazo no sea posible.

¿Pero qué dirigente se atreve hoy a hacer esto? Muy líder tiene que ser, y la cualidad de líder sabio, profundo y con coraje escasea en las esferas de poder. Los ciudadanos, sin mirar ni reflexionar sobre los efectos de las cosas en el largo plazo, contribuimos con nuestra crítica superficial a crear ese entorno de presión cortoplacista a la que los dirigentes se asimilan para mantener su posición. Por ello los líderes son los responsables de la falta de mirada largoplacista, pues ellos llevan las riendas de los asuntos que gestionan. Pero nosotros, los ciudadanos en general, montados mucho más en críticas superficiales y destructivas que en la comprensión de las cosas, debemos aceptar ser, al menos en algún grado, corresponsables inductores del comportamiento de los líderes.

¿Cuántas veces hemos visto que nuestros líderes políticos y empresariales toman decisiones «que no les compliquen» en el presente sabiendo que a la larga serán costosas? Pero cuando sus consecuencias se manifiesten ellos estarán lejos de las posiciones de responsabilidad y las consecuencias caerán sobre otros. ¿Y quién juzga o reprende a quienes tomaron esas decisiones fáciles pero irresponsables? Lamentablemente el mundo está lleno de líderes cuya habilidad principal es tomar decisiones de corte corto placista y de «escurrirse» de las responsabilidades por daños que se manifiestan de forma retardada.

De forma no consciente, entre todos contribuimos a que nuestros líderes sean populistas y tomen decisiones poco responsables pero que nos agradan o resultan cómodas. Con nuestras actitudes y reacciones hacemos que eso sea más rentable para ellos procurándoles más éxito que el reconocimiento y la recompensa que obtienen quienes ejercen el liderazgo con coraje y solidez en defensa de medidas sensatas para el medio y largo plazo asumiendo las duras pero necesarias travesías del corto plazo. Seguro que siempre hubo algo de este fenómeno en nuestras sociedades pero quizá hoy vuelve a estar muy marcado.

Nuestros pobres referentes sociales

El frenesí consumista, el caminar por la vida con la lengua fuera tratando de alcanzar el nivel que «nos corresponde» en la sociedad para no quedarnos atrás, limita seriamente nuestras energías para la reflexión y la toma de conciencia de cuestiones que afectan a nuestros más importantes intangibles vitales. Nos dejamos deslumbrar por las bondades de lo nuevo sin pararnos un minuto a evaluar los efectos indirectos o colaterales de asumir unas y otras prácticas de consumo. Las cosas pasan por delante de nosotros sin darnos cuenta de los fenómenos en los que estamos sumidos y que se apoderan de nosotros condicionando nuestras vidas.

Los pensadores o sabios han dejado de ser una referencia en nuestra sociedad pues hoy los héroes y las referencias son los futbolistas mediáticos que ayudan a vender muchas camisetas, así como cualquier otro personaje que por cualquier motivo haya conseguido notoriedad en los medios de comunicación o en las redes sociales incluso por conductas infames. En el caso de los empresarios se ensalza a aquellos que en muy poco tiempo se sitúan en un gran éxito con su *start-up* aun cuando muchas veces su mérito sea ser el que se salva de caer en la estadística que dice que 99 de cada 100 emprendedores fracasan.

La sociedad o muchos grupos que hay dentro de ella convierten en referencia a esas personas destacadas por su notoriedad, dando valor a su criterio incluso en aspectos que nada tienen que ver con el ámbito de su competencia y aun sabiendo que probablemente su conocimiento y criterio en materias distintas a su disciplina serán más bien limitados. ¿Cuántas veces vemos a un deportista relevante ser preguntado en un telediario *prime time* por cuestiones que nada tienen que ver con el deporte? ¿Y qué efecto tienen sus respuestas en el pensar y sentir de una parte importante de la sociedad?

Nos hemos convertido en consumistas incluso en el campo de las noticias. Tenemos que seguir las corrientes que nos exigen estar informados por uno u otro medio o por uno u otro «canal de charcarrillos». Y ese seguimiento por parte de las masas de la información de muchos canales y de referencias sociales de corte superficial contribuye seriamente a la superficialidad de nuestras miradas y reflexiones, y nos hace víctimas fáciles de la maquinaria del consumo que se sirve de «ídolos sociales» que nos arrastran a seguir más y más sus patrones de conducta y consumo. Una vez más encontramos explicación a esa esclavitud consumista y a esas máscaras que nos creamos para estar en la tendencia y ser atractivos al entorno evitando la exclusión. Un fenómeno fácil de observar pero del cual es difícil liberarse.

Y cuanto más entramos en la espiral de convertir en verdadera necesidad la rueda del consumo, más perdemos nuestra auténtica personalidad y dejamos de vivir como realmente somos. Nos colocamos en una mala versión de nosotros mismos y perdemos nuestra mejor perspectiva y capacidad de análisis y juicio acabando por no ser capaces de concebir nada que no sea seguir y seguir las tendencias y las tentaciones de consumo y despreciando otros aspectos y ámbitos de la vida de mayor importancia. Es una espiral que nos «aborrega» haciéndonos caer en el «postureo» y en miradas ancladas en los paradigmas financieros-económicos y sociales tradicionales que nos impiden tener otras perspectivas humanamente más enriquecedoras.

Observo sin embargo con optimismo que surge en nuestra sociedad un número creciente de personas jóvenes y exitosas con gran potencial que renuncia a una aborregada carrera de éxito, consumo y fácil reconocimiento social y profesional para emprender caminos mucho más arriesgados con propósitos que trascienden más positivamente a su entorno por incorporar la realidad humana que nos rodea mucho más allá de lo aparente y de los aspectos puramente materiales. No pierden su condición humana, que los lleva también a satisfacer sus necesidades sociales buscando otras formas de obtener admiración y sentido. Pero encuentran las recompensas a sus iniciativas, es decir su felicidad, en iniciativas envidiables que provocan satisfacción y felicidad en entornos más necesitados. Son personas que encuentran en la entrega a los demás la recompensa y el fruto que otros obtienen con el dinero o el consumo.

Seguro que estos ejemplos, como referentes, nos sacan en alguna medida de nuestra superficialidad al proporcionarnos miradas más compasivas y comprensivas de nuestra sociedad y provocan un cierto despertar social ante muchas necesidades, no solo económicas, sino psico-sociales que tenemos cerca pero no apreciamos. Nos muestran además una vía de sentido y felicidad vital distinta a la frenética búsqueda de más y más actos de consumo.

Especialistas vs. generalistas

Recientemente he leído varias veces sobre el problema que tiene este mundo con los expertos. Se descansa demasiado en ellos para guiar el destino de las personas, grupos o instituciones. No puedo estar más de acuerdo con esa crítica. El «experto como tal» es un peligro cuando en paralelo no cuenta con dotes, conocimientos trasversales, empatía sistémica y tacto para implantar su asesoramiento o consejo experto. La «verdad técnica», aun siendo cierta, puede hacer mucho daño a una sociedad cuando no se consideran en profundidad los factores necesarios para su buen acoplamiento a la realidad humana.

He observado múltiples veces como las recomendaciones de expertos en diversos temas en el campo empresarial generan verdaderos pasos atrás en los objetivos perseguidos. La razón no es otra que el desprecio de la suma de aspectos y vivencias de las personas que se ven afectadas por la implantación de esas medidas o «asesoramientos».

Al experto como tal le falta a menudo la facultad de aterrizar su asesoramiento en la realidad de las personas y grupos a quienes destina su consejo. Ello exige hacer una cierta anticipación de las reacciones en cadena que este puede generar para establecer el momento, la forma y la medida en que deben implantarse los cambios. Es decir, se necesita conocer al hombre en todos sus aspectos y especialmente en el de «sujeto de experiencias» y tras ello conocer el funcionamiento de los grupos que forma. Y desde luego será también fundamental la capacidad de hacer seguimiento de la evolución del grupo en la asimilación de los cambios.

Claro que hay «expertos completos» que no tienen las carencias denunciadas. Pero lamentablemente son la excepción en nuestro mundo. Es un mundo que ha fomentado más de la cuenta la especialización, y ello va en detrimento de una mínima sabiduría, sentido común o sensatez para gobernar a los grupos.

A ese fomento de la especialización se une, para mayor degradación de la calidad de muchas decisiones, el fenómeno tan arraigado en la alta dirección de empresas y organizaciones de recabar informes de grandes «marcas de expertos» para escudarse tras ellos en las decisiones y declinar toda responsabilidad por los malos resultados si estos se producen. Y lo que es peor, muchas veces se acude a los expertos para justificar u ocultar lo equivocadamente hecho.

De forma muy similar, en el ámbito de la ciencia me produce un gran rechazo escuchar a los científicos que confunden la verdad científica con una supuesta verdad absoluta en muchos aspectos relacionados con la sociedad y el ser humano. Traspasan muchas veces los límites de lo que es la ciencia como tal para pretender ocupar espacios que todavía están reservados al «misterio». Su problema, al igual que el de los expertos, es a menudo el desprecio al ser humano como un ente cambiante sujeto a reacciones muy variadas en función de las experiencias que va teniendo en su vida. Por ello me resulta absurdo escuchar a quienes pretenden tener dominado el conocimiento del ser humano y piensan incluso que pueden hacer máquinas de inteligencia superior al hombre. Nadie duda de la superioridad de las máquinas para muchas funciones. Pero es absurdo pensar que habrá un día en el que una máquina administre mejor que el propio ser humano sus cambiantes deseos, necesidades y comportamientos. Pues incluso el sentido de las cosas y de la vida para el hombre será siempre cambiante en función del entorno, y por ello, lo que un día «algo» es considerado bueno será considerado malo en otro entorno nuevamente creado. Jamás un robot será integralmente superior al hombre como algunos pretenden hacernos creer. Pues el robot nunca tendrá asociado ese *software* para la evolución que sí tiene el ser humano, y que se activa con el placer y el dolor «sufridos» verdaderamente en la experiencia como seres vivos. Es la vida, con todo lo que ello significa, lo que nos distingue y coloca en un estadio superior. Los robots nunca sufrirán ni gozarán, aunque puedan aparentar que lo hacen. Y el día que algún robot superior a mí pretenda someterme o dominarme, me serviré yo de otro robot (si puede ser superior al primero) para neutralizar ese ataque. Y seguro que tanto el primer robot como el segundo estarán creados y afinados por seres humanos, muy a pesar de quienes mantienen que el robot será algún día superior a las personas. Pero todo ello el experto o el científico, muchas veces cayendo en la superficialidad, no lo aprecia.

Para los dentistas lo más importante es tener los dientes bien y así lo creen, para el experto en productividad lo más importante es reducir el personal y sustituirlo por máquinas, y para un nutricionista lo más importante es estar bien alimentado, si es que alguien sabe lo que eso significa. Pero ¿qué sería de mí si tuviera que hacer caso a tanto experto? ¿quién se ocuparía de verdad de mi bienestar y de mi protección y acierto en la integración de mi vida con mis decisiones si sigo el consejo de tantos expertos? Solo la sensatez, el buen criterio o la sabiduría pueden ayudarme a hacerlo y a adaptar y equilibrar en mi vida tantos consejos supuestamente bienintencionados.

A ello se añade que el experto de hoy en lo que es realmente más experto es en crearse la imagen y la fama de tal. Hoy en muchos casos tiene mucho más reconocimiento quien parece experto que quien verdaderamente lo es. Y su conocimiento en el área de experiencia a menudo se encuentra muy aislado o limitado a su disciplina, con la dificultad que eso genera de dar consejos que encajen integralmente en los entornos a los que son destinados.

Debo no obstante decir que, en general, el problema no suele estar tanto en el experto sino más bien en quien con gran superficialidad basa sus decisiones en ámbitos complejos y multifactoriales considerando solo alguno de los aspectos o áreas de conocimiento en juego y escudándose precisamente en la opinión del experto. Es por ejemplo el caso del ejecutivo de una empresa que ante un conflicto contractual decide iniciar acciones legales basándose en un informe de su «experto» abogado que le dice que la reclamación tiene, según la ley, altas posibilidades de prosperar. Con ese informe es suficiente y ¡para qué pensar más! en las consecuencias negativas de mantener un pleito vivo en términos de derroche de tiempo y energía, pérdida de oportunidades, desgaste personal... Como ya he dicho, me dedico a la gestión de conflictos y créanme que el análisis de las decisiones que se realizan ante los conflictos es muy pobre y poco sabio y que existe un excesivo descanso de las decisiones en informes técnico-jurídicos sin considerar otras variables de enorme importancia.

Son múltiples los ejemplos de asesoramientos de expertos que siendo correctos no se complementan con otras perspectivas para su adaptación a la realidad que a unos y otros nos toca gestionar. Una de las mayores manifestaciones de esta dinámica de superficialidad es la arraigada costumbre de sentirnos liberados de las responsabilidades de nuestras decisiones simplemente escudándonos en la existencia de un «informe de experto» que nos dice que eso es lo «correcto». Sencillamente supone una dejación de nuestras responsabilidades como líderes que nos exigen ponderar todas las informaciones y asesoramiento para adoptar la mejor decisión por ser la más aterrizada y la mejor para nuestra realidad.

Pero lamentablemente hoy es una realidad el que de forma creciente los líderes empresariales y los gestores de organizaciones se escudan a menudo en informes de expertos (en muchas ocasiones orientados convenientemente) para hacer de alguna manera dejación de la actividad más propia de su liderazgo consistente en decidir, trasladándola en gran medida a un experto o consultor que no es el gestor ni el que lleva el timón de la organización.

Me decía siempre mi padre que los especialistas solo sirven para entender sus áreas de especialidad pero que el conocimiento de los especialistas lo deben administrar los generalistas. Lamentablemente la opinión y la corriente social en las últimas décadas ha sido y continúa siendo la de fomentar y crear muchos especialistas despreciando la formación de generalistas con visión amplia y completa de los asuntos como premisa para poder administrar estos. ¿Daremos algún día a los buenos generalistas el peso y el reconocimiento que merecen?

Libertad de expresión herida de muerte

La libertad de expresión está ya herida de muerte. Todo aquello que no es políticamente correcto no puede tocarse, ni siquiera para hacer referencia a datos científicos o estadísticos inopinables. Y la imposibilidad de tocar determinados temas nos lleva de nuevo a entornos de conversación social privados de profundidad y de una conversación completa que incluya distintos puntos de vista, y no solo aquellos que están alineados con lo políticamente correcto del momento.

Me niego a que sea así pues desde el máximo respeto quiero seguir discutiendo sobre las diferencias que existen entre los hombres y las mujeres, o, por decir algo, sobre si el copago sanitario es bueno o no. Y quiero poder hablar sin sufrir una insoportable presión o rechazo sobre si me parece bien o no que pueda haber hoteles solo para *gays* (es decir, prohibidos para quienes no lo son), y sin embargo no pueda haber hoteles en los que se prohíba la entrada a los homosexuales. Y cuando me inquiete la llegada de inmigrantes a España me gustaría poder hablar de ello con respeto, sensibilidad y realismo de forma responsable. Y quiero también que cualquiera en nuestra sociedad, por más importante que sea, pueda hablar del Estado del bienestar aunque sea para ponerlo en cuestión. En definitiva, quiero que cada uno pueda expresar con respeto la opinión y los puntos de vista que estime oportunos aunque sean distintos a los masivos y ciegos posicionamientos sociales en favor o en contra de unas y otras cuestiones.

La reiteración de los mensajes políticamente correctos junto con el aplastamiento de los que la moda y el «buenismo» social convierten en incorrectos y el fustigamiento de quienes osan ser políticamente incorrectos nos llevan a una sociedad con una libertad de expresión francamente limitada en mucho ámbitos y con restringida capacidad de realizar el análisis y tener una perspectiva completa de los asuntos polémicos. Solo un heroico coraje y el pago de un alto precio permiten mantener y expresar opiniones políticamente incorrectas.

Son muchos los ámbitos en los que la fuerza de lo políticamente correcto, unida a ese aplastamiento de lo «incorrecto», están haciendo que la libertad de expresión empiece a estar más que cuestionada, como ya se anunciaba que ocurriría en el libro de Orwell *1984*. Y en determinados ámbitos nace el riesgo del pensamiento único capaz de cualquier cosa, lo que se ha podido apreciar en tiempos recientes en relación con el conflicto catalán hasta que no se han alzado voces que estaban mudas por miedo a ser rechazadas y excluidas.

No tengo nada en contra del Estado del bienestar ni de cierta redistribución de la riqueza. Pero no me parece admisible que a quien osa poner en cuestión la viabilidad del mismo desde una posición relevante en la sociedad le quede poco tiempo de vida en el cargo que ostenta. Probablemente mucha parte del éxito de Trump y de otros políticos que se consideran extremos radique precisamente en el hecho de que se atreven a hablar con claridad sobre cuestiones políticamente incorrectas sobre las que el pueblo tiene inquietudes y le gustaría que se hablara.

Limitar o presionar las voces que defienden lo políticamente incorrecto es sencillamente cercenar la libertad de expresión y otorgar el patrimonio de la legitimidad y moral social a quienes se las quieren atribuir con auto denominaciones falsamente atractivas como la de «progresistas». Es además una forma de perpetuar las visiones contrapuestas en lugar de evolucionar hacia posiciones más compartidas.

Pero hoy, nos guste o no, hay determinados temas de los que yo no me atrevo a hablar por miedo a que alguno salte a mi cuello por decir algo políticamente incorrecto.

Hubo un tiempo en el que la información era un activo valioso. Hoy, el exceso de información unido a sus sesgos y a la superficialidad en su utilización nos llevan a la falta de la reflexión necesaria para alcanzar conclusiones y adoptar decisiones. La mirada superficial solo ve los efectos de las decisiones o acciones que son directamente identificables en el corto plazo sin valoración de los efectos colaterales y a largo plazo. Esa falta de reflexión y de criterio fundado de los ciudadanos lleva a los líderes a promover actuaciones y mensajes «populistas» de buena acogida social y a posponer indefinidamente el enfrentarse con esfuerzo en el presente para evitar problemas futuros o efectos negativos menos visibles, mientras se sacrifica el respeto de nuestros valores como garantía para una buena convivencia futura. Ello conduce igualmente a la falta de freno de populismos y movimientos respecto a los cuales el simple cuestionamiento de su bondad supone muchas veces una incorrección política y personal inasumible, quedando por ello seriamente limitada la libertad de expresión. Los referentes sociales son muchas veces personas destacadas y seguidas por cuestiones que poco tienen que ver con poseer una visión amplia y generalista, como sería lo deseable para guiar tendencias sociales.

LA SOCIEDAD DEL «TODO VALE»

El conjunto de hechos y fenómenos que he venido describiendo contribuyen a una evolución que mejora la sociedad en muchos aspectos pero que se acerca al caos en otros. Existe ya muy poca necesidad de luchar para comer y por tanto nos queda mucha energía para pensar, idear y crear nuevos movimientos de los que ciertos líderes se aprovechan para construir sus espacios de poder en la sociedad y así ser reconocidos por sus seguidores. La mayor superficialidad actual junto a la abundancia de actos de comunicación, más basados en eslóganes y titulares que en contenidos, facilitan las múltiples corrientes que gritan por defender variadas visiones y cuestionan mucho o todo el orden establecido. El gran desarrollo económico y la hegemonía de las finanzas en el gobierno del mundo han empujado al consumo frenético sin un desarrollo paralelo del humanismo y del conocimiento del ser humano por parte de la sociedad y los propios individuos. Y ese empuje de la maquinaria económica trabaja con tal agresividad para sostenerse y sobrevivir en contextos sociales y empresariales que legitima (o más bien justifica) prácticas que éticamente nos parecen a todos condenables.

Con todos estos mimbres hemos ido haciendo una sociedad que en lo que se refiere a nuestro contrato social está desandando parte del camino realizado a lo largo de su historia. Si durante siglos o milenios el ser humano en sociedad ha ido conformando principios, valores y códigos sociales que iban permitiendo entender cuáles eran las pautas adecuadas de comportamiento, en los últimos tiempos en muchos aspectos resulta más complejo conocer cuáles son esos códigos. Saber hoy qué es lo correcto y qué lo incorrecto resulta más difícil que siglos atrás. Todo es mucho más discutible y casi se puede decir que hoy «vale todo» dependiendo para quién. No todo es negativo en este fenómeno pues significa una evolución hacia una mayor tolerancia e integración global de culturas y visiones, pero sin duda se hace necesario conocerlo y trabajar en la definición de un nuevo contrato social que consolide las nuevas bases y principios de convivencia en nuestra aldea global. El mundo va reduciendo sus compartimentos estancos y hoy conviven en él un crisol de culturas y fuerzas, nuevas y viejas, próximas y lejanas, sin que todavía existan debidamente encajados y aceptados de forma generalizada los principios, pautas, códigos, etc. que pudieran conformar un contrato social de ámbito global.

Adiós a los principios: tiempos de posverdad

El *contrato social* al que se refiere Rousseau no tuvo fecha concreta de entrada en vigor ni se encuentra formalizado. Tal y como yo lo concibo es algo que se fue forjando a lo largo de muchos y muchos años de socialización del ser humano, quedando registrado en nuestra cultura y educación, seguramente incluso con cierta implantación progresiva genético-evolutiva.

Pues bien, hoy creo que estamos en el proceso inverso de «descontratación social». La degradación de las normas de convivencia más allá de la regulación estrictamente legal es creciente. Los principios han muerto. Cada vez más parece que, siempre que se cuide la estética, empieza a valer todo, como supongo valdría todo en la selva antes del contrato social. Hoy día parece que no existen o no se respetan los principios inspiradores de las leyes y normas. Más y más tratamos de acoplar formalmente nuestros comportamientos a lo permitido por la ley a la vez que cuidamos de que nada de lo que hacemos pueda ser encajado en una conducta prohibida. Y para ello estamos crecientemente dispuestos a retorcer el espíritu y la finalidad que hay detrás de esas normas que fueron establecidas como protección o criterio de convivencia. Y ello supone un ataque grave y una frustración del «sentido» de los distintos principios del contrato social con el que veníamos viviendo hasta recientes fechas. En muchos ámbitos hemos aniquilado los principios y el sentido que se supone existen detrás de las normas o leyes de derecho positivo que la sociedad se impone. Las leyes o los principios éticos siempre han nacido y se han mantenido con la finalidad de proteger algo. Pero hoy, frecuentemente se efectúa un cumplimiento disociado de la finalidad perseguida. Muchas veces nos limitamos a cumplir formalmente la ley o a ser aparentemente éticos pero burlando el principio que se suponía protegido por esa ley, principio o código ético.

No tengo dudas de que siempre hubo y habrá incumplimientos de las leyes y fraude. Pero ahora el incumplimiento, el retorcimiento de la ley en contra de cualquier principio y su espíritu se ha convertido en una pauta normal de funcionamiento. Aunque a muchos no nos guste, la sociedad parece que lo ha aceptado y asimilado como parte de nuestro sistema, como mal menor, como algo inevitable. Los principios en muchos ámbitos parecen haber muerto y sido sustituidos por leyes o más bien reglamentos. Parece que hemos firmado un nuevo contrato social cuyo contenido es la declaración de la anarquía siempre que, como por estética, se mantenga el respeto de ciertas normas y reglas. Y los medios de comunicación conviven con todo ello a gusto pues sacan tajada del apoyo o crítica al «vale todo» en función de quien sea el que lo haga y en qué lado se encuentren ellos, lo que genera polarización social pero mayor consumo de medios de comunicación y noticias. Lo que nunca había sido cuestionado por ser parte de un contrato social hoy se ve confrontado y defendido con uñas y dientes con una dialéctica formal y argumental técnicamente válida pero poco respetuosa con lo que eran los principios básicos de la sociedad en la que se produce.

Estamos secuestrados por políticos cuyas actuaciones a menudo nos repugnan. Siempre hay algunos que nos repugnan más o menos que otros. Pues cuando las reprochables actuaciones procuran votos a nuestro partido, tendemos a mirar para otro lado. Y lo grave es que no podemos dar un puñetazo en la mesa y mandarlos a todos «no voy a decir dónde». Cuando hablo de estas cosas aflora mi animal interior y ganas no me faltan, pero no sé dónde dar el puñetazo y por ello decido calmarme y volver a la reflexión serena.

Veo que en general los políticos (o la mayoría de ellos), como parte de ese «vale todo» hacen lo que hacen y juegan las cartas en su propio interés (o el de su partido) de una forma tan descarada actuando como si valiera todo y no pasase nada por ello.

Creo que en una supuesta encuesta no polarizada o politizada y realizada en abstracto para la aprobación de los teóricos principios que deberían respetarse, casi todos compartiríamos más de un 90% de los valores, aunque hubiera pequeños matices de diferencia. Sin embargo fuera de esa teórica encuesta, lo de saltarse esos principios en el mundo político o en el empresarial produce frutos y no tiene consecuencias... Y si ello es así, ¿cómo voy a ser yo el estúpido que se queda en el cumplimiento y respeto de los principios y valores que aunque todos compartimos mis «competidores» incumplen?

Acabamos retorciendo la ley para beneficiarnos individualmente de ello mientras desarrollamos una extraordinaria capacidad de hipocresía para encajar nuestras actuaciones menos ejemplares en el marco de las normas y dejamos a las normas carentes de su misión o propósito subyacente más allá del respeto aparente a la ley. Los niveles de hipocresía social de hoy parecen difícilmente superables, aunque estoy seguro de que seguiremos incrementándolos. Quizá debamos acostumbrarnos y convivir con ello, aunque yo preferiría que no fuera así.

Como manifestación de esa anarquía de principios y valores, muchos empresarios parecen verse obligados y retuercen las normas para ir claramente en contra de los principios que todos decimos respetar. Superan los límites de lo que nos parece aceptable y contribuyen a ir elevando gradualmente los límites de lo aceptable. Se aprovechan de ello en la medida en que no «les pillen» o si «ser pillados» «les resulta barato». Y continúan haciendo malas prácticas aunque les pillen mientras la sociedad, en forma de opinión pública con capacidad de afectar a su negocio, no penalice «suficientemente» su conducta. Es algo tan frío como que en general se piensa con normalidad «puedo ser malo si me resulta rentable y el riesgo es asumible». No obstante, hoy día el temor al daño reputacional está haciendo más exigentes a las organizaciones que evitan caer en narrativas y apariencias que no vayan acompañadas de actos coherentes con lo que se declara.

La sociedad conoce estas malas prácticas y las asume despotricando un poco pero sin que pase nada en tanto en cuanto no decida, como si lo pusiera de moda, que a partir de un momento sea inaceptable realizar determinadas prácticas que todos ya sabíamos que eran condenables. Estoy hablando, por ejemplo, de pillerías que llevan a cabo muchas grandes empresas para incrementar sus beneficios consiguiendo por ejemplo «clavar» un euro de más en cada factura de sus millones de clientes sencillamente con cualquier excusa de servicio sabiendo que por un euro la gente no va a protestar con el suficiente tesón. Y si con eso la empresa en cuestión incrementa su rentabilidad un «x» por ciento es posible que al primer ejecutivo de esa empresa alguna revista le nombre «ejecutivo del año», o al menos que el consejo de administración lo premie con un sustancioso *bonus*.

¿Por qué las líneas aéreas (o muchas de ellas) no cumplen con lo que dicen las normas europeas en materia de indemnizaciones a viajeros por retrasos o cancelaciones? Sin duda porque es un incumplimiento rentable. La política de muchas es negar el derecho al viajero y solo pagar cuando lo dice una sentencia después de haber exprimido todos los argumentos procesales que dejan en muchos casos indefensos a los ciudadanos. Es legal pero ética y moralmente reprochable.

Y, en línea con ello, quién no ha sido llamado cien veces por una empresa para venderle algo comprobando que quien llama dispone de todos los datos y detalles supuestamente protegidos por la Ley de Protección de Datos consistentes en ciertas pautas o consumos nuestros en relación con actividades de contratos en masa tales como electricidad, teléfono, seguros, etc. Nos irritan muchas veces esas llamadas pero poco podemos hacer por falta de fuerza, tiempo y energía para defendernos. Pero aun cuando tuviéramos la energía necesaria nos daríamos contra una pared pues las grandes empresas se escudan en sociedades-pantalla creadas a tal fin para alejar los incumplimientos de tan «prestigiosas o reputadas» compañías. Y ¿quién no conoce decisiones de compañías de no interrumpir ciertas prácticas prohibidas aun pudiendo ser multadas cuando el coste de la multa es menor que el beneficio obtenido con la práctica prohibida?

Seguro que todos hemos sufrido como clientes o consumidores nuestras particulares situaciones de inaceptables comportamientos empresariales. Y son muchas también las prácticas poco deseables en el trato a los empleados, como la exigencia de inauditas horas de trabajo a los jóvenes en muchas empresas y despachos de profesionales, el abuso en el uso de becarios sin coste o con un coste muy reducido. Y así podríamos seguir enunciando prácticas y prácticas... Y seguro que dentro de un tiempo estas prácticas se habrán corregido pero habrán sido sustituidas por otras de similar naturaleza en áreas que todavía no hayan sido adecuadamente reglamentadas. Pues hoy los principios no son útiles para limitar ciertos comportamientos si no existe una regulación concreta, aun cuando esta debiera ser innecesaria en un marco social de principios generalmente respetados. Y las empresas no son capaces de «respetar» verdaderamente a los ciudadanos, clientes o consumidores alegando que ello no es posible mientras no lo hagan simultáneamente sus competidores. Seguramente es esa presión competitiva la que habrá llevado a grandes empresarios o elegantes banqueros a impulsar o mirar para otro lado ante prácticas como el «Diesel Gate» o la manipulación de tipos de interés en el mercado interbancario.

Son muchas de las empresas y firmas de profesionales de mayor éxito y poder las que más fomentan estas prácticas forjando con ello jóvenes criados en esos entornos. Sin querer, estos empiezan a acostumbrarse a salir del trabajo todos los días a las doce de la noche. Los que no aguantan son empujados a marcharse o se marchan voluntariamente quedando únicamente los bravos que han sobrevivido a una travesía que solo se sostiene apoyada en una malsana ambición o en la búsqueda de una forma de garantizarse los ingresos necesarios para sostener esa rueda de consumo y postureo a los que la sociedad nos arrastra. ¿Qué harán esos jóvenes cuando veinte años después estén sentados en los sillones más importantes de sus empresas? Cuando la selección se realiza en base a la capacidad de aguante y por las competencias ejecutivas y financieras que buscan resultados a corto plazo... ¿qué se puede esperar de los así seleccionados? Y ¿cómo puede conciliarse esto con la creciente preocupación de caminar en una sociedad en la que cada vez más gente va a resultar innecesaria en la maquinaria económico-productiva?

Por otra parte, en el día a día de las grandes empresas, en el de los partidos políticos, y supongo que en general en el de muchas organizaciones, existe una endogamia directiva que lleva a que los que ascienden sean los que siguen las prácticas y estilos de los de más arriba. Y así, en organizaciones con líderes excesivamente ejecutivos con poca o muy poca reflexión, excesivamente orientados al corto plazo y a la obtención de sus remuneraciones variables, con escasísima formación en aspectos antropológicos y con poca o ningún alma... ¿qué se puede esperar de quienes van siendo seleccionados de jóvenes con estos perfiles para acabar un día como líderes?

Y, continuando con las preocupaciones de esa endogamia, que se traslada de alguna manera a la selección natural de los jóvenes en el ascenso al poder, me gustaría destacar el peligro de las dobles agendas de muchos grandes ejecutivos y responsables de organizaciones, partidos políticos, etc. De forma consciente o inconsciente muy a menudo anteponen sus agendas a la de aquellos intereses empresariales y organizacionales para las que trabajan. Podría decirse que en ocasiones «se sirven de sus organizaciones en lugar de servirlas a ellas».

Y lo sorprendente de estos fenómenos que he descrito no es que existan sino que nos parezcan normales, casi aceptables y cómo convivimos con ellos. Se mantienen en el campo de lo tolerado hasta que la sociedad empieza a «afear» esas conductas. Y a partir de ese momento las empresas que antes incluían esas prácticas tienen que dejar de hacerlo y comienzan a escribir sus memorias de responsabilidad describiéndose como ejemplares en el respeto (estético o aparente) de esos principios.

Poco me escandaliza que se den estas conductas pues son perfectamente coherentes con el afán del hombre de buscar beneficio al menor coste y de seguir para ello los caminos que funcionan. Pero el tema es trascendente cuando tratamos de entroncar el fenómeno en un contrato social. ¿A qué sociedad le interesa tener un contrato social que tolere esta hipocresía como combustible para la consecución de los objetivos individuales o de grupos? ¿No es cierto que a medida que esa hipocresía se haga más evidente decaerán los principios burlados? Hoy seguimos en esa anarquía práctica de principios, aunque pienso que la sociedad, posiblemente de forma inconsciente, está despertando a ello.

Al mirar esto con perspectiva lo que yo veo es que quien juzga y se constituye en la autoridad para hacer respetar los principios del deteriorado contrato social del que venimos ya no es la propia ley o el poder judicial sino el pueblo a través de sus distintas voces. Y cuando algo se convierte en «condenable o perseguible» se da comienzo a juicios sociales con la máxima agresividad aplicando estándares rigurosísimos del presente incluso a actuaciones de hace muchos años desarrolladas cuando la sociedad era tolerante con ellas. Sencillamente no me parece que en esto esté funcionado bien nuestro sistema de aplicación de la justicia.

Hay desde luego muchos empresarios y ejecutivos ejemplares a quienes pido perdón de antemano pues no es a ellos a los que me refiero. Al revés: admiro a los buenos empresarios y a los buenos ejecutivos pues son ellos y sus capacidades los que pueden sostener este mundo y nuestro bienestar material, y en ese sentido creo que merecen un gran reconocimiento. Envidio además muchas de las capacidades que tienen para mantener mes tras mes y año tras año el movimiento y la motivación de sus empleados sin desfallecer a pesar de las dificultades y la feroz competencia que todos los días encuentran.

Y dejando tranquilos a los empresarios –que por cierto no lo tienen nada fácil–, pasemos a hablar del otro lado, de los «antisistema». En general les da exactamente igual todo con tal de escalar en el poder construyéndose artificialmente su propia legitimidad. Reiteran tanto algunas cosas o supuestos argumentos que, de tanto decirlos, los de alrededor los acaban interiorizando como si fueran verdad y dándolos por buenos, altruistas y realistas. Y, a sabiendas o sin darse cuenta, empiezan a pensar y a creerse que sus formas y prácticas son normales pues es la forma de hacer las cosas en política cuando no estás en el poder. Al igual que hacen los empresarios con sus prácticas agresivas que superan el respeto a los principios, los «antisistema» coinciden con una autojustificación del tipo: «todos hacemos lo mismo y no hay otra forma de sobrevivir y existir políticamente si no se hace ruido sea como sea, pues siendo buenecitos no se puede ir a ningún lado».

Si tuviéramos hoy que escribir los principios de convivencia y relación dentro de la sociedad, estoy seguro de que no habría modificaciones significativas respecto de los principios tradicionales del ser humano heredados de otras civilizaciones. Y, salvo matices, tampoco habría grandes diferencias entre las izquierdas y las derechas. El problema es que esos principios solo se aplican para el juicio que hace la opinión pública «viralizada» al juzgar comportamientos de los demás. Y por ello vivimos en una sociedad donde vale el «haz lo que quieras mientras no te pillen o mientras no pase nada» sabiendo que en muchas cosas no pasa nada aunque te pillen en cuanto no haya alguien que se dedique a «construir una repulsa social viralizada de esos comportamientos».

Por eso se habla cada vez más de la «posverdad», pues lamentablemente esta rige de forma creciente el funcionamiento de nuestra sociedad. En su virtud los hechos objetivos y el rigor ceden su relevancia o protagonismo a la estética y a la forma de contar o presentar las cosas al servicio de quien se beneficia de ella. La reiteración de manifestaciones, aun cuando sean falsas o muy exageradas, y la conexión y el enganche emocional con las personas se convierten en algo mucho más importante que la verdad de siempre o «la verdad sin trucos».

Todos al leer esto pensaremos que hoy cualquier empresa, organización o líder está sujeto a muchos más principios y exigencias de respeto de los que podía estarlo hace siglos. Nadie lo duda. Sin embargo, si me extiendo sobre los comportamientos descritos es porque de alguna forma hoy, dentro de nuestra estética social resulta chocante que se puedan dar y fomentar cada vez más prácticas que siendo legales desmontan plenamente los pilares y las reglas de respeto y funcionamiento sobre los que la sociedad se ha ido construyendo y nos llevan hacia un «vale todo si nos funciona» que en la práctica deja debilitados los principios y el sentido de nuestro contrato social y sistema de división de poderes. Como he dicho es el juicio social, cada vez más, el que se encarga de condenar y frenar conductas indebidas, mucho más que la aplicación de la ley por un poder judicial, lo que parecería más propio en un Estado de derecho con tres poderes supuestamente separados e independientes.

No quiero dejar de insistir en que sé que hablo en términos muy generales y que existen empresarios, políticos o personas en las distintas esferas de poder cuyo respeto a los principios y valores es total. Sirva por tanto esta visión crítica para ensalzar a los que no son merecedores de ella y tienen la bravura de sobrevivir con éxito gracias a la excelencia en sus actuaciones.

Un «peligroso» fenómeno evolutivo

He dedicado ya un apartado a tratar la creciente superficialidad de nuestra sociedad, la falta de profundidad y reflexión que hay en ella, y las limitaciones para un pensamiento profundo en un pueblo que retiene muy pocos conocimientos en su memoria a largo plazo. He hablado también de cómo el peso del llamado pensamiento rápido e inconsciente al que se refieren los Premios Nobel Daniel Kanheman y Richard Thaler y de que la emoción es siempre superior al pensamiento reflexivo en la toma de decisiones. Esos factores hacen que la administración y la gestión de las emociones de las masas sean cada vez más relevantes para moldear el destino social.

La superficialidad nos hace muy influenciables. Por ello, desde una mirada darwiniana observo que quienes sobreviven con éxito en nuestra sociedad y se convierten en influyentes son los que saben llevar a acabo la gestión acertada de su imagen, de sus propósitos y de sus acciones, tanto para hacerlas deseables o apetecibles para los demás como para hacerlas respetadas. Hoy lamento decir que «hacer las cosas bien» es hacerlas «de forma que parezca que están bien».

El manejo del caos mediático-social de forma acertada tanto a nivel institucional y empresarial como individual resulta cada vez más relevante, tanto para hacerse atractivo como para defender y proteger la posición y los intereses de cada uno. Y quizá las personas aferradas honestamente a principios lo tienen difícil para tener éxito aunque puedan sobrevivir como meros peones en una sociedad en la que no tendrán influencia. Será así mientras dure este rasgo de nuestra sociedad o en tanto en cuanto no aprendamos a normalizar e integrar la posverdad como un siguiente estadio evolutivo de la sociedad.

Vivimos en una sociedad en la que los valores en gran medida han dejado de ser algo que nos auto-exigimos como individuos para convertirse en algo que, como parte de la sociedad a la que pertenecemos, exigimos con creciente agresividad a quienes son relevantes o públicos. Se trata en cualquier caso de una exigencia efectuada con una vara de medir más superficial que sustancial. Además, en general culpamos, reprochamos y exigimos a los demás cosas que nos permitimos hacer nosotros cuando nos conviene y muy pocas veces asumimos nuestra cuota de responsabilidad en los problemas.

No pretendo excluirme de ese comportamiento al que me refiero, pues soy uno más en la sociedad. Pero me reconforta hacer este análisis social con simultáneo examen de mi conciencia personal ante el fenómeno que describo. Y como no puede ser de otra forma busco la justificación y legitimidad de mis comportamientos diciéndome que, en un mundo deshumanizado, uno debe deshumanizarse si quiere sobrevivir. Me consuelo pensando que no soy el peor y que, dentro del *ranking* de «respetadores de mis valores», quizá yo no sea de los últimos.

Siguiendo el mensaje de Joaquín Sabina en una de sus canciones me gustaría recuperar una sociedad en la que respetar nuestros principios y valores «no salga tan caro». Pues si dejamos que triunfen los «no valores», la posverdad y la superficialidad en el juicio de los actuaciones de nuestros líderes, la sociedad caminará hacia su deterioro (entiéndase desde un juicio basado en mis tradicionales valores), pues las personas con mayor capacidad de adaptarse a las nuevas reglas del juego (o más bien a las «no reglas») y usar los resortes mencionados son las que permanecerán y serán influyentes.

Un cuarto poder sin orden ni control

Cada día observo con mayor claridad la quiebra del sistema de los tres poderes de Montesquieu que estudiábamos en el colegio como forma idealmente cerrada de funcionamiento y control circular del poder. Hoy el «cuarto poder», el de los medios de comunicación, se encuentra fuera de ese círculo teórico de control sistémico-social pues ni siquiera existe una concepción teórica que permita entroncarlo armónicamente en un sistema de Estado. Los tres poderes tradicionales, el legislativo, el ejecutivo y el judicial, se entrelazan en un círculo coherente que ha funcionado durante siglos aun cuando tenga sus propias debilidades.

Llevo tiempo pensando en esto y cuando hace solo unos años empecé a referirme en este tema a los medios de comunicación se sabía lo que estos eran. Hoy no está tan claro pues a los medios tradicionales se unen todas las posibilidades de cualquiera de interactuar con la sociedad a través de las redes sociales e Internet. No obstante, todo este universo de espontáneos creadores de opinión pronto acabará convirtiéndose en parte del grupo de medios o empresas de comunicación en un sentido tradicional o pasarán a ser insignificantes. De hecho, como ya va ocurriendo, las empresas de comunicación en poco tiempo atraerán a los *bloggers, instagramers, influencers...* independientes que hoy proliferan, o estos mismos se convertirán en su propio medio o empresa de comunicación sujetos a las fuerzas del dinero y el poder, como ocurre con los medios tradicionales. Por ello, a efectos de estas reflexiones seguiré usando el término «medios de comunicación» ignorando los matices o variedades sobre el concepto. Además, en gran medida, aunque las redes sociales interactúan, los medios tradicionales siguen marcando muchas de las pautas de las mega influencias.

En lo que se refiere a su faceta de informadores o creadores de opinión, los medios de comunicación pueden considerarse como un cuarto poder repartido y difuso como puede ser el poder del dinero, con el que muchas veces están íntimamente relacionados. Los medios de comunicación son también una herramienta para reforzar cualquier otro poder existente. Pueden ser refuerzo de uno de los tres poderes tradicionales citados o simplemente del poder económico. Pueden también ser incluso acaparadores de poder en el sentido más abstracto y puro del concepto.

Me atrevo a decir que existen pocos medios de comunicación cuya línea de comunicación o la de quienes participan en su elaboración sea verdaderamente independiente y se vea movida por una voluntad de informar. Y los que existen tienen una relevancia relativa. Llamo independiente a la línea editorial o periodística que presta su mejor versión o interpretación de los hechos sin verse influida y movida por sus intereses particulares, ya sea del periodista o de la propia editorial, o incluso del poder económico o político al que se encuentre vinculado. No pretendo con ello hablar de una inexistente o utópica verdad universal sino de una independencia basada en posicionamientos cabales, honestos o coherentes con los principios, creencias y criterios de cada uno. Es decir, no alineados u orientados a la búsqueda o protección de sus intereses materiales o simplemente del poder. O, lo que es lo mismo, capaces de decir lo bueno pero también lo malo de las ideologías o simpatías que personalmente puedan tener.

Los medios se escudan en el «derecho a la información» de los ciudadanos para dotarse de una legitimidad superior en calidad a la de los demás y apoyados en ella superar muchos límites de lo que debería considerarse razonable. Pero aun cuando se justifican en ese derecho a informar, la realidad es que pocos medios de información tienen como vocación y propósito dar una información de calidad o simplemente verdadera información. Muy por encima de ese propósito se encuentra su vocación de entretener o divertir al lector, al oyente o visitante de una web, como vía para vender supuestas noticias y convertir a los clientes en sus consumidores.

Salvo escasas excepciones, los medios se miden hoy por su efectividad en vender periódicos, tener seguidores en Internet, oyentes de radio o telespectadores. Por ello entre sus mejores habilidades se encuentra la de llamar la atención, poner titulares efectivos para movilizar o despertar el apetito crítico de los lectores así como la presentación de los hechos de forma sesgada o polarizante aunque sea, tal y como se dice, «sin faltar a la realidad». Cada uno de los hechos son ciertos pero la percepción o impresión derivada de la trama de su presentación resulta absolutamente orientada a conseguir unas determinadas conclusiones-impresiones interesadas y muchas veces distorsionadas. El titular-eslógan se ha convertido en algo más importante que el contenido y ya nadie se preocupa de ofrecer una visión comprensible, completa y objetiva de los hechos de nuestro tiempo. No interesa tanto informar como vender periódicos, tener oyentes... o publicidad, o bien contribuir como instrumento a otra causa cualquiera. Los ciudadanos han dejado de ser los sujetos pasivos del derecho de los medios a informar para convertirse en consumidores atraídos (y muchas veces excitados) por los medios, no tanto por la información sino por su entretenimiento o alineamiento con lo que escuchan o leen. En descargo de los medios debe decirse que lo que estos ofrecen es lo que los consumidores compran...

En paralelo, el mundo va ganando en complejidad pero la gente no renuncia a opinar sobre todo. Todos tenemos derecho a opinar de todo a pesar de que poco a poco como sociedad nos vamos haciendo más superficiales y tenemos cada vez menos capacidad de opinar con criterio. Por ello los titulares de las noticias son cada vez más efectivos para arrastrar al público y este forja su criterio con la superficialidad que da leer únicamente titulares, «memes», informaciones sesgadas o simplemente observando una fotografía. Y, por supuesto, siempre explotando los mensajes «buenistas» creadores de lo políticamente correcto que han sido traídos a la escena del mundo por pequeñas minorías muy chillonas y reivindicativas. Y, eso sí, con las limitaciones ya comentadas para salirse de la tendencia en materias en que se impone lo políticamente correcto.

Las posiciones en los conflictos se polarizan pues para vender noticias hay que ponerles emoción y para ello nada como provocar en el lector o destinatario posiciones a favor o en contra. Lo polarizado tiende a confrontar y la confrontación genera tensión y emoción que permiten a su vez guiar al lector a la corriente de opinión o juicio deseado y desde luego al consumo de noticias y medios de comunicación, con el consiguiente negocio para los medios y redes sociales.

Por ello la gente opina de todo y dice tener criterio para todo pues cree estar informada con tanto medio de comunicación y con la accesibilidad total y permanente a cualquier información. Pero es opinión sin criterio, superficial, como ya he comentado. No se basa en un juicio forjado con los conocimientos y experiencias acumulados en una persona sino que, disfrazados de algo propio, la gente manifiesta como personal el criterio de uno o varios medios que emocionalmente les han movido más y con los que se identifican posiblemente por simpatía. Es otra muestra más del creciente poder de la posverdad.

Y son varios los problemas que se esconden en esta dinámica. Se entremezclan de forma muy indebida las emociones y la racionalidad por un lado, y los hechos y las interpretaciones por otro. Con ello se nubla cualquier juicio objetivo, bien elaborado y libre de emociones perturbadoras. Por otra parte se toman como base para la elaboración de juicios hechos falsos que se reiteran o piezas de información que son torticeramente utilizadas por los medios para movilizar al lector pero que se encuentran en distintos planos en una reflexión correcta, o bien se explotan estadísticas y datos distorsionadores de cualquier juicio limpio. Por último, la falta de conocimiento real y objetivo de las cosas y la ausencia permanente de reflexión y profundización en los asuntos sin la incorporación de nuestros conocimientos y experiencia previas en tales procesos nos hacen carecer de verdadero juicio convirtiendo nuestras decisiones y posicionamientos en una elección entre las opciones existentes, opciones que son elaboradas en general con sesgos de interés por ese cuarto poder.

Adicionalmente, resulta especialmente grave la confusión que genera el hecho de que muchas de las voces que se escuchan en las redes sociales son meras máquinas programadas para emitir opiniones, *tweets* o mensajes de un tipo u otro. La ya de por sí caótica opinión social que se da en las redes parece cada vez más artificial y manejada por quienes disponen de cuentas que, pareciendo asociadas a personas, resultan ser en realidad máquinas emisoras de opiniones. Incluso la idea de que todas las personas tienen derecho a opinar y todas las opiniones deberían contar por igual se ve truncada con estas fábricas de ideas, mensajes u opiniones.

Como mencionaba al tratar las limitaciones actuales o existentes en el campo de la libertad de expresión, resulta igualmente grave el hecho de que los algoritmos de búsqueda en Internet seleccionan precisamente la información que al usuario le gustaría encontrar en función de previas búsquedas y accesos a webs. Ello priva de hecho del acceso a una información completa y a variedad de opciones de información alejando al usuario de las que no coinciden con su forma de pensar, lo que perpetua posturas encasilladas bien marcadas y poco comprensivas de otras visiones. Y seguramente a quien es de posturas extremas el buscador lo que hará es remitirle a sitios web en los que se «jaleen» su visiones extremas incluso con posturas absurdas y posverdades varias.

Por todo ello la información pierde su sentido y naturaleza propia, pues si bien anteriormente la efectividad de los medios de comunicación debía medirse por su capacidad de trasladar información para proporcionar conocimiento, hoy su efectividad se mide por su capacidad de convencer u orientar al destinatario de la comunicación, confundiéndose burdamente información con opinión e incluso con manipulación. El objetivo de los medios pasa de ser informativo a escribirse o contarse las cosas que al lector le gustaría leer planteadas con forma de noticia.

Pero lo más grave de este nuevo entorno es que muchos hechos falsos reiterados, como he explicado, se convierten en posverdad mientras que muchas verdades no pueden manifestarse por ser tabú. Tanto es así que he dedicado ya un apartado de este libro a tratar el hecho de que la libertad de expresión está seriamente dañada, al menos en muchos campos. Que no se le ocurra a nadie que sea relevante en el mundo hablar con claridad y expresar su opinión en determinados temas si no es políticamente correcta o es contraria a la tendencia del momento. Sus días estarán contados.

La sociedad en este aspecto está ciega y algo enferma. Prefiere no ver ni oír nada que no sea lo que quiere por más real que sea. Algunos activistas se encargan de sacar partido de esto impidiendo incluso la presentación y el debate civilizado, respetuoso, con datos asépticos y objetivos en ciertos asuntos como son las cuestiones relativas a la inmigración, la igualdad de ambos sexos, el Estado del bienestar, la homosexualidad, temas relacionados con los animales, etc. Me parece grave que la sociedad no pueda hablar de cosas que son importantes para ella y su futuro.

Ante todo esto el mundo muchas veces parece una locura. Pero en realidad esa locura es tan solo una interacción cada vez más intensa de intereses cruzados que, como hemos visto, ya no respetan un único (o unos pocos) «código» aceptable de conducta. Todas las sociedades en las esferas de poder están relativizando (en la práctica, no en la apariencia o estética) la importancia del respeto a sus propios valores y actuando de acuerdo a una conveniencia particular y para el caso concreto. Y esa tendencia que sostienen los medios de comunicación contribuye a ir gradualmente destruyendo aquellas pautas, protocolos, principios y en definitiva éticas sociales que las sociedades a lo largo de muchos años fueron forjando y asumiendo culturalmente para beneficio común. Sin duda cualquier grupo de personas que comparten un objetivo social y de convivencia funcionará de manera más efectiva con algún tipo de principios o reglas. O, lo que es lo mismo, con una ética conocida y respetada.

Recordemos que la ética y el contrato social se van forjando en la historia de una sociedad o civilización mediante «la construcción de una confianza» asociada a las ventajas de ese contrato social. Y es esa confianza la que va convirtiéndose en una espiral positiva de generalizado cumplimiento y coerción frente su incumplimiento, lo que contribuye a un mundo en el que unos y otros saben cuáles son las reglas del juego y por tanto pueden jugar sus cartas sin hacer trampas.

Hoy día, jugar sin hacer trampas es algo heroico cuando todo está rodeado de trampas y trucos, empezando por los retorcidos encajes que unos y otros hacemos de cualquier comportamiento, medida o actuación dentro de una supuesta legalidad. Si no sabemos bien cuáles son las reglas y además vemos un constante incumplimiento de las que más o menos creemos que son aplicables, resultará imposible esperar un patrón de comportamiento generalizado y se irá produciendo el gradual fenómeno de «descontratación social».

Y en la generación de todo este jaleo los medios de comunicación son agentes particularmente activos pues son especialistas en crear o sostener confrontación entre cualesquiera versiones de las cosas, llevando desde muy pronto las discusiones al ingobernable terreno de las emociones a pesar de que se escuden en argumentaciones aparentemente lógico-racionales. A más lío más negocio...

Teniendo todo esto en consideración podemos apreciar que nos encontramos en una pendiente de «descontratación social gradual». Vinimos de una selva y hacia una selva parece que vamos regresando, aunque sea una selva política e hipócritamente correcta. Pero debo también decir que de momento parece una selva mucho mejor que aquella de la que venimos en nuestros orígenes.

Dicho fenómeno se alimenta en gran medida del hecho de que muchos medios de comunicación viven del lío, de la agitación, de lo raro, de lo extraordinario, del conflicto, de sembrar temores y alarmas... De alguna manera viven o son quienes provocan la hiper-politización de muchos asuntos sociales que no debían politizarse. Y por ello en todas estas reflexiones sobre la quiebra del sistema de Estado no puedo dejar de pensar en la contribución de ese «cuarto poder». Es precisamente ese caos informativo, divulgativo e influyente que hoy existe lo que yo llamo el cuarto poder. Un poder líquido y confuso que no se encuentra entroncado ni siquiera teóricamente en el sistema de poderes que conforman nuestro Estado. Pues aunque la realidad es que hoy el poder está más en la sociedad que en los medios de comunicación, son estos los que jalean ese foro de poder que es la suma de ciudadanos, haciéndolo caótico y prácticamente ingestionable o muy difícil de encauzar de forma útil y ordenada. Y ese caos presiona y empuja al Estado a la asunción de más y más protagonismo mediante la intromisión en la vida de los ciudadanos con más y más reglamentos y con más y más prohibiciones para atender algunas de las reivindicaciones de quienes más se hacen notar con sus gritos y conseguir así, quizá, algunos votos.

Es esa gran complejidad la que ha llevado a la sociedad de hoy a perder gran capacidad de entender lo que es un «principio» y a pretender vivir con normas no asociadas a principios. Ello nos lleva a ese progresivo incremento del «reglamentarismo» donde se promueven entornos de «se puede o no se puede» hacer algo sin entroncar el juicio y la valoración de nuestras actuaciones en principios que, como guía, deban servir para orientar la aprobación o condena de las conductas, como ya expliqué al hablar de una sociedad que parece haber dicho adiós a sus principios.

Ello provoca a su vez un fenómeno de construcción de legitimidades en el que cada vez más confluyen intereses de grupos y demandas populistas. La falta de enganche del cuarto poder en el ya anticuado equilibrio de los tres poderes de Montesquieu tiene mucho peso en la ausencia de referencias para conocer los hechos ciertos de forma aséptica y desvinculada de interpretaciones sesgadas y emocionales. Es un cuarto poder particularmente activo en la generación de esos cruces de intereses, versiones o narrativas que bajo la supuesta causa de defender la libertad de expresión y de alimentar el derecho social a la información, busca muchas veces el desarrollo de su negocio o la notoriedad personal en exceso basada en la generación de confrontación y polarización, que es más rentable. Y en ocasiones ese cuarto e indefinido poder alimenta o sostiene interpretaciones inauditas de las cosas, legitimidades híper interesadas y muy provocadoras. Es precisamente el soporte para crear y sostener las «posverdades» que tan de moda están y tan distorsionadoras pueden ser para el buen funcionamiento de cualquier sociedad. Son los medios los que crean o hacen de «amplificador» de los temas de las conversaciones sociales e insisten en ellos sabiendo que los consumidores lo que compran es lo polémico, lo extravagante, lo violento, la confrontación, la crítica mordaz... Y de lo que no se habla en los medios sencillamente no existe para el ciudadano.

Pero siendo justos, también los intereses empresariales y los corporativismos son muchas veces creadores de corrientes de opinión supuestamente basadas en datos e informaciones objetivas cuando lo que realmente buscan es la defensa de intereses particulares. Y si para ello hay que jalear a los medios, usar información sesgada o generar cierta confrontación, a menudo se cae en la tentación de hacerlo, sobre todo las asociaciones corporativas o las empresas nuevas que no teniendo todavía reputación nada pueden perder en una guerra mediática, mientras tienen mucho que ganar si consiguen que se hable de ellas.

La información «de calidad» disponible hoy para que el pueblo tome sus decisiones en las elecciones es muy escasa. En el plano político los medios hablan mucho. Pero más que informar tratan de generar adhesiones o simpatías y odios o rechazos para orientar votos en una u otra dirección. Y el pueblo vota con las vísceras y el corazón pero convencido de tener criterio para votar con la cabeza y emitir un voto con coherencia. Salvo valiosas excepciones, la información sesgada, tergiversada, de poca calidad, interesada o excesiva es la pauta cotidiana con la que vivimos. A ello se suma el exceso de materiales que hace muy difícil detectar la información de calidad que, existiendo, queda enterrada en el infinito universo de todo lo que inadecuadamente llamamos información pero que en general se corresponde más con valoraciones e interpretaciones.

Los medios ejercen un magnífico control para evitar los desmanes de cualquier otro poder. Nadie puede negarlo y su importancia y contribución a muchos desarrollos sociales a lo largo de los últimos tiempos debe reconocerse. Pero hoy se encuentran en una espiral competitiva o de supervivencia que dificulta su misión informativa, sin que exista ningún contrapoder que pueda controlar este cuarto poder, o al menos neutralizar las malas prácticas que en él se dan. La ley no es ya control para los medios. Todo se puede decir sin faltar a la verdad en sentido estricto y los grandes mensajes que influyen en la sociedad no son susceptibles de control legal ni judicial. El poder judicial ha perdido cualquier autoridad sobre los medios en cuanto a la decencia y respeto a ciertos principios en sus actuaciones. De hecho, hoy, hasta acordar el significado del término «decente» sería objeto de acaloradas discusiones sociales. Y quien se siente ofendido por cualquier falsedad de los medios sabe que debe tragar con ella pues el daño de perseguir judicialmente la calumnia o la injuria es siempre mayor que la multa o pena que pueda imponerse a quien se condena por ello.

En conclusión, nuestro sistema de Estado no tiene mecanismos que puedan controlar o neutralizar las malas prácticas del cuarto poder y proteger a la sociedad de los peligros derivados del caos y la confusión que nos alejan de una sociedad en la que las personas puedan contar con informaciones de calidad, completas y sin sesgos, y se haga viable la comprensión y el respeto de un contrato social. La falta de facilidad para acceder con sencillez a buena información reduce significativamente la calidad democrática de nuestra sociedad, por más que periódicamente expresemos nuestra voluntad a través de nuestros votos.

Lo que triunfa es ser «anti»

El que no llama la atención no es nadie en este mundo. Y para llamar la atención, nada como ser conflictivo. Ante cualquier conflicto la gente tiende a polarizarse y si la postura de un lado está presentada con arte y un relato legitimador y conectando bien con las emociones del pueblo, cualquier argumento es bueno para generar un conflicto del que sacar rédito. Más y más pienso que vamos a una sociedad en la que los odios a terceros ajenos a nuestro grupo nos unen más que los rasgos y creencias comunes que compartimos los pertenecientes al grupo.

En general, una declaración o postura de alguien no se hace atractiva tanto por su contendido como por quiénes son aquellos a quienes molesta. Y si molesta a quienes considero mis enemigos o «los contrarios» el mensaje estará bien aunque sea impresentable. Y de esto hay cada vez más en forma de mensajes de *whatsapp,* titulares de periódicos, chistes... Por ello lo importante no es tanto erigir una buena defensa de nuestras posturas sino la construcción de un enemigo en forma de colectivo artificialmente creado o definido de forma que permita despertar y aglutinar a muchos contra el mismo. Nada manifiesta este fenómeno de forma tan marcada como los nacionalismos, que se construyen precisamente creando un movimiento en el que se demoniza al Estado central para generar un sentimiento común de victimismo, sin duda muy aglutinador mientras despierta un rechazo y odio a personas del Estado central. Pero lo mismo podría decirse de muchos movimientos populistas o «antisistema».

Sorprende mucho en relación con lo anterior que las personas establecidas en las esferas del poder tradicional raramente sean conscientes de esto y se sigan irritando con las actuaciones de quienes son o juegan cartas «antisistema». Pretenden argumentar con la razón y acaban entrando al trapo de las provocaciones cuando quien ataca juega en ámbitos distintos y precisamente buscando ese tipo de respuesta a sus provocaciones. Los populistas no necesitan ninguna razón ni verdad para atraer seguidores. Solo necesitan personas que puedan sentirse poco comprendidas por el poder y por tanto susceptibles de convertir al poder en enemigo. Pues una vez que se crea e instrumentaliza un enemigo compartido, la unión de quienes lo comparten se hace muy fuerte. El discurso que sostiene la unión es el del odio al enemigo, sin que sean relevantes ni la coherencia ni la certeza de los contenidos. Y basta con que se mantenga una conversación con irritación del contrario para ganar adeptos. El ascenso de Podemos hace unos años es una muestra del éxito de estas estrategias en las que siempre se encuentra aliado algún medio de comunicación.

Creo que ya es hora de que esto lo aprendamos todos los que decimos no ser populistas ni «antisistema», si bien para ello resulta también imprescindible comprender a los más desfavorecidos y tener sensibilidad hacia sus problemáticas. Además es importante que se hagan perceptibles a esos colectivos, pues las personas desfavorecidas o excluidas necesitan sentir cierta comprensión so pena de caer en el riego de convertir en enemigos explotadores a las clases más afortunadas en cuanto cualquier agitador los remueva. Lo que llamamos «sistema» deberá evolucionar para incorporar en él las sensibilidades de los menos favorecidos, pues de no ser así solo un Ejército podrá un día aplacar sus reivindicaciones y exigencias.

Construir una teoría o explicación de las cosas y provocar a voces contrarias para que salten es el objetivo cada vez más extendido en política de cara a ganar notoriedad. Lo importante es hacer ruido y salir en los medios. Y con ello se forjan liderazgos, aunque la mitad de la población te llame impresentable. Es rentable.

Esta dinámica de confrontación lleva a que los partidos políticos ya casi no se unan en torno a ninguna causa en positivo para construir, por más que el pueblo compartiría una unión en relación con determinados temas llamados de Estado. Hay que sacar rédito de todo y por ello hay que generar conflicto incluso donde no lo hay. Hay que estar en contra de todo cuando uno no es el que manda.

Hoy son pocos los líderes que construyen futuro, proyectos ilusionantes. Y son muchos los que aglutinan a seguidores a costa de destruir o criticar lo que otros han hecho. Y creo que la saturación social de riqueza y de cosas y la dificultad de dibujar una sociedad mejor basada en paradigmas de bienestar tradicionales hacen que existan pocos proyectos y causas que movilicen a las personas en positivo o de forma constructiva hacia un mundo mejor. Arrastrar a gente destruyendo, atacando o cuestionando lo existente resulta mucho más fácil y «rentable» que hacerlo con proyectos integradores.

Pero debo concluir diciendo que si los líderes triunfan siendo «antis» es porque seguidores de unos y otros aceptan y toleran esas estrategias de destrucción pues los líderes arrastran con aquello que arrastra. Tomar conciencia de esto nos devuelve a todos los ciudadanos el privilegio y la responsabilidad de contribuir a modelar un mundo distinto.

¿Quiénes somos nosotros y quiénes son «ellos»?

Ya en el comienzo de este libro me he preguntado si es posible que exista un «nosotros» que represente a todos los habitantes de la Tierra y he hablado de la dificultad para mirar las cosas con la adecuada perspectiva. Hablaba de si las reflexiones de este libro debían entenderse desde una perspectiva local, nacional española, europea, global... Cualquiera podrá decir que todo lo que hemos hablado de las pensiones, las empresas, la deuda, la competencia... dependerá de la perspectiva con la que pretendamos observar las cosas. Y sin duda en el corto y medio plazo tienen razón, pues las luchas competitivas entre los diferentes mercados y jurisdicciones desde un punto de vista relativo siempre dan ganadores y perdedores, si bien es cierto que el perdedor (relativo) como norma tendrá en el tiempo un nivel de riqueza superior al de su punto de partida.

Es sumamente complicado mirar el mundo de verdad de forma coherente con una perspectiva global y atreverse a decir algo que sea bueno para el planeta entero. Pues será difícil que algo sea bueno para todos los países o para todas las clases sociales o para todos los sexos, para todas las ideologías... Sobre todo porque nunca será «igualmente» bueno para todos y de esa falta de «igualdad» en el nivel de bondad surgirán nuevas, luchas, quejas o reivindicaciones. Y también en un plano nacional la situación actual de cuestionamiento permanente de los paradigmas de nuestro contrato social hace igualmente compleja la determinación de los rasgos de identidad predominantes para conformar grupos de pertenencia.

Y particularmente ahora vivimos un momento en el que resulta muy difícil, en estos contextos de polarización y confrontación permanente, saber cómo establecemos los grupos o clasificaciones, a qué grupo pertenecemos o quiénes son los nuestros y quiénes son los contrarios. Y por ello, salvo en grupos muy cerrados y encasillados en una determinada doctrina y con poca empatía social, las personas nos sentimos pertenecientes a múltiples y maleables «nosotros» como contraposición a «otros» también múltiples y maleables.

En el entorno descrito de confrontación y polarización permanente de todos los asuntos el cruce de simpatías y antipatías cargados de matices e influidos por cualquier palabra, frase o titular que escuchamos hace que el «nosotros» y el «ellos» estén cada vez menos definidos, a la vez que existan más frentes o asuntos sujetos en los que la gente se posicione en un lado o en otro.

Y no hablo solo de ideologías y simpatías sino también de los movimientos sociales y económicos. ¿Es más potente la unión de dos personas como españoles? o ¿es más fuerte la unión de un empresario inglés con uno español para estar en contra de populismos anti-sistémicos?

Y ¿cuándo pasa un inmigrante a ser considerado «nosotros»? ¿Son las fronteras las que definen un «nosotros», cuando existe todo un mundo virtual sin fronteras físicas tradicionales?

Nos guste o no, nuestros motivos de unión con unos y otros están relacionados con la defensa de nuestros intereses. Pues esa permanente categorización que hace inconscientemente nuestro cerebro está al servicio de nuestra supervivencia y la satisfacción de nuestras necesidades, tanto físicas como sociales.

Yo, de hecho, a veces escuchando a Trump en la época en la que estaba tomando el poder me he sentido más cerca de China que de EEUU.

Como conclusión, se puede afirmar que el ámbito territorial del contrato social con el que vivíamos en los últimos siglos hoy ha quedado ya muy indefinido. ¿Nos unimos por territorio, por forma de pensar, por religión...? ¿Cuáles son las fronteras para determinar el ámbito territorial del contrato social? ¿Y cuáles son los principios que deben permanecer vigentes en el contrato social: los occidentales, los orientales o un conjunto híbrido de principios? ¿Será posible un único contrato social global o ineludiblemente deberán al menos existir dos para mantener la tensión competitiva y la existencia de buenos y malos?

La dictadura de las minorías

Me siento cada día más sometido a la dictadura de unas y otras minorías, cada una con su reivindicación. Me resisto a ellas para defender mi condición de persona común y mi normalidad pero algunas veces ya no puedo. De momento he conseguido escribir un libro, que aunque va dirigido a ciudadanos y ciudadanas, yo me limito a decir que lo escribo para ciudadanos, entendiendo, como siempre hemos hecho todos, que dentro de ese término se incluyen a las personas de ambos géneros. Y si llegara a triunfar admitiría, sin enfadarme, que no me llamaran «estrello» mediático. Me bastaría con ser una estrella. ¿A quién se le ocurriría empezar con semejante reivindicación que ha llegado a calar absurdamente en todos los lados? Seguro que a una minoría reivindicante con buen oficio.

Empiezo a oír hablar de reivindicaciones de algunos para que el bable se convierta en lengua oficial y me empiezo a imaginar la región afectada dentro de unos años envuelta en confrontaciones asociadas a este asunto solo porque «cuatro gatos» (dicho sea con todos mis respetos) quieran hacer causa de este tema y de forma brillante vayan haciendo su campaña ante la pasividad del más elemental sentido común mayoritario.

Me hago muchas veces la siguiente reflexión en relación con el uso de las masas, los grupos, los mensajes emocionales y la construcción de enemigos para la generación de una confrontación polarizada de las cosas. Cada día siento más que los que pertenecemos a las mayorías comunes estamos gradualmente perdiendo nuestro territorio. Me refiero a los que no somos extremos, a la gente común, a los vulgares, a los moderados, a los ordinarios, a los que pertenecemos a las masas no destacadas o significadas en relación con el motivo por el que otros nos cuestionan. Es decir, a modo de ejemplo, la masa que se forma por personas comunes de todo tipo (obreros, abogados, barrenderos y banqueros) que tienen coche. Y nos agrupa esa condición de tener coche colocándonos en ese aspecto entre los comunes (por tener coche). Pero sin darnos cuenta, gradualmente algunas minorías nos van poniendo un tinte de insensibles al medioambiente, al peatón, a las bicicletas y la tranquilidad de las ciudades acercándose a veces casi a una demonización.

Las minorías enarbolan cada día con más fuerza banderas aparentemente legitimadoras de sus causas. Unas veces la de la no discriminación, otras la del medioambiente, otras la de la diversidad, otras el derecho a vestir «como quiero donde quiero», otras las de la alimentación y la protección de la salud... Y poco a poco van expropiando sin pagar el territorio de la normalidad, el de los hábitos comunes, el del respeto de las pautas de convivencia que siempre hemos considerado nuestras y que eran fruto progresivo de un contrato social. Y a menudo también a base de argumentar, gritar e insistir en la peligrosidad de determinadas actividades o situaciones consiguen que se imponga prohibición tras prohibición privando a los ciudadanos de la posibilidad de hacer cosas que siempre han hecho.

Debo aclarar que yo mismo podría considerarme parte de una minoría reivindicante en algunos temas y parte de la mayoría de gente común en otros. Por ello el análisis o la posible crítica que aquí hago no es a las personas adscritas a mayorías o minorías sino al fenómeno social que se produce en torno a estas cuestiones. Se trata no tanto de una crítica a las minorías sino a la pasividad de las mayorías para defender el territorio de lo que siempre ha sido normal.

Los antitaurinos consiguen que se prohíban los toros, los anti-caza conseguirá que un día no se pueda cazar, las musulmanas acceden con la cara cubierta a donde quieren, los vegetarianos exigen que haya menús vegetarianos en eventos y quizá un día conseguirán prohibir el consumo de carne, los que no quieren fumar se empeñan en que nadie fume y en que no pueda haber restaurantes en los que se pueda fumar, los que quieren tener un hijo alquilando un vientre para su espermatozoide lo hacen sin mayores consideraciones y quizá un día habrá también que hablar bable en Asturias para poder ser médico de la Seguridad Social. Y cualquier día será imposible celebrar un funeral de Estado siguiendo arraigadas tradiciones pues algunos alegarán que España es un Estado aconfesional...

Sin embargo, los que organizan un concierto de varios días todos los años en el lugar donde veraneo se permiten estar todas las noches (varias seguidas) creando un gran estruendo que llaman música... Y mientras tanto, en el vecindario, donde todos somos muy «normalitos» y moderados, tenemos que terminar nuestra fiesta-verbena de verano que todos los años celebramos, a las dos de la mañana porque se le ha antojado a un vecino muy minoritario que alega que no se puede molestar a los vecinos.

Pero, como he dicho, nada de esto debe entenderse como una crítica a las minorías (pues es maravilloso que tengan libertad para sus reivindicaciones) sino a la pasividad de las mayorías comunes. Quiero con esto decir que las masas de gente común estamos perdiendo nuestro territorio porque somos vagas y pacíficas, nos dejamos comer el terreno. La condición de pertenecer a lo común, a lo de siempre, a lo de todo el mundo... sirve para constituirnos en los contrarios de quienes quieren cambiar las cosas, pero no como fuerza de unión entre nosotros para defendernos en lo que nos une, pues somos muy distintos unos de otros aunque seamos parecidos en algún aspecto. Estamos acomodados y no luchamos por casi nada permitiendo que las minorías vayan haciendo su lucha y conquistando terreno sin que nadie ofrezca ninguna oposición.

Las personas que pertenecen a un colectivo de gente común en algún ámbito no hacen escraches, ni pintadas, ni convocan manifestaciones, ni hacen numeritos o quiebran la sacralidad de un lugar santo. Son en general muy «mansas» y por consiguiente muy ineficaces en la protección de «lo suyo».

Por el contrario las minorías han encontrado su razón de ser en pertenecer a grupos que reivindican sus derechos y hacen de ello una causa que les da sentido. Satisfacen con ello su necesitado sentido de pertenencia y ponen al servicio de esa causa lo mejor de sí mismos por su alto grado de motivación. Y mientras tanto las masas de «personas comunes, ordinarias y conformadas», sin saber por qué luchar, se mantienen atrofiadas sin darse cuenta de que deberían también luchar y poner un poco de pasión y creatividad por defender y proteger su bienestar, no solo material sino también en el plano de los valores, costumbres y referencias para la convivencia. Solo esta actitud pasiva puede explicar que se tolere que una cabalgata de Reyes esté cargada de tintes extraños, modernos, de colectivos LGTBI (lesbianas, gays, transexuales...) y contemple la aparición de «reinas magas». Hasta una tradición tan arraigada puede ponerse en cuestión para llamar la atención y hacer ruido en favor de corrientes muy «antis» que lo cuestionan todo si molesta a determinados colectivos.

Pero no luchamos, pues pensamos que es la inercia de la vida y la sociedad, o quizá sea el Estado el que deba velar por la protección del orden establecido. Sin embargo, comprobamos indignados que el Estado solo escucha a quien grita pues solo el grito arrastra a las masas y únicamente las masas conquistadas con la emoción, la reivindicación y la lucha otorgan votos. Y por tanto el poder no escucha a quien debería (si respetaran los intereses que representa) sino a aquellos que dicen frases más atractivas para arrastrar a más y más personas que consiguen implantar ciertos mensajes en nuestra sociedad al no tener ningún grupo organizado y activo disidente que les haga oposición. Son mensajes que aunque muchas veces nos parezcan absurdos acaban pareciéndonos normales ante la presión social que recibe quien los contraríe.

Y los medios de comunicación tampoco jalean las cosas comunes o normales pues ello no vende. Lo que airean son los numeritos montados por las minorías y, de tanto reiterar su presencia en los medios, la gente acaba creyendo que es lo normal, lo que todo el mundo piensa. Y los que no piensan así empiezan a sentirse avergonzados de no decir y pensar lo que se ha «puesto de moda» promovido por una minoría. Los mensajes contrarios a las reivindicaciones de cualquier minoría bien organizada van convirtiendo la discrepancia en políticamente incorrecta y por tanto tabú su tratamiento con normalidad.

Parecería lógico que las masas de gente común indignadas con muchas cosas se rebelaran y unieran activamente en torno a sus distintas preferencias y pasiones para luchar contra los movimientos prohibicionistas en general enarbolados por ciertas minorías. Contribuirían así a evitar el sacrificio de los valores, costumbres, códigos sociales y referencias que siempre han existido y de los que la sociedad mayoritariamente se ha beneficiado pero que gradualmente se van perdiendo para incorporar como normalidad los códigos de las distintas minorías. Y todo ello, con el triunfo constante de las minorías, nos lleva en muchos aspectos a una anarquía de códigos y valores y al debilitamiento de nuestro contrato social.

En algunos aspectos de nuestra evolución puede decirse que volvemos hacia viejos estadios de sociedad en las que «todo vale» y que ya habíamos superado. El esfuerzo realizado para conformar principios de convivencia y la eficacia en nuestras relaciones que de ellos se deriva parece que puede perderse si no luchamos por defender el mantenimiento y el respeto de los valores sociales acuñados lentamente a través de los siglos con las adaptaciones que resulten necesarias. Los principios de los variados contratos sociales que existían en el mundo, en sus distintas sociedades o civilizaciones, y el resultado del pulso entre las tradicionales clases dominantes y dominadas están pendientes de integrarse en un nuevo contrato social global, un contrato para una nueva sociedad digital cada vez más sin fronteras. Alimentados por el caos mediático, vivimos tiempos de negociación del nuevo contrato social que llevan a una confrontación y polarización permanente en la que lo cotidiano, lo común, no tiene una representación activa. Nuestros grupos de pertenencia ya no son cerrados y el entorno de confusión nos hace difícil identificar quiénes son «los nuestros» y quiénes son «los contrarios», y saber por qué. Lo viejo y lo nuevo, lo dominante y lo dominado deberán hacer un esfuerzo por entender las recíprocas sensibilidades si se quiere evitar el agravamiento del conflicto.

¿LA SOLUCIÓN? METAMORFOSIS HACIA UNA SOCIEDAD CON SENTIDO

¿Me atrevo yo a decir algo?

Yo he decidido atreverme. De hecho, en parte este libro ha nacido de mi necesidad de dejar escritas todas las reflexiones que contiene y que en muchos aspectos son denuncia de cosas que no me gustan. Afinando mi lenguaje no me atrevo a decir que sean cosas que no estén bien, pero sí estoy cómodo diciendo que son cosas que no me gustan. Y como no me gustan mi cabeza piensa que habrá otras formas de ser o estar que serán mejores. Eso sí, siempre muy cargado de dudas pues soy consciente de que en general asociamos (y asocio) lo bueno con lo que nos gusta y lo malo con lo que no nos gusta.

Cuando busco con coherencia la explicación de cómo deberían ser las cosas que no me gustan me estrello con la realidad, que me reitera que «es muy fácil criticar pero muy complicado proponer soluciones». Quejarse es fácil pero dar solución a lo que no nos gusta resulta harto complejo.

Particularmente me considero una persona muy realista, aunque de mirada amplia y escéptica, que se cuida mucho de aceptar como bueno o malo lo que en apariencia lo es para la mayoría de las personas. Necesito siempre hacerme más preguntas para tratar de ser coherente con mi propia visión de lo que es el bienestar y un ideal de sociedad, visión que reconozco que es algo amorfa o de geometría y morfología cambiante.

Cuestionarse cosas antes de actuar, como hago yo, para muchos puede dar la apariencia de ineficiente o poco enfocado pues frena acciones específicas y efectivas al servicio de objetivos muy concretos y con pinta de buenos. Comprendo que así sea, aunque yo me defiendo diciendo que me considero enfocado pero en una visión que abraza a la vez el corto y el largo plazo y tanto el bienestar material como el inmaterial, emocional o espiritual. Y ello exige algo más de reflexión.

Pero si este libro pretende ser expresión de lo que veo y siento en esta sociedad, sería absurdo no intentar siquiera esbozar la dirección de algunas actuaciones o lugares hacia los que pienso que la sociedad debe dirigirse. Son ideas, sensaciones o impresiones que circulan por mi interior y por ello esta obra no sería completa si no las comparto. Sé que serán cosas indefinidas, bien intencionadas, seguramente poco realistas o incluso utópicas. Pero me parece importante arriesgarme a compartirlo con el mundo aun sabiendo que puedo ser tachado de iluso.

El reto es sumamente delicado pues nada de lo que se sugiera debería poner en riesgo la fantástica maquinaria productiva, logística, de conocimiento que el mundo empresarial ha conseguido crear y de la que la sociedad debería sentirse orgullosa, por más que existan campos de mejora o aspectos negativos asociados a ella. Es la estructura empresarial del mundo la que sostiene y sostendrá en el futuro nuestro bienestar material y por ello debemos trabajar en preservarla en una versión evolucionada y mejorada pero sin ponerla en riesgo.

Vivimos en un mundo con gran carencia de pensamiento en las esferas ejecutivas. Son ámbitos de poder que se mueven sobre todo por referencias y objetivos muy medibles y cortoplacistas. Cualquier aportación de reflexión creo que es importante y yo trato de hacerla desde la visión de alguien que ha conocido y ha vivido compartiendo y desenvolviéndose en la selva económica, empresarial, financiera o profesional. Además lo hago, como acabo de decir, desde el reconocimiento de los grandes logros de la maquinaria empresarial (aunque aquí pueda sentirse en algo criticada) y consciente de las dificultades de promover cambios en las cosas.

Considero que el bienestar y la felicidad de los integrantes de una sociedad deberían ser los parámetros o referencias fundamentales para observar su verdadero nivel de progreso. Ambos conceptos abrazan muchas cosas en su interior. Son muy genéricos, pero seguramente todos los entendemos y los deseamos como objetivos para nuestras vidas y las de nuestros hijos. Si empezamos a añadir otros objetivos seguramente empezaremos a discrepar.

No tengo dudas de que la evolución de una sociedad puede ser más o menos acertada cuando se mide con esas referencias. Y tampoco tengo dudas de que reflexiones como esta pueden hacer un ruido positivo en las personas que influyen en nuestro futuro, pues algo quedará de ese ruido.

Reconozco la dificultad de pensar en un bienestar mundial cuando muchas veces el bienestar de unos lo es a costa del de otros. El de un país a costa del de otros, el de los más ricos a costa de los menos ricos, de los más educados a costa de lo menos educados.

Resulta también casi imposible manejar el bienestar del ser humano y proponer fórmulas predecibles de cualquier éxito, pues los hombres en sociedad funcionan como los pronósticos en la economía: los propios pronósticos condicionan su evolución y destino. En el ser humano lo que se oye, se ve, los cambios de alrededor son condicionantes que cambian nuestros deseos y nuestras aspiraciones. Lo que hoy me hace feliz quizá ya no me lo haga mañana y si lo que a mí me gusta es ser diferente dejaré de estar satisfecho cuando los demás sean iguales que yo. Además, el poder es el poder y las diferencias son las diferencias y jamás dejarán de existir en cualquier sociedad humana y siempre estarán sujetas a la propia evolución social.

Pero, aunque pueda ser tachada de carente de rigor, mi ingenua pretensión es señalar direcciones de actuación que considero apropiadas para el mundo desarrollado en general, pues están principalmente relacionadas con los fenómenos que se dan en un mundo desarrollado y rico.

Necesito además mantener mi vida siempre con un «por qué» y «para qué» que me dé sentido, y en el plano intelectual todas estas reflexiones me lo dan. Y al enfrentarme a este capítulo del libro, si me pregunto si pretendo cambiar o no el mundo, mi contestación debe ser doble: con la cabeza sé que el mundo no lo voy a cambiar, que evolucionará como vaya determinando el azar de la propia sociedad y de la naturaleza junto con las ambiciones y la compasión de unos y de otros; pero con el corazón no puedo dejar de sentir que cualquier contribución, por pequeña que sea, será como las alas de la mariposa que se baten en un lugar del mundo y contribuyen a desatar un huracán en el otro extremo.

Y de esas ilusiones vivo yo cuando ya tengo la suerte de tener alimento, refugio, una maravillosa familia y un gran puñado de buenos amigos. Y desde esa ilusión me atrevo a sugerir las líneas o direcciones de actuación que ahora siguen.

Si hay un hilo conductor que ligue todas las líneas de actuación que sugiero, ese hilo es el sentido. Necesitamos dotarnos de sentido, individualmente y en nuestra sociedad. Un sentido que trascienda el bienestar puramente material que parece ser hoy el único motor de nuestra sociedad.

El sentido es capaz de conectar una y otra de las sugerencias que ahora me dispongo a hacer. Y es capaz de hacerlo respondiendo a un por qué y un para qué que puedan tener respuestas con las que nos sintamos llenos, satisfechos y con sensación de plenitud. Se trata de un sentido que dé respuesta a las muchas preguntas que nos hacemos y a nuestros interrogantes sobre lo que hacemos aquí y el para qué y por qué hacemos lo que hacemos cada día. El sentido para un ser humano, y para la sociedad como conjunto de humanos, no puede ser sino estar conectado, más allá de nuestra supervivencia, con el hecho de sentirnos parte de un sistema de relaciones donde unos y otros se quieren, se ayudan, se comprenden y comparten integrando las siempre necesarias diferencias que dan vida, aspiración e ilusión a nuestras futuras trayectorias. Todo ello para buscar un nuevo auténtico bienestar mucho más profundo y evolucionado, antropológicamente hablando, que el alto nivel de bienestar material.

Confío al menos despertar alguna reflexión en el lector y que ello suponga una positiva contribución hacia un lugar mejor.

Mi propuesta de hoja de ruta

De antemano sé que las líneas de actuación que sugiero en este libro son en gran medida inconcretas y requieren de mucha reflexión y conversación para poder profundizar en ellas. Son quizá un embrión para, trabajando sobre él, ir convirtiéndolo en actos concretos, políticas, y sobre todo prácticas y costumbres que progresivamente vayan teniendo arraigo en la sociedad para mantenerla en una evolución positiva, tanto para la defensa de la propia sociedad como de los individuos que la componen.

Escribo esto desde la satisfacción de observar en la sociedad bastantes otros embriones o iniciativas que manifiestan inquietudes similares a las plasmadas en este libro. Me alegro también mucho de observar un aumento creciente de proyectos de personas que desde el éxito profesional ya cosechado o con gran potencial y proyección profesional deciden dar un giro para aplicar sus capacidades a otro tipo de ambiciones distintas a los tradicionales éxitos económicos y profesionales. Brindo de antemano por ellos pues los veo como «mis inquietudes encarnadas y en movimiento».

Aunque las sugerencias de este libro están concebidas pensando en una evolución de la sociedad en su conjunto como suma de individuos, no cabe duda de que los mensajes son asumibles individualmente por las personas que coincidan, total o parcialmente, con la forma de pensar y sentir que este libro expresa. De hecho solo a través del desarrollo o cambio individual de unos y otros, y cada uno a su manera y con sus peculiaridades, podrá irse forjando un cambio social progresivo.

Quiero también resaltar que a pesar de que menciono muy poco en este libro a los verdaderamente necesitados y desfavorecidos del mundo, que son todavía muchísimos, no me olvido de ellos ni pienso que su desarrollo sea poco importante. Todo lo contrario; propiciar desde las sociedades más desarrolladas una adecuada trayectoria de los pueblos y naciones más necesitados para llevarlos a un grado de desarrollo razonable y dotarlos de oportunidades me parece uno de los primeros objetivos que el mundo desarrollado debe tener de verdad en su agenda. Pero mi forma de ver o aportar algo a esa causa no es la de solicitar ayudas y solidaridad, aun pareciéndome estas muy importantes también. Habiendo ya muchas iniciativas, ONGs, etc. que trabajan activamente en esa dirección, mi enfoque o camino está más dirigido a abrir las conciencias a visiones que nos hagan ver el absurdo de nuestra sociedad en muchos aspectos, para tras ello evolucionar hacia la asunción «voluntaria, convencida y vivida» de nuevos principios y valores humanos más elevados y con verdadero arraigo en nuestras conductas. Desde luego, entre esos valores, principios y conductas puestas en prácticas se encontrarán, si Dios quiere, el incremento de la solidaridad y la compasión bien ejercidas para conciliar tanto la vocación de justicia como la sostenibilidad realista de nuestra sociedad con altos niveles de bienestar.

Quiero por último expresar con qué vocación me atrevo a hacer las sugerencias direccionales de actuación que seguidamente expongo:

1. En primer lugar, y aunque es difícil pensar en un único mundo sin bloques en el que exista algo que pueda ser bueno para el conjunto del globo terráqueo como tal, sin vencedores ni vencidos, confieso que eso es la ilusión o pretensión que me mueve como sueño imposible. Pues ante el interrogante de si será posible un mundo con un único contrato social, debo confesar, enfrentándome a mi optimismo, que estimo que jamás habrá un solo contrato social global con sus fuentes de poder en tanto en cuanto no haya un enemigo exterior con suficiente fuerza unificadora de los habitantes de la Tierra contra él. Y, sabiendo que es un sueño, y en tanto en cuanto existan bloques delimitados o «líquidos», mi preferencia será vivir en el bloque o entorno que se desarrolle en línea con mis sugerencias.

2. Me confieso también un buscador del equilibrio pues creo poco en los conceptos absolutos. Más bien considero que los valores se mueven en un continuo que podríamos medir de 1 a 10. Y el objetivo de una sociedad debe ser administrar los niveles de los distintos valores para dar un resultado conjunto de bienestar vital para los miembros de la sociedad que sea de alto nivel. Pues en general

cada valor implantado en su nivel más extremo suele tener como consecuencia el deterioro de otro valor correlacionado. Mi vocación siempre está, expresándolo con una referencia matemática, en el posicionamiento en cada par de valores correlacionados en niveles o equilibrios cuya multiplicación dé un número más alto. Algunos valores como la justicia me parecen de crucial importancia. Son comprensibles como concepto pero cuesta mucho aterrizarlos y concretarlos en la realidad de las personas y las situaciones. Pues lamentablemente el hecho de nacer diferentes, en lugares diferentes, de padres diferentes y sujetos a azares diferentes me hace tremendamente escéptico desde un punto de vista intelectual para la determinación en cada caso concreto de lo que es justo y de lo que es el mérito y la meritocracia, tan utilizada como concepto actualmente. Pero no pudiendo vivir sin creer en la justicia y el mérito me declaro un defensor de ambos, siempre que entendamos los conceptos «entre comillas» y que nadie de los que sean considerados de «más mérito» se crea superior a los demás en dignidad humana. Y es importante no perder de vista que cualquier justicia tendente a la igualdad es bonita para ser enunciada pero es sencillamente un deseo, una ilusión o sencillamente un error sociológico-científico por ignorar la verdadera naturaleza y realidad humanas.

Es probablemente la búsqueda de lo distinto y por tanto de la desigualdad lo que hoy da movimiento a una sociedad ya satisfecha materialmente y lo que perdurará siempre, salvo en una sociedad sometida dictatorialmente a una autoridad con una ideología atrofiante. Seguramente una cierta desigualdad será siempre necesaria para la sostenibilidad de nuestro sistema. El problema será si hay más desigualdad de la cuenta y está «mal ejercida». También es importante en el ámbito del equilibrio entre pares de valores correlacionados como la tensión entre la «libertad de expresión» y la «verdad y el respeto». No quiero sugerir la más mínima limitación a la libertad de expresión pero sí aconsejo frenar la espontaneidad de expresión para promover actitudes de expresión y comunicación más responsables para conseguir proteger el valor «verdad-respeto». Al hablar de verdad-respeto me refiero a este concepto en su sentido más amplio: el respeto a las personas, a su dignidad y su intimidad, el respeto a los códigos y buenas prácticas de actuación arraigados en la sociedad, el respeto a la verdad sustantiva (y no solo a la aparente), el respeto a una ética (o sistema de valores) en la que todos, o casi todos, creen pero que pocos practican... Y en esa tensión hoy me gustaría que un adecuado y responsable equilibrio entre ambos valores contribuyeran a sacar a esta sociedad de la permanente confrontación y de la polarización.

3. Por último, aunque muchas veces parecemos saber cuál es el punto de destino de cualquier trasformación, considero que tan importante es saber qué hacer o a dónde ir como cómo hacerlo. Y en el «cómo hacerlo» se encuentran la inteligencia y habilidad para que los dolores y los traumas del cambio sean lo menor posible para conseguir un resultado óptimo de la ecuación que ligue el beneficio obtenido con el coste en términos de dolor o sufrimiento humano para su consecución. Y en ese aspecto mi vocación siempre exige la búsqueda de acierto en las actuaciones para conciliar el corto con el largo plazo sabiendo acompasar y graduar las mismas para que los procesos de cambio sean asumibles reduciendo el dolor del cambio y magnificando los resultados de llegada.

Todas las sociedades están en permanente movimiento y es ese baile con nuestro progreso, con nuestra evolución, el que debemos desarrollar buscando sentido personal y sentido para la sociedad para asegurar así que nuestro caminar sea enriquecedor y la máxima plenitud en nuestras vidas.

Con estas premisas, me atrevo a describir las siguientes líneas de actuación:

CONSERVOLUCIÓN

No podemos no evolucionar, pues está en la genética humana el cuestionarse permanentemente las cosas y plantearse qué más o de qué otra manera se puede actuar. El día que eso no ocurra el hombre no existirá. Y, si existe, será de otra raza. Por ello debemos admitir con buenos ojos una sana evolución y reflexionar de nuevo sobre cómo orientar nuestras acciones del presente para que nuestro progreso sea apetecible y redunde en un beneficio sentido y disfrutado por los hombres de la Tierra.

Y sintiendo de verdad que la sociedad de hoy es «la mejor que ha existido», debemos asegurar que protegemos lo que la hace mejor que las anteriores y mejorar aquello que nos lleva a su deterioro.

Y considero que la riqueza alcanzada, el progreso tecnológico y la creación de una maquinaria productiva es sorprendente, por más problemas o cuestiones asociados a ella puedan existir, y que sin duda habrá que enderezar para el mantenimiento del sistema económico que nos sostiene y nos procura un altísimo nivel material de vida. Una riqueza que no cae del cielo sino que depende de la creación y el mantenimiento a través de los siglos de nuestro tejido empresarial.

Por otra parte, nuestros principios constituyen uno de los grandes logros de nuestra evolución histórica y no podemos ponerlos en riesgo. Y para ello necesitamos reorientar las pautas básicas movilizadoras de nuestra sociedad para salir de la gran ceguera que nuestro consumismo nos provoca. Basta ya de que solo el crecimiento económico sea el motor de nuestra sociedad.

¿Qué nos queda si quitamos el ruido de la novedad, del siguiente hito tecnológico, del siguiente invento, del siguiente récord...? Debemos poner los ojos en otras variables de nuestra existencia que siempre han existido y que es necesario que preservemos si no queremos «pasarnos de vueltas». Es necesario encontrar o rescatar otros valores o simplemente prácticas sencillas de nuestra vida que nos sirvan para mantener nuestra felicidad sin convertirnos únicamente en combustible que nutre el movimiento de la sociedad en forma de consumo para alimentar el crecimiento. Pues mientras ello sea así admitiremos como buena cualquier cosa que ayude al consumo y al crecimiento alejándonos del respeto a muchos de nuestros principios y pautas deseables de convivencia. Y por ello es importante no perder los valores que han contribuido a nuestro progreso y convivencia y no despreciar muchas prácticas y actividades básicas del ser humano que, aun teniendo menos glamour social, contribuyen a un bienestar sencillo pero profundo. Y me refiero a cosas tan simples como una lectura serena y tranquila de un libro, un buen paseo o una partida de mus, hoy tan en desuso.

Debemos por ello también terminar con el relativismo en el respeto a los principios que todos declaramos como buenos pues más relajación nos llevaría a la aniquilación total de los mismos. Solo así podremos ser capaces de afrontar el cambio de mirada de nuestro mundo y frenar la ya iniciada decadencia de Occidente, que de no enmendarse caerá como antes cayeron Grecia o Roma.

Seamos también realistas y agradecidos con nuestra historia reconociendo la creación a través de los últimos siglos de una magnífica maquinaria de producción de bienes y servicios, y de beneficiosa innovación que sin duda deberemos conservar pues es la garantía para el mantenimiento de los altos niveles de bienestar material alcanzados y a los que ya no podemos renunciar. Por ello nuestro reto evolutivo está en conseguir poner esa maquinaria a nuestro servicio en lugar de mantenernos sometidos a ella.

Me siento y me declaro libre de cualquier etiqueta. En muchos aspectos me considero un conservador y en muchos otros casi revolucionario y creo que así debe ser la sociedad, si bien tratando de que cualquier desarrollo o evolución revolucionaria sea siempre pacífico y generador de los menores sufrimientos. Conservemos todo lo bueno que la sociedad ha conseguido a lo largo de su historia y cambiemos aquello que no está al servicio de un ser humano evolucionado.

Protejamos nuestra riqueza y nuestro bienestar material pero siempre garantizando el desarrollo y la integración real de nuestros valores, principios y pautas de comportamiento social, que son los creadores de un verdadero hábitat social y que hoy se encuentran en serio riesgo. Y con ello protejamos nuestro contrato social y nuestras reglas del juego frenando el deterioro creciente en el que estamos secuestrados por la maquinaria económica. Nuestro contrato social está herido por la incertidumbre y la confusión que produce el cruce de intereses, clases, culturas y civilizaciones que hacen que también sea necesaria una evolución del mismo para integrar en él nuestra actual realidad. Y por ello cualquier evolución de las cosas de nuestra sociedad debía ser calificable de «conservolución» en el sentido de que debe producirse de forma que se conserven los valores, logros y buenas prácticas de nuestra sociedad con una progresiva mejora de los mismos mediante una trayectoria generadora de bienestar e integradora de las nuevas realidades de nuestro tiempo.

La forma de ser de una sociedad, su historia, cultura, costumbres, etc. deben, en mi opinión, contar con un principio de respeto. Me parece deseable y realista para la sostenibilidad y la sana convivencia el respetar todo aquello forjado a través de generaciones como aspectos culturales, con la excepción de aquellas costumbres o comportamientos que no lo merezcan por ser denigratorias de la dignidad de las personas o negativas por no ser coherentes con los valores que queramos que nos guíen. Y por ello la sociedad debe defenderse a través de la suma de actuaciones individuales de todo aquello que choca con los principios universales del bien, éticos y morales que tiene por buenos, y todo ello aun cuando esa relajación de principios pueda ser beneficiosa para la economía en el corto plazo. Y aunque es difícil definir lo que es un principio universal que deba respetarse sin entrar en discusiones o posicionamientos religiosos, me atrevo a pensar que cualquier grupo de elegidos por su buen criterio y sabiduría en cualquiera de las culturas, religiones o civilizaciones, que no se encuentre mediatizado por la defensa de unos intereses o un «centro de poder», coincidiría fácilmente en la identificación de lo que hoy deben considerarse principios o valores universales. Seguro que hay matices para diferenciar a los más sociales de los menos, a los más realistas de los idealistas, a los pragmáticos de los teóricos, etc., pero en lo fundamental seguro que habría gran coincidencia. Y respecto a esos puntos de coincidencia de lo que son pautas y valores universales de convivencia deberíamos mostrar poca tolerancia en lo que se refiere a su relajación.

La figura de una agencia que más adelante propongo como ayuda para la recuperación de conversaciones sociales más objetivas y el ensalzamiento del sentido común, que también trataré más tarde, seguro que contribuirán a generar un mejor criterio social para determinar qué es aquello que debemos conservar y lo que debe cambiar o evolucionar.

Por ello es necesario que no se aplique una racionalidad estricta y cortoplacista para defender la bondad y la permanencia de algo o por el contrario el cambio. Pues muchas cuestiones de las costumbres solo pueden ser defendidas como buenas por su probada eficacia para ayudar al funcionamiento social precisamente por dotar a la sociedad de unos códigos y referencias. A modo de ejemplo me permito refrescar la idea, aunque sea anecdótica, de que no creo que exista un criterio universal u objetivo para determinar cuál es el nivel de decoro en la ropa para asistir al Tribunal Supremo, pero lo que sí es cierto es que si no se admite que es bueno poner un límite, al final cualquiera podría acabar presentándose desnudo en el tribunal sin que nada pudiera justificar su prohibición. Y pienso que una sociedad sin límites, aunque suene muy libre sería un caos y en definitiva una selva para la que el ser humano ya no está preparado. Es por ello por lo que la costumbre y la cultura no pueden ser generalmente cuestionadas de forma sistemática. Debemos conservarlas, protegerlas y defenderlas, salvo en aquello en lo que se demuestren negativas en el largo plazo.

Gobernantes, empresarios y ciudadanos debemos, desde una sabia perspectiva, respetar razonablemente, tanto nuestras costumbres y la forma de ser de una sociedad, como la necesidad de cambio o evolución que se exigen o convienen como consecuencia de la normal evolución de las cosas y para acoger las nuevas realidades derivadas de la riqueza, la modernidad y el desarrollo tecnológico. Ni hay que empeñarse en cambiar ni en no cambiar. Las costumbres son muy respetables y reportan gran utilidad y los cambios razonables son también una verdadera necesidad.

Creo por ello fundamental luchar por una sociedad que se respete a sí misma y a su historia, evitando poner en cuestión todas sus costumbres arraigadas solo porque no exista una lógica que las justifique. La única y suficiente lógica es la existencia de la costumbre y los usos que en sí mismos son buenos porque marcan pautas de actuación con las que la sociedad está «acostumbrada» a vivir. Podrían haber sido otras pero las costumbres son las que son y no debemos empeñarnos en reinventarlas permanentemente al servicio del movimiento y la maquinaria económica, como actualmente ocurre. Limitemos por tanto el número creciente de prohibiciones por un lado e imposiciones por otro que de hecho nos llevan a la extinción de prácticas y costumbres que forman parte de nuestra cultura y hábitos. ¿No es absurdo que ya no pueda comprarse pimentón a granel en La Vera por motivos sanitarios? Fruto de la presión de las grandes multinacionales y de la necesidad de los funcionarios de mantenerse entretenidos, si no le ponemos remedio cualquier día alguna regulación europea prohibirá el hecho de tener colgados jamones grasientos en los bares alegando que no es higiénico... Solo aquellas tradiciones y costumbres que sean verdaderamente incompatibles con el respeto al resto de los ciudadanos o a la naturaleza deberían ser limitadas. Y, como veremos más adelante, reforzar el buen criterio para el análisis y la decisión social en estas cuestiones nos ayudará a caminar con el mayor acierto.

Aunque no sea rentable ni contribuya al crecimiento, respetemos el valor de prácticas como hacer un puzle, jugar al mus o una simple charleta de amigos, que podrían calificarse de «inútiles» desde el punto de vista mecanicista e instrumental. De no hacerlo nos convertiremos en una «sociedad de la eficacia» que lamentablemente no tendrá respuesta para la pregunta ¿eficacia, para qué?

Y en paralelo evolucionemos para acoger en nuestro contrato social nuevos paradigmas más adecuados para nuestro estadio evolutivo actual en línea con las distintas vías de acción que se sugieren a continuación.

> La sociedad no puede detenerse. La fuerza de la evolución la llevamos los humanos en los genes y debemos admitirla. Pero asegurémonos de que nuestra evolución no pone en peligro los logros y valores que la Historia nos ha procurado, empezando por la maquinaria económica y empresarial, que nos garantiza la calidad de vida material. Preservemos el valor de prácticas sencillas aun cuando sean consideradas «inútiles» desde un punto de vista instrumental o mecanicista pues quizá las cosas inútiles sean las de mayor valor en una sociedad saturada de eficacia. Mantengámonos siempre despiertos para permitir solamente líneas de evolución que nos produzcan bienestar, calidad de vida y convivencia reales más allá de las apariencias, frenando por el contrario aquellas otras que suponen una vuelta a estadios evolutivos anteriores perdiendo muchos logros alcanzados a lo largo de milenios de historia social.

HACIA NUEVOS CONCEPTOS DE BIENESTAR Y PROGRESO

En la parte de diagnóstico social de este libro me he referido a cómo vivimos en una sociedad sin rumbo que permanece ciega a la importancia de la experiencia humana vivida con ignorancia de ella en cualquier conversación que se refiera al bienestar de las personas más allá del bienestar material. Relacionado con esto, he mencionado ya que nuestro lenguaje se encuentra obsoleto en algunos aspectos. Muchas palabras gozan de connotaciones necesariamente positivas que resultan inapropiadas hoy. Seguro que tuvieron sentido cuando la consecución de lo que representaban era necesariamente algo valioso y bueno. Me refiero a términos como «riqueza», «oferta», «progreso», «información». Tener hoy más riqueza puede no ser lo mejor para el desarrollo completo de los hijos en muchas familias si se mira desde una buena perspectiva y pensando en el desarrollo y la felicidad sostenible de los hijos. Por otra parte, hoy un exceso de oferta nos impide muchas veces hacer una buena elección y nos vuelve locos perturbando nuestra paz por la necesidad que tenemos de elegir de forma constante, de hacer o no hacer...

Lo mismo ocurre con la información. Cuando yo era pequeño esta era siempre algo valioso, pero hoy les digo a mis hijos que cuidado pues no hay peor información que un exceso de información perturbador del buen criterio. Por ello me gusta decir que la información es como el vino: sabiendo hacer un buen uso de él es positivo pero ese uso correcto no es fácil y el exceso, por el contrario, es muy peligroso, nos anula.

En sentido contrario, en relación a algunos términos que más bien se asocian a algo negativo, creo que deberíamos ir sustituyendo esa connotación. Es el caso del «trabajo». Cada vez más debemos ver el trabajo como una bendición pues nos ayuda a ser útiles y a pertenecer con valor a una comunidad. Por otra parte, el sacrificio y la resistencia a la tentación, la resiliencia, es algo que considero aconsejable entrenar para auto-gestionar nuestro bienestar y conseguir una trayectoria de esfuerzo bien encaminado como un pilar importante de la felicidad...

Por ello lo primero que debemos hacer para caminar hacia una deseable «conservolución», manteniendo lo bueno de nuestra sociedad y yendo hacia una mejor, es reaprender lo que es bueno y malo. Y para ello hay que neutralizar las connotaciones hasta ahora ligadas casi indisolublemente a ciertos conceptos para asociarlas en lo sucesivo al signo positivo, o negativo, según efectivamente corresponda en cada caso. De esta forma podremos desconectar nuestro piloto automático en el juicio de lo que es bueno y malo y poner en marcha nuestra reflexión y en definitiva nuestra esencia e individualidad personal para juzgar cada caso. Debemos pues recomponer cerebralmente nuestros automatismos de juicio respecto a connotaciones que asociamos a las cosas y fenómenos. Y de esta forma podremos empezar a tomar conciencia de que la riqueza, el tener más, el crecimiento, la información, la oferta no siempre son necesariamente buenos.

Según mi criterio, la sociedad debería incluir en sus variables de bienestar y progreso una serie de conceptos que hasta ahora son generalmente ignorados o muy poco apreciados. Me refiero a todos aquellos relacionados con lo que podemos llamar «las necesidades sociales», refiriéndonos al modelo SCARF del gran experto en liderazgo y neurociencia David Rock. Como ya expuse en el apartado de «Nuevos tiempos, nuevas necesidades», Rock menciona como necesidades sociales fundamentales para el ser humano en las sociedades desarrolladas el estatus, la seguridad, la autonomía, la relación o sentido de pertenencia y la justicia. Me gusta este modelo por su sencillez aunque en su lugar puede tomarse cualquier otro que estudie las necesidades y motivaciones del ser humado en función de su grado de evolución y desarrollo. Y por ello, siendo la gestión de tales necesidades cada vez más relevante para el ser humano, debemos mutar de la permanente mirada casi limitada al aspecto económico o medioambiental en la medición del progreso a poner el foco en el impacto humano y en la experiencia y vivencia de los miembros de la sociedad.

Considerando los niveles más que suficientes de riqueza material que se han alcanzado en nuestra sociedad, me gustaría pensar en un mundo futuro ideal. Y aunque no me resulta fácil describirlo, sí me atrevo a señalar que deberá ser un mundo liderado por personas que felizmente desarrollen cometidos para los que mejor capacitadas estén y movidas principalmente por profundos propósitos cuya sincera declaración les produzca orgullo y satisfacción. Personas para quienes luchar por su propósito esté por delante de la consecución de otros intereses particulares. O, mejor dicho, un mundo en el que la satisfacción personal se alcance a través del desarrollo de un buen propósito que redunde también en beneficio de los que nos rodean sin perjudicar a medio y largo plazo a otros miembros más lejanos de la sociedad.

Se trata de alcanzar una coherencia individual y social y de realizarse individualmente a través de una gozosa contribución al bienestar de los demás y al encaje de unos con otros en este avanzado y difícil mundo que nos ha tocado vivir.

Debemos luchar por alcanzar un mundo de buenas relaciones y respeto, un mundo con ajuste de las personas en su contexto. Un mundo que dejará de exigir lo que hoy exige (es decir, que todos seamos productivos) y que deberá exigir el esfuerzo de cada persona por buscar con buena cara un lugar adaptado tanto a su individualidad como a su entorno social. Un acoplamiento que puede ser activo, contribuyendo e interactuando con otros creadores de bienestar, o simplemente disfrutando con respeto de la riqueza y el bienestar que la sociedad procura pero sin perturbar el buen y amable funcionamiento y la capacidad productiva de riqueza de la sociedad. Quiero que sea un mundo que pida más una sentida amabilidad de sus individuos que la innecesaria y estúpida pretensión de que todos seamos económicamente productivos en un contexto en el que la productividad pasa, en general, por la extinción de puestos de trabajo. Y que para poder vivir no nos exija a todos crear nuevas necesidades a los demás para poder generar actividad económica (y empleo en el sentido tradicional). Como ya he comentado al describir a nuestra sociedad como rica pero excluyente, hace no mucho tiempo oí decir a un sabio profesor inglés, «cambiemos el nombre de 'empleos' por 'actividades'» y seguramente nos acercaremos más al mundo en el que me gustaría vivir. Pues debemos luchar por un mundo en el que unos y otros se encuentren incorporados a actividades en las que consigan sentido restando peso a la omnipresente mirada actual de que la inmensa mayoría de la gente decide el orientar su actividad en función de la competitividad y el potencial de ganar dinero que esta le procure.

A ello me gustaría añadir la importancia de gestionar las trayectorias y promover una sociedad en la que se atenúen los traumas y dolores de las grandes crisis y pérdidas del tipo que sean. Se sabe científicamente que 1.000 euros en forma de pérdida suponen para un hombre medio mucho más dolor que la alegría que otorga ganar esos 1.000 euros. Y en este sentido el valor del apego y el dolor por la pérdida están también asociados a las costumbres y rutinas («el hombre es un animal de costumbres») y de alguna manera creo que sería bueno, como he explicado en el apartado anterior, que los ciudadanos puedan, además de progresar, continuar disfrutando de sus costumbres.

En definitiva, todo aquello que tiene que ver con la calidad de la experiencia que sufrimos o gozamos en la vivencia de las distintas cosas que nos ocurren debería ser relevante para determinar nuestro bienestar, pues una sociedad que progresa debería hacerlo sumando mayor bienestar a sus miembros. La actitud y el saber relacionarse con nuestro entorno, tanto de personas como de cosas, constituye probablemente un elemento de mayor peso en nuestra ecuación de felicidad o bienestar que el hecho de cuánto se tiene o de quién nos rodeamos.

Hay que aprender a gestionar las diferencias entre las personas pues de ellas surge muchas veces el veneno de los deseos frustrados que hacen sufrir a quienes los padecen.

Desear lo que vemos y no tenemos es humano pero debemos evitar que ese deseo sea tóxico para nuestra felicidad individual y para una pacífica convivencia social. La reducción de esos deseos tóxicos ayudará a nuestro bienestar individual y social. Y para ello la gestión de la diferencias es tan importante tanto en el lado de los que tienen algunas carencias, para protegerse de insanos deseos, como en el de los más privilegiados, para no provocarlos. Y me refiero a ello por la importancia que tiene en la desigualdad, que siempre existirá, salvo que queramos un mundo uniforme, atrofiado y sometido a un único dictador en el que yo no creo. Por ello la gestión de la desigualdad no debe pretender erradicar esta pero sí moderarla y aprender individual y socialmente a gestionarla.

No es este el lugar para profundizar más en los distintos criterios o formas para redefinir el progreso y el bienestar. De hecho existen iniciativas o modelos varios muy trabajados que como no puede ser de otra manera son susceptibles de opinión y posible polémica. Y cada ciudadano podrá tener su particular sentir al respecto.

Pero sí es lugar y momento de gritar para pedir al mundo, como suma de personas, que despertemos nuestra conciencia y abramos nuestros ojos para darnos cuenta de que «más y más y más... bienes, novedades o servicios» no nos llevan a ningún sitio si no incorporamos una mirada sobre su efecto en la calidad de la experiencia y las vivencias humanas (individual y social) asociadas a cualquier desarrollo tecnológico o de otro tipo.

¿No sería más lógico en una sociedad como la nuestra que cuando habláramos de progreso pensáramos más bien en «tener» lo mismo y «ser» más? Ser es vivir con profundidad la vida, desde la esencia de nosotros mismos. Ser es aprender a liberarse de los miedos, a controlar emociones negativas como la agresividad, tan presente en nuestro mundo. Ser es vivir nuestros sentimientos y adaptarnos a ellos.

Ser es compartir, pues el ser como tal es infinito y no se gasta. Es abrirse a los demás para mostrarse y darse en lo que haga falta. Es ser una persona y no un personaje secuestrado por su rol social. Es poder liberarse de las caretas que inconscientemente nos vamos poniendo y nos impiden ser auténticamente lo que somos.

Y, desde ese «ser esencial», el hombre es más capaz de generar encuentros profundos y valiosos con otras personas. Desde un «ser» profundo se desarrolla la creatividad, desvelándose la existencia de nuevos ámbitos o realidades, y se alcanza el vivir el momento presente y el «fluir» con la actividad vivida en profundidad. Eso sí es progreso, sobre todo si se puede hacer con el estómago lleno y en una casa caliente.

Vivir bien no es tener más cosas ni como individuo ni como sociedad. Creo que vivir bien es administrar bien la rutina y las novedades, la disciplina y la relajación, el trabajo y el descanso, el sacrificio, y por supuesto los caprichos. Maravillosa palabra el capricho. Es la mayor expresión de lo que yo llamo la administración de nuestra relación con las cosas y las actividades. Es una representación bonita y muy en positivo de cómo el hombre, donde esté y como esté y tenga lo que tenga, procura gestionarse sus caprichos, que bien llevados contribuyen a su felicidad. Los tienen los pobres y los ricos, en la paz y en la guerra. El capricho es un contraste con lo diario, aunque pierde su nombre y su virtud para convertirse en vicio o necesidad si se repite con excesiva frecuencia.

Y en ningún caso debemos olvidarnos de disfrutar en el sentido más sencillo, primitivo y espontáneo del término, como ya expliqué en el apartado sobre la «conservolución». Pues renunciar a ello es negar nuestra condición animal básica y supondría la pretensión de enterrar las pulsiones y fuerzas motivadoras de nuestra genética ocultándolas bajo sofisticados y enrevesados refinamientos humanos que no dejan de ser artificiales por suponer un excesivo pulso a nuestra genética.

Comencemos pues a asociar el progreso más a esas virtudes en el conocimiento y la gestión de nuestras emociones y nuestra relación con los demás, con nosotros mismos y con las cosas. Virtud en la gestión equilibrada de las tensiones existentes entre todos los «opuestos» con los que tenemos que convivir, tales como trabajo-descanso, rutina-novedad, austeridad-capricho... Y así estabilizar nuestras emociones para fomentar armónicas relaciones reduciendo los conflictos y aumentando las muestras de cariño y amor como verdadero alimento de la felicidad. Y para alcanzar esa virtud no hay nada como conseguir una adecuada gestión de la convivencia de lo terrenal y lo trascendente. A eso sí me gusta llamarle «progreso».

Y todo ello resulta de creciente importancia en una sociedad donde la tecnología está eliminando de forma creciente la necesidad de contar con el ser humano para la producción de bienes y servicios. Ante ello, se hace imprescindible dar cauce a la necesidad humana de sentido y propósito vital. Me gusta por eso referirme positivamente al futuro cercano en el que se producirá «la revolución del sentido» y en el que el «por qué» y el «para qué» de cada persona tendrán en la sociedad mayores respuestas positivas que hoy. En ese sueño, seremos una sociedad llena de ciudadanos con «vidas con sentido».

Con estas reflexiones... ¿cómo no voy a creer en la importancia de gritar y despertar conciencias sobre la necesidad de redefinición del bienestar y el progreso? Y quiero insistir en ello pues no es suficiente con que algunos sociólogos, filósofos y otros científicos discutan, y quizá acuerden, aunque sea en forma de cesta de opciones, cuáles son las variables del bienestar. Tampoco son las grandes instituciones multilaterales como la ONU las que deben promover y definir lo que es bienestar. La trasformación del concepto de bienestar debe ser hecha por el pueblo en su conjunto. Debe ser gradual, social y política, y llevarse a cabo con discusiones personales y sociales sobre cada aspecto en cuestión. Y ello solo podrá generarse socialmente con mayor profundidad en las reflexiones individuales, como muestra de un desarrollo y crecimiento más elevado en el plano personal. La formación en humanismo y antropología a la que me refiero en el apartado siguiente será una buena vía para alcanzar esa mayor profundidad.

Ojalá la sociedad, el pueblo civilizadamente y a través de su desarrollo y crecimiento personal y colectivo, sea capaz de hacerse soberano de esta nueva definición evitando que sean la productividad, las finanzas, la automatización o la efectividad que hoy nos gobiernan quienes escriban la definición de bienestar. Pues ellas deben ser herramientas al servicio del ser humano y no la guía de la sociedad. ¿No sería quizá mejor muchas veces que nos contestara una persona en lugar de una máquina cuando llamamos por teléfono a algún sitio para que nos ayuden aunque sea algo menos productivo?

Confío en que mejoremos los elementos o significados mínimos que debemos exigirnos para poder utilizar la palabra progreso. Y quiero pedirlo para que no se use una palabra cargada de connotaciones positivas como es «progreso» en tanto en cuanto no se haya efectuado un test de la calidad (buena, mala...) de la vivencia subjetiva asociada de los individuos y a las sociedades a ese supuesto progreso y entendiendo la calidad, buena o mala, como el resultado de sumar los efectos buenos y restar los efectos negativos, ya sean en ambos casos directos o indirectos.

La sociedad y los individuos que la componen cuentan con poder para ello. Como consumidores, somos los dueños del mundo en la medida en que no nos dejemos arrastrar por esas otras fuerzas o intereses. A través de nuestros comportamientos libres podemos influir para ir haciendo entre todos el cambio hacia esa «revolución del sentido». Necesitamos, como individuos, crecer en nuestro desarrollo personal para ser capaces más y más de ejercer una libertad interior que nos permita liberarnos de ciertos automatismos y presiones del entorno que nos llevan muchas veces a buscar equivocadamente objetivos que asociamos al bienestar y a la felicidad. Ese desarrollo personal nos permitirá tomar conciencia de lo que verdaderamente da sentido a nuestras vidas y nos hace felices.

El futuro bienestar tendrá por tanto mucho más que ver con la satisfacción de nuestro sentido vital y con una felicidad derivada de sentir que pertenecemos a un colectivo donde queremos estar, un lugar donde uno es alguien con un porqué y un para qué que nos hace únicos como personas. En el futuro, quizá un día, si somos honestos con nosotros mismos, como sociedad llegaremos a reconocer que preferimos que nos quieran más a que nos compren más con dinero o riquezas materiales. Así ocurre de hecho en gran medida en los trabajos en los que tener sentido y sentirse útil y parte de un proyecto es seguramente el ingrediente más importante para la satisfacción laboral.

De lo que no tengo duda es de que en el futuro las motivaciones de los hombres y mujeres más valiosos no estarán tanto en la consecución de logros materiales individuales, sino en la generación del movimiento o actividad que la sociedad necesita para sobrevivir como grupo y no oxidar a sus individuos. Los individuos de nuestra futura sociedad deberán ir dejando gradualmente de lado las preocupaciones económicas para verse guiados y movidos principalmente por otras variables de la motivación y la ecuación del bienestar. Y que los que destaquen como líderes en un futuro ojalá se vean más movidos por un sano reconocimiento y por «traer amabilidad al mundo» que por el dinero.

En definitiva, dejemos de considerar al hombre como si solo fuera un animal sujeto a instintos básicos de supervivencia y conservación en sus aspectos físico-materiales e incorporemos los elementos específicamente humanos relacionados con nuestra innegable naturaleza social. Miremos, pensemos, observemos, entendamos, dialoguemos, conectemos, toquemos y, en definitiva, «tomemos conciencia» de todo aquello que tiene que ver con nuestra dignidad, con el respeto a nuestra individualidad, con nuestra necesidad de pertenecer a algo y de ser reconocidos, de contribuir a nuestro entorno con algo que dé sentido a nuestra vida y nos permita desarrollarnos como personas, de sentir una razonable seguridad o estabilidad, y en un entorno en el que la gente sepa (al menos socialmente) lo que está y lo que no está bien y sintamos que merezca la pena hacer lo que está bien.

Declaremos pues el siglo XXI como el siglo del cuidado de las relaciones, de los sentimientos y de las emociones humanas y por qué no, «el mundo del sentido» por encima de la lucha por la consecución de mayores y mayores niveles de riqueza material que con sentido deberemos ser capaces de mantener. A eso sí me gusta llamarle progreso y bienestar.

La ecuación del bienestar ya no es algo sencillo de definir. Tiempo atrás nadie dudaba de que el bienestar del hombre dependiera principalmente de sus posibilidades de conseguir alimento, refugio y protección de los enemigos. Hoy esas necesidades están superadas pero necesitamos integrar en la ecuación todas nuestras necesidades sociales, el sentido, las relaciones, la trayectoria de vida... todos ellos elementos muy subjetivos y llenos de complejidades en los que sin duda debemos profundizar. Comprender la calidad de la experiencia vivida por las personas resulta esencial para buscar su mejor encaje e integración social junto con una adecuada gestión de las desigualdades. La sociedad necesita parar y tomar conciencia de que las variables de nuestro bienestar han cambiado y de que la gestión del estatus, la seguridad, la autonomía, el sentido de pertenencia y la justicia, tanto propios como de los que nos rodean, deben estar siempre presentes en nuestra conciencia si queremos construir una sociedad más feliz en la que todos no sintamos incluidos.

FORMACIÓN EN HUMANISMO Y ANTROPOLOGÍA

Todo pastor debe entender a su rebaño. Todo líder debe conocer a aquellos a los que lidera. Y todos debemos tener mayor conocimiento del ser humano para poder gestionar una nueva ecuación del bienestar. Debemos, como individuos y como sociedad (y especialmente deben nuestros líderes), salir de la situación actual y dejar de ser «una sociedad ciega a la importancia de la experiencia humana» y recuperar unos buenos «códigos de referencia»

El trabajo en el desarrollo personal es fundamental, pero para que la sociedad se dedique a ello sus miembros tienen que demandarlo. Por ello mi tercera llamada es para ensalzar la importancia del auto-conocimiento. Siguiendo el consejo de la famosa frase del templo de Apolo en Delfos, «conócete a ti mismo», me atrevo a decir que el auto-conocimiento es el primer peldaño para cada uno poder gestionar su propia trayectoria de vida y en definitiva su felicidad. Y lamentablemente en nuestra sociedad la media en este campo de conocimiento es muy baja si se compara con el de otras disciplinas.

La formación y el crecimiento personal nos ayudan a desarrollar y ejercer nuestras capacidades, a elegir con mayor libertad entre nuestras opciones y a entender mejor el porqué de nuestras alegrías y nuestras penas. Cada individuo es un océano de singularidades pero seguramente todas ellas se vivirán y gestionarán con mayor riqueza si se cuenta con un grado de madurez mayor en el campo del autoconocimiento.

Pero si para cada oveja que conforma la sociedad es importante este conocimiento personal, ni qué decir tiene la importancia que representa para nuestros líderes entender cómo funcionan las ovejas de sus rebaños, es decir, cómo viven, sienten, padecen y piensan. Y por ello los conocimientos de antropología y de las relaciones interpersonales y sociales resultarán cada vez más necesarios para poder gestionar a las personas tratando de acertar en el respeto a su dignidad, sus motivaciones y su sentido de pertenencia, y en definitiva, su felicidad. He hecho reiteradas referencias anteriormente a las necesidades sociales del modelo SCARF y a la importancia para el ser humano de recibir atención, aceptación, afecto, aprecio y autorización o permiso para su individualidad bajo el modelo de las 5Aes. Nada de ello se puede trabajar sin profundizar en el conocimiento humano, tanto en su faceta teórica como en la toma de consciencia en carne propia. El conocimiento de todo ello será la mejor plataforma para una evolución positiva de la sociedad.

Y siendo las cosas así me declaro un firme promotor de una clara evolución del perfil de nuestros líderes, complementando algunas competencias o facetas ejecutivas y financieras con otras que impliquen mayor conocimiento y sensibilidad en los campos social y humano. Y no quiero decir con esto que los empresarios deban convertirse en blandengues, pues creo que deben ser exigentes como lo son. Pero el empresario y sus principales ejecutivos en las grandes empresas deben ampliar sus inquietudes de forma que en ellas den espacio también al cuidado de aspectos humana y sociológicamente avanzados que les permitan abrazar la realidad humana más allá de miradas estrictamente enfocadas en la productividad y la rentabilidad inmediatas y demasiado apoyadas en la creencia de que el mejor elemento motivador en una empresa es el dinero.

Muchas veces he dicho que creo que nadie es más anti-sistema que quienes desde el poder económico se niegan a hacer el esfuerzo de entender a quienes siendo menos favorecidos por esta sociedad (o sufren frustraciones por el motivo que sea) son arrastrados por líderes ansiosos de protagonismo para conformar grupos populistas hiper-reivindicativos y destructivos. Y esa actitud de negar la comprensión es acompañada de una feroz crítica al movimiento populista convirtiéndose a sí misma en parte de la polarización que insufla gran energía para la lucha. Comprender no es aceptar o dar por buenos los planteamientos del contrario, sino profundizar en el entendimiento de la situación y motivaciones que llevan a las personas a tener determinadas perspectivas de las cosas. Y el acto de comprensión siempre me ha parecido recomendable como paso previo para la gestión de cualquier situación de conflicto.

Hablar de la mejora del conocimiento antropológico y del autoconocimiento es hablar de saber cómo funcionamos como seres humanos y dirigir nuestros esfuerzos hacia aquello que nos produce bienestar de verdad. Hemos llegado a un momento en el que eso es lo más necesario. Quizá un día, por la ley del péndulo y del acomodamiento humanos, haya que cambiar para meter de nuevo la necesaria tensión para evolucionar. Pero hoy creo que lo que nos hace falta es aprender a querernos de verdad, a nosotros mismos y a los demás, pues el grado de conocimiento en «la ciencia del querernos» en nuestra sociedad es muy bajo. Y no me refiero a poner de moda el amor, la serenidad, la compasión y la sabiduría, sino a trabajar de verdad en ello sintiéndonos todos más ciudadanos de un mundo que integra –o al menos integra más– a todos los seres humanos y resuelve los conflictos y dilemas con miradas grandes y compasivas sin renunciar a la exigencia individual a las personas.

Aprendamos también a perdonar. Hoy nuestra sociedad es experta en «culpar» en buscar responsables. Pocos individuos practican el perdón y la sociedad como tal no sabe como perdonar. La búsqueda de culpas y responsabilidades se impone sobre la capacidad de perdonar y conciliar y ello acabará en una degenerada espiral que, con los avances de la ciencia y el conocimiento, nos hará reabrir y enjuiciar la legitimidad de las actuaciones de los primitivos homo sapiens cuando llegaron a Europa. Pongamos pues nuestra máquina de buscar y exigir culpas al ralentí y hagamos el rodaje y puesta a punto de nuestra maquinaria del perdón. Aprendamos como individuos y como sociedad a atenuar un poco nuestras capacidades para «culpar» y desarrollemos y entrenemos más las de «perdonar». El equilibrio entre culpar y perdonar (incluso olvidar) es imprescindible para la convivencia y nunca resultará fácil. Pero hoy la situación se encuentra excesivamente desequilibrada o escorada hacia el lado de la culpa y debemos trabajar en un cierto reequilibrio.

El conocimiento antropológico teórico y el autoconocimiento personal serán por tanto cada vez más relevantes en nuestra sociedad, de forma que tanto líderes como liderados deberían desarrollarlo e incorporarlo a sus prioridades. Los pastores lo necesitarán para pastorear bien a sus ovejas, no solo en beneficio del pastor, sino también procurando bienestar a sus ovejas de acuerdo con una nueva definición de este concepto. Y las «ovejas humanas» lo necesitarán también para defenderse de ser pastoreadas como animales y ser manipuladas o privadas de toda autonomía personal y libertad interior y exterior en la adopción y puesta en práctica de las decisiones que sean su opción.

Es una satisfacción observar ya que de forma creciente los ciudadanos en su faceta de consumidores van exigiendo más y más a las empresas la inclusión de determinadas variables éticas y de valor humano en sus relaciones con los empleados, clientes y proveedores. Es algo todavía superficial, sin duda, y más para seguir al buenismo de moda. Queda por tanto mucho recorrido para que la exigencia y la crítica social ante el descuido de las «variables humanas» en nuestras empresas se haga mayor y no se conforme con actuaciones solo cosméticas o aparentes a menudo carentes de solidez.

Son la sabiduría y la sensatez las que deben llevarnos a un equilibrio entre acción y reflexión, para lo cual el autoconocimiento es sumamente importante. Y observo en nuestra sociedad la necesidad creciente de combinar equilibradamente en el gobierno de cualquier empresa o institución la sabiduría y la reflexión con la orientación a la acción. De alguna manera el que se orienta a la reflexión, al análisis y a la búsqueda de las verdades más esenciales suele tener poca orientación a la acción. En sentido contrario, los orientados a la acción en general pueden caer en la falta de reflexión y meditación previas de sus acciones. El sabio o la persona orientada a la reflexión estará seguramente más capacitado para efectuar análisis más amplios de las consecuencias directas o indirectas de las acciones en el medio y largo plazo y del impacto de la adopción de medidas en las personas. Por el contrario, la persona orientada a la acción seguramente centrará más su análisis en las consecuencias más directas y más a corto plazo. Los dos estilos personales son buenos y útiles cuando son inteligentes, equilibrados y debidamente integrados.

Necesitamos procedimientos para abordar tareas y para asegurar la calidad, la seguridad y de eficiencia de lo que hacemos. Pero hoy nos hace mucha más falta hablar, escuchar, entender e involucrar a las personas. Los empresarios deben dejar de descansar de forma excesiva en procedimientos, métodos y medidas objetivas pretendiendo procedimentar todo y olvidando que el ser humano se adapta al funcionamiento de las cosas, se aburre, tiene sus motivaciones paralelas y encuentra la forma de burlar lo que no le gusta. Pues el ser humano no quiere tanto cosas concretas y de forma estática, sino satisfacer sus necesidades de atención, reconocimiento, o lo que es lo mismo, sus 5 «Aes» y sus cinco necesidades sociales enmarcadas en un propósito vital del que pueda sentirse satisfecho. No todo se arregla con un proceso ni solo con mecanismos de control. En el campo de la motivación laboral, a partir de determinados niveles de remuneración tiene en general mayor peso el reconocimiento de la labor realizada y el sentido de participación del empleado en un proyecto que un incremento salarial.

Muy relacionado con esa comprensión y comunicación con las personas de una organización, los empresarios y los altos directivos deben ser conscientes de que, salvo en entornos exitosos de mucha seguridad, confianza y comunicación, es más importante lo que no se dice que lo que se dice.

Similar reflexión debería hacerse sobre la relación de las empresas con sus consumidores. Debemos avanzar hacia una maquinaria empresarial que, desde la comprensión del humano-consumidor, se dirija a él, no tanto para explotarlo sino para procurarle experiencias de bienestar real sostenido sin crear sofocantes necesidades y dependencias, desde luego a cambio de la correspondiente contraprestación que justifica y alimenta la actividad empresarial. A su vez la mayor conciencia sobre estas cuestiones por parte de los consumidores facilitará la exigencia a los empresarios de prestaciones en contenido y forma que sean creadoras de ese bienestar sostenido.

Los filósofos, psicólogos, sociólogos, antropólogos, pensadores etc. no sirven por sí solos para gestionar y conducir el día a día de las organizaciones. Pero a la vez pienso que los ejecutivos, que sí tienen facultades para hacerlo, deberían tener a su lado, como a su sombra, personas de pensamiento y alma que les hagan cuestionarse y analizar con más acierto sus decisiones consiguiendo así que las actuaciones de las empresas y las organizaciones en general sean capaces de abrazar o combinar la búsqueda de resultados a corto plazo con un caminar hacia un buen lugar en el largo plazo y amablemente encajadas en la sociedad en la medida de lo posible.

Si pudiera hacer una sola ley quizá la que haría sería para obligar a que cada órgano de gobierno o persona que tenga responsabilidad dedique apartados y momentos separados ante cada decisión para ver su impacto en el ser humano, tanto en el corto como en el largo plazo. El largo plazo y los efectos colaterales y progresivos de las acciones humanas están en mi opinión despreciados. Deberíamos evaluar más y más en base al acierto de las cosas en el largo plazo. Cierto es que cualquier predicción futura está sujeta a una alta probabilidad de error. Pero aun así debemos pensar y medir el impacto de las nuestra decisiones y acciones en el largo plazo.

Me gustaría por tanto invitar a las empresas a hacer evolucionar los perfiles de sus líderes y ejecutivos y a complementar las labores ejecutivas propias de ellos con un mayor desarrollo en el campo de la reflexión, la sociología y la antropología. Y cada vez más apoyarse en la presencia cercana de personas con sensibilidades humanas y sociales que permitan orientar la evolución hacia ese nuevo concepto de bienestar y progreso del que hemos hablado. Es la evolución necesaria para nuestros empresarios la que nos llevará a tener empresas más amables, más queridas por el mundo y por tanto más sostenibles y respetadas en el largo plazo. Empresarios capaces de combinar los resultados en el corto plazo con una buena evolución en el largo. Pues incorporar estas variables en la gestión empresarial será cada vez más una exigencia para obtener buenos resultados y sobrevivir.

Y en el caso de los líderes políticos, la sociedad debería exigir mucho más perfiles que no solo manejen las emociones de los ciudadanos, sino que tengan capacidades y conocimientos financieros y de gestión para combinar con realismo los aspectos emocionales que guían a la sociedad con otros aspectos imprescindibles para sostener el bienestar. Son los partidos políticos los que pueden orquestar la búsqueda de los equilibrios entre los desarrollos materiales y los humanos de una sociedad para, a través de la escucha del pueblo (que no su manipulación), ir dando forma a esa soberanía que este debe tener para decidir lo que es su ecuación realista del bienestar. No obstante ello debe hacerse desde el conocimiento del funcionamiento, no solo de las personas, sino de la maquinaria social, empresarial y productiva.

Y como ya me pronuncié al referirme a los populismos actuales, tanto empresarios como políticos y las personas de todo tipo con responsabilidad deben incorporar, de forma directa o indirecta, a su lista de capacidades la de comunicar «popularmente» (o «populísticamente») las ideas que apoyan sus estrategias y actuaciones. Pues, y quitando las connotaciones negativas del término «populista», los líderes de cualquier tipo y color lo deben hacer si de verdad quieren liderar algo en este mundo y arrastrar a gente. Las personas se conquistan mucho más con la emoción que con la razón, y por ello quienes quieran crear movimientos de un tipo u otro o rodearse de seguidores a la hora de comunicar, tendrán que apoyarse en la conexión emocional con las personas mucho más que en la razón y en verdades profundas, pues estas últimas no cuajan en una sociedad superficial. La realidad es que, para arrastrar a las personas, la razón tiene cada vez menos valor al ser demasiado utilizada de forma cruzada y sesgada por unos y otros para denunciar interesadamente incoherencias del bando contrario disparando una confrontación que lleva a las discusiones al campo del juego emocional negativo cargado de desconfianza. Y creo que el que no quiera entender esto tendrá mucha razón, pero no será nadie muy relevante o influyente en el mundo. Debemos por ello quitarnos el miedo a una comunicación menos lógica, fría y cartesiana en los ámbitos más conservadores del poder y de la sociedad pues solo es eficaz la comunicación que «conecta» con las personas aunando contenidos con simplificación y destilación de ideas fácilmente comprensibles. Y si no lo hacemos estaremos abonando y dejando libre el terreno a los que hoy, estrictamente hablando, llamamos populistas, que acabarán comiendo el terreno de la normalidad y evitando la «conservolución», concepto que ya he desarrollado y propuesto como deseable. Tabarnia es una buena muestra de la eficacia de ese tipo de actuaciones a las que me refiero.

Es verdad que ya se habla de forma recurrente, en nuestra sociedad y muy en concreto en España, de la importancia de la educación. Es desde luego un aspecto clave para todo.

Pero en el contexto de esta conversación sobre nuevos líderes y empresarios me gustaría hacer dos reflexiones:

En primer lugar, el foco de la necesidad educativa se pone —salvo valiosas excepciones— en el desarrollo de jóvenes competitivos y aptos para desenvolverse en este mundo moderno y hacer con ello una España competitiva. Nada tengo que objetar al impulso de esa competitividad, pero no me parece suficiente pues se pone muy poco peso en la necesidad de una formación humana y antropológica, despreciándose en general aquellas disciplinas que no tienen una aplicación práctica o productiva inmediata. El énfasis se pone excesivamente en el desarrollo de competencias, en lugar de ponerlo en las personas capaces de desarrollar competencias. Si ponemos siempre el peso de la formación en competencias concretas y en la competitividad tendremos una sociedad en la que todos iremos con la lengua fuera y en la que se irá produciendo la progresiva exclusión social de quienes no tienen hueco por no ser competitivos, tal y como muchas voces denuncian hoy, en mi opinión con acierto. Por tanto en la educación debe ponerse mucho mayor peso en los aspectos relativos al conocimiento humano, a la importancia de los valores y el desarrollo de virtudes a la vez que en inculcar miradas inteligentemente integradoras que permitan a la persona alcanzar la mejor versión de sí misma para convivir armónicamente en la sociedad. Y seamos conscientes de que los valores se infunden en las familias o en los entornos sociales cercanos en los que nos criamos, lo que hace más difícil proporcionar esa educación a las personas conectadas de forma permanente a las redes como principal vía de interrelación con el mundo. Y no se trata solo de fomentar la solidaridad por la solidaridad y de vivir en una ficción en la que el hombre sea un ser movido por el amor y sin afanes de poder, pues ello sería maravilloso pero a la vez un falso sueño. Pero de lo que sí se trata es de inculcar en los jóvenes el respeto de nuestros valores en general y la importancia de actitudes inclusivas en lugar de excluyentes, que permita a los exitosos (a cada uno en su nivel de éxito) ser agradecidos con el mundo en lugar de pretenciosos y llenos de arrogancia. Y con ello fomentar el valor del reconocimiento público por cuestiones distintas al éxito empresarial o económico por ser muy brillantes, competitivos y creadores de *start ups*... Y todo ello, no desde adoctrinamiento alguno, sino desde el verdadero desarrollo de las buenas cualidades humanas y sin descuidar ninguno de sus tres ámbitos: el racional, el emocional y el espiritual o trascendental. Me alegro de ver en la sociedad algunos ejemplos de jóvenes brillantes que, agradecidos al mundo, orientan su energía a proyectos de otro tipo buscando la mejora social o el desarrollo o ayuda de las personas más desfavorecidas. Son hombres y mujeres que han renunciado al aplauso fácil y convencional del éxito profesional y el dinero y se ven movidas por un propósito superior que da sentido a sus vidas, colocándolos seguramente en un camino de gran felicidad para ellos y para los que las rodean. Ojalá se multipliquen mucho los ejemplos de personas con estas actitudes que permiten a cada uno, desde su sitio y con sus circunstancias, poner un granito de amabilidad en el mundo.

En segundo lugar, me gustaría comentar otro aspecto relativo a la conversación social sobre la educación. Se refiere a la falta de realismo en cuanto a la forma en la que esta contribuirá a un cambio en relación con el capitalismo excluyente. Oigo decir que educando a los jóvenes en esa visión antropológica y humanista de la sociedad y en el desarrollo de su propio crecimiento personal dentro unos años conseguiremos tener unos líderes que comulguen con esos valores y actitudes. Lamento tener una cierta discrepancia con esta idea pues por más educación general que exista en este campo, la llave del cambio estará en las decisiones de los líderes empresariales, políticos, sociales, etc. Si estos siguen seleccionando y captando a personas con perfiles en los que lo que predomina es la eficacia, en el sentido tradicional, y una agresividad competitiva por encima de cualquier otro valor, continuaremos perpetuando líderes con actitudes excluyentes en lugar de inclusivas, líderes más movidos por sus intereses y necesidades que por su propósito. Por el contrario, el día que los líderes empresariales, políticos y de todo tipo busquen «personas con alma» para los puestos relevantes se despertará el interés en los jóvenes más capacitados por desarrollar su alma. Se trata por tanto de exigir desde arriba el desarrollo de alma en las jóvenes promesas para que la educación y las actitudes humanas vayan calando e implantándose de verdad (y no solo como mera estética) en toda la maquinaria que mueve el mundo. Y para buscar y promover a personas con alma es necesario que los líderes ya asentados desarrollen alma también. Quizá de esta forma conseguiremos que ingenieros, físicos, matemáticos y otros profesionales que quieran ser y sentirse relevantes en la sociedad no se vean obligados a entregarse el mundo financiero como única forma de obtener sus deseados ingresos, reconocimiento, estatus, poder y capacidad de influencia.

Qué bonito y utópico, dirán algunos. Y yo lo comprendo y comparto. Pero a pesar de ello esta es la dirección en la que hay que vivir y trabajar pues no hay otra que, en mi opinión, permita seguir caminando sin aproximarnos al precipicio de un serio conflicto social de consecuencias no previsibles. Solo así conseguiremos una evolución que nos aleje de un «progreso excluyente» y de seguir «caminando hacia ser innecesarios».

No quiero que esto ocurra y para ello necesitamos más y más empresarios que sepan caminar responsablemente hacia la utopía mientras son perfectamente conocedores de que esta jamás se alcanzará enteramente. Un camino difícil y cambiante guiado por la búsqueda de eficacia compatible con dar sentido, respeto, dignidad y bienestar al ser humano de forma más acorde con los nuevos parámetros del concepto de bienestar.

Y como no basta con «querer», me gustaría concluir este apartado indicando que para que los líderes puedan efectivamente gestionar los asuntos que lideran movidos de verdad por buenos y leales propósitos resultará necesario que ellos tengan, perciban y sientan satisfechas sus necesidades. Los empresarios y los políticos deberán trabajar mucho más movidos por su propósito que hacerlo por la satisfacción de sus necesidades, aunque estas jamás podrán olvidarlas, especialmente las sociales. Y para ello cualquier empresario o alto ejecutivo al servicio debe procurar asegurar que él mismo y sus subordinados, en su particular ecuación de necesidades físicas y sociales cuenta con un margen para mantenerlas cubiertas (por contar con recursos de un tipo u otro) que le permita seguir viviendo en su propósito alejando la posibilidad de que una amenaza seria o probable a las mismas le despierte temores e inseguridades que lo saquen de ser su mejor versión para el liderazgo y lo lleven a anteponer sus necesidades a aquello por lo que se supone que lucha.

Luchemos todos por conseguir tener más y más líderes cuyo natural y necesario egoísmo se canalice a través de una búsqueda de plenitud y bienestar en «un pensar, sentir y vivir» por un sano propósito que trascienda su individualidad. Empresarios que sepan, desde su conocimiento y respeto del ser humano, abrazar un interés común bien definido como parte de sus logros, objetivos e intereses.

Necesitamos devolver al humanismo el peso que debe tener en una sociedad evolucionada. Para ello no podemos renunciar a profundizar en el conocimiento antropológico y a desarrollarnos como personas. Debemos entender al hombre y comprendernos a nosotros mismos para conocer nuestras verdaderas motivaciones y fuentes de felicidad y sufrimiento, y la importancia de gestionar nuestras necesidades sociales, que ocupan una creciente relevancia. Esa formación humana deberá facilitar la recuperación de nuestros principios en la vida social, política y económica. Desde esa plataforma podremos seguir construyendo nuestra evolución hacia una sociedad en la que el ser humano sea el centro en lugar de serlo la riqueza. En definitiva, una sociedad más humana equilibrando el poder de la emoción con el de la razón. Nuestra sociedad habla mucho ya de educación y dedicamos grandes esfuerzos a la formación. Pero en su mayor parte nos formamos mucho más en competencias que en desarrollar personas, cuando lo que necesitamos es personas que sepan desarrollar competencias y vivir con respeto a los valores humanos imprescindibles para una convivencia y para alcanzar un nuevo y amable bienestar. Personas que sepan mantener controladas sus necesidades para evitar que el miedo a perder lo que se considera necesario se convierta en causa de ruptura de una forma de actuar conforme a principios.

¿HACIA UN NUEVO DINERO?

Permítame lector como introducción a este capítulo volver a algunas reflexiones ya hechas en el apartado centrado en el diagnóstico de nuestra sociedad. Con firmeza he declarado que vivimos en una sociedad nublada por el dinero y las finanzas y he cuestionado si el dinero está a nuestro servicio o nosotros al servicio del dinero diciendo a la vez que hemos visto con cierto sarcasmo como las empresas han pasado de satisfacer necesidades a crearlas.

Debemos luchar contra la conversión de los instrumentos creados por el hombre en fines en sí mismos, y la idolatría al dinero como fuente de poder y seguridad es uno de los supuestos más gráficos de ese fenómeno. Esto está relacionado con el fenómeno explicado en la primera parte de este libro por el que la economía ha pasado de ser algo de interés y utilidad para los ciudadanos a ser algo que no hace sino someter y oprimir nuestras vidas privándolas en gran medida de verdaderas vivencias humanas motivadoras. La creación de múltiples nuevas necesidades y una agresiva incitación permanente al consumo nos llevan a poder decir cada vez más que incluso el tiempo no se vive sino que se consume y esto debemos cambiarlo para enriquecer la calidad y la profundidad de nuestras vidas liberándonos de ciertas esclavitudes sociales relacionadas con el dinero y las finanzas.

Resulta difícil hacer una recomendación de qué hacer para la modificación de la relación que la sociedad hoy mantiene con el dinero. Pero siento con claridad la necesidad de liberarnos como sociedad del sometimiento al yugo económico-financiero. Tratando de provocar un poco, ya he manifestado que en unos cuantos años el dinero habrá desaparecido. El dinero ha sido un magnífico instrumento para la consecución de unos altísimos niveles de desarrollo y riqueza material en el mundo, pero perniciosamente se ha convertido en un fin en sí mismo. Su búsqueda nos impide ver y vivir cuidando todo aquello que no es susceptible de ser comprado por él, sacrificando todo o mucho precisamente por la percepción de «seguridad y poder» que nos otorga y el placer pasajero calmante de nuestras ansiedades que nos proporciona el consumo.

Por ello me gustaría vivir en una sociedad cuyo fin primordial no fuera acumular más y más riqueza en el sentido tradicional del dinero, y alcanzar más y más crecimiento económico sin más. Como ya he dicho, Aristóteles hace miles de años ya manifestó que la sociedad no podía tener como fin primordial la acumulación de riqueza. Hoy tampoco.

Soy plenamente consciente de la garantía que en el corto plazo supone el crecimiento para la estabilidad de un país y de un mundo con mirada global. Y creo que en el presente ningún líder responsable debe olvidar su obligación de contribuir a que funcionen los aspectos económicos de cualquier iniciativa para ser sostenibles y no construir peligrosas quimeras. Y hoy por hoy, para el sostenimiento y la medición del buen hacer empresarial, ambos fundamentales, el dinero es necesario como unidad de referencia. Pero un foco puesto por nuestra sociedad, nuestros líderes y nuestros jóvenes sin más en el crecimiento económico nominal no puede seguir siendo la única o la primordial guía para mover a una sociedad, especialmente una sociedad saturada de riqueza.

Por ello debemos ir sustituyendo o haciendo evolucionar a ese estupefaciente social que llamamos dinero. Y así, ante la importancia que casi todos los humanos damos a la seguridad y considerando la asociación que hacemos entre el dinero acumulado y la seguridad, me pregunto muchas veces cuál podría ser sustitutivamente en un futuro la unidad de medida del éxito en nuestra sociedad y la «hucha de la seguridad» para acumular reservas que puedan garantizarnos la continuidad en la satisfacción de nuestras necesidades. Y

¿cuál podría ser la unidad para medir el éxito y el reconocimiento socialmente si el dinero dejara de funcionar o redujera su protagonismo? ¿Podremos dejar de asociar tanto el éxito y el poder al dinero?

Ante estos interrogantes considero que los miembros de la sociedad que vivimos deberíamos luchar por una evolución que nos lleve a encontrar nuevos factores y variables de motivación y reconocimiento.

Trabajar en nuevos índices de medición y reconocimiento

Me atrevo a vislumbrar, en algunas decenas de años, la sustitución del dinero como principal instrumento de motivación y búsqueda de seguridad y poder para el hombre. Pero ¿cuál será entonces ese nuevo instrumento de motivación? Sin duda la respuesta debería tenerla la sociedad en su conjunto y tendrá mucho que ver con esa nueva redefinición del bienestar de la que he tratado en un apartado anterior. Pero, conociendo la necesidad o tendencia del ser humano a la búsqueda de poder y seguridad, otros cauces deben procurarnos la satisfacción de estas inquietudes tan humanas.

En lo que a mí respecta, me gustaría asociar mi seguridad futura a mi capacidad de seguir contribuyendo con valor al mundo, ya sea con una contribución de un tipo o de otro. Y así me gustaría que fuera para los demás. Unos reforzarán su seguridad sabiendo gestionar, otros sabiendo acompañar, otros cuidar, otros diseñar, otros entretener... Y unos tendrán un ámbito de influencia mayor o menor en la sociedad y otros solamente en el seno de un pequeño grupo o familia. Pero en ese mundo hacia el que creo debemos ir, todos se sentirán seguros y con confianza en sus posibilidades y todos serán respetados ocupando un lugar en el mundo acoplado a sus capacidades de contribución y preferencias.

Adicionalmente a la aportación de quienes hacen funcionar el «departamento de operaciones» del mundo, es decir, quienes manejan la maquinaria logística y de producción, debemos reconocer y tender a equiparar el valor de las aportaciones de amabilidad, arte, compañía, apoyo, sonrisa, entretenimiento etc. al mundo. Y ello debería de ser una fuente de seguridad para vivir en un entorno satisfactorio, tanto para la cobertura de necesidades físico-materiales como sociales. Pues en un mundo que tiende a la automatización, a la súper productividad y a la eficiencia necesitaremos dar valor a otras contribuciones, digamos que de un tipo más social y humano que el puramente económico.

Pero entonces ¿a quién mirará con envidia la sociedad por su éxito y su poder? Espero, si Dios quiere, que no solo a quienes lo único que hayan hecho sea acumular mucho dinero o a quienes tienen capacidad de generar despreciando los efectos colaterales de esa frenética lucha por la productividad. Necesitamos que se dé mayor reconocimiento a quienes aportan valor al mundo contribuyendo al bienestar de acuerdo con esa nueva definición que poco a poco la sociedad debe ir estableciendo. De alguna forma la sociedad está ya exigiendo esto a través de las demandas de responsabilidad social empresarial y de iniciativas relativas al llamado capitalismo humano o no extractivo.

El desarrollo y la madurez de los ciudadanos, unidos a una mejora en el manejo de la información para verificar la veracidad de las buenas prácticas, deberían ir permitiendo la creación progresiva de indicadores de éxito de las personas y de las empresas que reconocieran el buen hacer, no solo desde la perspectiva del puro resultado económico-financiero, sino de creación de valor sostenible en términos de satisfacción de necesidades tanto físicas como sociales de los individuos. En definitiva, en términos de contribución al bienestar según su nueva definición.

En este sentido la sociedad deberá cuidar de no dejarse obnubilar por nuevas iniciativas empresariales o por tecnologías sin reflexionar y analizar su impacto en la sociedad. Unas veces los efectos colaterales o pospuestos de ciertos desarrollos nos podrán llevar a la pérdida de valores o principios que no queremos perder (pensemos por ejemplo en la privacidad), y otras veces la implantación o el desarrollo de nuevos modelos empresariales pueden generar un enorme impacto negativo en la actividad y en la vida de terceros por pérdidas de empleo y actividad.

Ya hemos visto que no podemos frenar nuestra evolución social, pues ello sería pretender poner puertas al campo. Pero si queremos juzgar la bondad o no de determinadas iniciativas para el bienestar social, deberemos dejar de medir las bondades de las cosas principalmente en relación con su eficiencia o encaje económico y empezar a pensar cada vez más con una mirada enriquecida y más grande que no se limite a los aspectos financieros, de competitividad o productividad, sino que contemple también los aspectos socio-emocionales del hombre y desde luego la gestión de la transición de un estadio evolutivo a otro en ámbitos como el de producción o el tecnológico. ¿No deberíamos quizá hablar también de una economía de la emoción y de empresas con sentido como contribuyentes reales al bienestar de la sociedad en general? ¿No es importante asimismo poner un ojo en todo lo que destruyen o dañan algunas nuevas iniciativas o tecnologías?

El mejor aplauso social para iniciativas económicas debería ir para aquellas que, aportando valor visible al mundo, contemplan también lo que destruyen o deterioran y se cuidan de que la ecuación resulte positiva, no solo desde la perspectiva estrictamente financiera, sino también desde la social y humana en términos de experiencias vividas.

Algunos gobiernos invierten ya en compañías cotizadas importantes y tengo la impresión de que a su manera quizá estén reflejando en sus criterios algo de esto, aunque sea de forma muy incipiente y no explícita. De ser así, será una muestra de la participación del ciudadano a través del Estado en el apoyo a unas u otras compañías y en definitiva en la elección de las compañías que deben en cada momento sobrevivir por su aportación sostenible a ese nuevo concepto de bienestar de la sociedad. Todo está más que verde —y esto me consta que no son sino meras especulaciones—, pero por algo se empieza y lo importante es caminar en la dirección adecuada.

El ser humano, al menos hoy por hoy, necesita unidades de medida y no sabe funcionar bien y con eficacia si las cosas no son medibles. Y por ello hace falta crear indicadores de ese reconocimiento de aportación de verdadero bienestar social y humano de nuevo cuño. Unos indicadores que integren las distintas variables y que consideren los aspectos positivos y negativos y tanto desde la perspectiva material como desde la humana o experiencial. Ello nos ayudará a tomar conciencia de que en los últimos tiempos hemos condenado todo aquello que no es medible cuando realmente no hay nada más maravilloso que aquello que no se puede medir, como el amor, el cariño, la sabiduría...

Por ello tengo la certeza de que un día que yo veré habrá un mundo en el que el dinero no exista, tenga una importancia muy menor o sean otras formas de dinero las que dominen y sean la principal fuente de motivación en nuestra sociedad. Habrá otros parámetros para evaluar el poder, la influencia, el liderazgo, que deberán estar relacionados con la creación de bienestar redefinido y el dinero tradicional estará muy relegado. Pues, como ya expuse en la primera parte de este libro, el dinero, tal y como está concebido, empieza a perder algunas de sus utilidades al no ser capaz de comprar aquello que cada vez necesitamos más en forma de «sentido» y satisfacción real de nuestras necesidades sociales más allá de las puras apariencias.

Mientras escribo este libro me hablan de criptomonedas que son de alguna manera comunidades de esta era digital en la que vivimos a través de la cuales sus participantes pueden obtener, con sus contribuciones, puntos de valor canjeable, de una u otra forma, por bienes o servicios. Se trataría de una nueva criptomonedas con un tinte promotor de conductas y aportaciones socialmente valiosas. Estas nuevas realidades son difíciles de comprender todavía pues seguro serán cambiantes hasta su consolidación. Pero considero que son ya una muestra de nuevas vías o simples ideas para dar reconocimiento a ciertas contribuciones sociales al margen, o relativamente al margen, del dinero tradicional. Y quizá una buena administración e implantación de este tipo de monedas podría significar una forma de creación de nuevas unidades de valor pero menos asociadas a fenómenos puramente financiero-especulativos y más a la promoción de otros valores relacionados con el bienestar socio-emocional y el sentido adaptados a nuestro tiempo.

El hecho de ser seres cambiantes nos exige, como sociedad, ofrecernos cosas distintas a medida que evolucionemos y vayamos dando por conquistados otros logros. Por ello, el dinero, que fue muy útil para promover la creación de riqueza material y para comprar bienes, deberá dejar de ser el elemento principal que genera la motivación en muchas personas en el mundo que ya tienen buen nivel de vida.

La cuestión es cómo se hará la transición del poder y la influencia, asociados hoy al hecho de tener dinero, a otros indicadores. Y no hablo de las empresas, si no de los individuos, que son los últimos centros de administración del interés y el poder, al menos en nuestra sociedad. Algunos hablan de serios riesgos de conflictos relacionados con esta transición, que no es sino el proceso de reescribir un nuevo contrato social global.

El creciente uso de indicadores de buen hacer en las empresas en los que se incorporen juicios sobre la aportación de valor y bienestar de las actividades empresariales a la sociedad, de la calidad y humanidad de las relaciones con los trabajadores, clientes, consumidores y otras personas participantes en sus procesos, puede sin duda ser el cauce para esa transición pacífica y ordenada. Esos indicadores podrían hacer que las personas nos interesáramos por invertir (o participar como sea si el dinero deja de ser el lenguaje dominante) en empresas que obtuvieran altas puntuaciones en esos indicadores y que como inversores (o participantes) nos sintiéramos parte de ellas atribuyéndonos una serie de puntos personales para el intercambio y la participación en actividades de la sociedad. Es decir, sería como tener una especie de cuota de valor (como patrimonio o hucha) pero con un respaldo basado en el juicio social sobre la bondad para la sociedad de las empresas en las que se invierte. De alguna manera es un camino ya iniciado con el desarrollo de la responsabilidad social y la reputación empresarial o corporativa.

Queda mucho camino por hacer. Sigamos pues buscando ideas, formas e instrumentos de motivación, medición e intercambio que sean más humanos y adaptados a nuestro tiempo. Tengamos siempre presente como aliciente para ese camino que cualquier relación humana hoy se complica enormemente cuando se introduce la variable del dinero como medida de reconocimiento y recompensa.

Y en cualquier caso, sea la que sea la unidad de medida o el indicador que se utilice, creo que debemos estar siempre vigilantes para no convertir ese nuevo instrumento o «nuevo dinero» en un fin en sí mismo. Pues ello sería seguir como estamos pero cambiando los nombres. La obsesión por la seguridad futura en términos de cobertura de nuestras necesidades debe ceder mucho espacio a otras variables que nos permitan mucho más vivir con profundidad, en el presente, esponjados y con propósito huyendo de las tristes vidas que se dedican solo a conservar y proteger lo que una vez se consiguió.

Algunas personas tienen grandes capacidades para crear objetivos e indicadores que permiten empujar y verificar si se camina en la dirección deseada. Seguro que ellas serán capaces de empezar a establecer índices que midan estos aspectos y que bien podrían servir para que los ciudadanos ahorradores pudiéramos utilizarlos para elegir dónde invertimos nuestros ahorros, mientras el dinero y los ahorros existan. O nuestra «hucha de seguridad», cuando ya el dinero, bajo esta hipótesis provocadora que utilizo, ya no exista.

Del «crecimiento» al «movimiento amable»

En nuestras sociedades se habla permanentemente de la necesidad de crecimiento económico. Basta mirar con perspectiva el mundo para observar que lo que llamamos «crecimiento» es en realidad «movimiento». Redecorar todos los años un restaurante es algo que crea movimiento y genera actividad. Lo mismo ocurre si nos diéramos un masaje diario todos los ciudadanos o celebráramos en cada distrito de nuestra ciudad un campeonato de cocina cada semana. En gran medida ese movimiento es el que permite generar actividad en la sociedad aunque sin dejar ningún incremento de riqueza en el activo del balance del mundo. Otras actividades quizá registren contablemente riqueza en nuestros balances y crecimiento del PIB pero es difícil ver el valor que aportan a la sociedad, más allá del incremento de riqueza nominal de quien se beneficia de un negocio.

El mundo debería empezar a distinguir entre riqueza contable acumulable o con reflejo en un balance (que muchas veces solo sirve para hacernos vivir esclavos de su conservación para que su valor no se deteriore en nuestros balances) y el movimiento generador de actividad humana, aun cuando los traspasos financieros asociados a ello no existan o sean menores. Esta actividad humana proporciona a los ciudadanos la satisfacción de sus necesidades sociales al permitir que más y más personas encuentren dignidad y propósito en sus trabajos a la vez que un sentido de pertenencia como miembros útiles de su comunidad. Vivir de la caridad es indigno para la mayoría de las personas aunque a veces a la sociedad no le quede más remedio que garantizar la supervivencia y las necesidades de las personas con ella. Pero debemos dejar de pensar, como piensan muchos, que los problemas de inactividad se arreglan con una renta básica, pues esta será un mal menor pero no la solución en la sociedad en la que a mí me gustaría vivir.

Es por ello fundamental desarrollar una sociedad que genere todo el movimiento que los ciudadanos necesitamos para dar sentido a nuestras vidas con nuestras actividades. Hoy el mayor reto social es asegurar que las personas tienen un trabajo o una actividad y se alegran cuando llega el fin de semana o el tiempo de vacaciones para descansar. Es verdad que algunas personas pueden vivir sin actividad, sin obligaciones y sin compromisos, es decir sin un trabajo si cuentan con recursos para atender sus necesidades. Pero, a pesar de que a todos se nos llena la boca cuando pensamos en vivir sin trabajar, la realidad es que la inactividad es, en mi opinión, un drama humano en una sociedad como la nuestra y pocos son los que lo llevan felizmente cuando se ven de verdad en tal situación.

Pero el movimiento que la actividad genere debe ser amable para la sociedad. La actividad generada para unos no puede apoyarse en la creación de nuevas necesidades y cargas pesadas para el resto de ciudadanos. Por ello debe evitarse ese «movimiento» que se convierte en una maquinaria loca de creación de necesidades y que nos lleva a todos con la lengua fuera. Es decir, el movimiento no debe consistir en más registros formales y burocracia, más informes para todo, más ITVs de coches y viviendas, más licencias y permisos para hacer cualquier cosa. Por el contrario deberá ser un movimiento del que la sociedad se beneficie en forma de calidad de vida. Y tampoco será saludable el movimiento que se cree por la presión movilizadora del consumo sobre los ciudadanos. Deberíamos tender a calificar como inaceptables algunas prácticas como aquellas que consisten en comenzar con entregas gratuitas de servicios para posteriormente someternos a pago cuando uno ya depende o se ha acostumbrado a ellas. Salvando las distancias morales, como fenómeno no es demasiado distinto al ofrecimiento de droga gratis a las personas para convertirlas en clientes cuando la adicción los atrapa.

Idealmente, el «movimiento» del que hablo debe ser tendente a hacernos la vida más fácil, equilibrada y amable, no solo materialmente sino también en el aspecto emocional o psicológico.

Y para ello será necesario que el cambio se apoye en adaptar las capacidades y actitudes requeridas en el trabajo a las que en cada momento existen en la sociedad con una amable formación y evolución que no excluya a quienes no pueden seguir el ritmo de cambio por haberse convertido este en frenético. La sociedad ya integra a muchos discapacitados en sus cadenas de producción y maquinaria económica en posiciones definidas. ¿Hay alguna razón para no ir avanzando un paso más hacia la integración (o la no exclusión) de quienes sin ser discapacitados tienen menos capacidad que los demás en lo que se refiere a su aportación a la cadena productiva?

Y para ello, como ya he comentado en el apartado anterior, necesitamos hacer evolucionar la idea de que la productividad, la eficiencia y los modelos empresariales rentables (en el sentido tradicional) sean los únicos criterios a considerar para la creación o modificación de los empleos y añadir otras «buenas causas» dentro del ámbito empresarial a las que aplicar la energía y la inteligencia colectivas. Y una buena causa bien podría ser la de la amabilidad, es decir, la búsqueda de aquello que produce verdadero bienestar y comodidad en los ciudadanos y que permita transformar el logro de tener más y más (cosas) por el de tener mayor comodidad, paz emocional y felicidad en el desarrollo de nuestras vidas y en el disfrute de lo que tenemos. También el cuidado para minimizar el impacto, la fricción o lo traumático de la implantación de nuevas tecnologías o modelos de negocio es una forma de amabilidad hacia el mundo.

Ojalá sea ese afán el que desarrollemos para dar solución y un encaje práctico a todos o a la gran mayoría de humanos. Quizá, la vuelta a los oficios, a lo artesano, a lo personalizado, la búsqueda de estética o el desarrollo del humanismo ayuden. Y ojalá también seamos muy competitivos, pero con una nueva forma de competitividad que consista en ser amables para con la sociedad y sus ciudadanos. Me consta que no es fácil caminar en esta dirección desde una mirada y sentir nacional o de país por la necesidad constante de mantenernos competitivos en ese escenario mundial económico tan abierto en el que vivimos. Pero en todos los países o mercados deberemos ser capaces de simultanear el camino de corto plazo y de protección de «lo propio» con el avance hacia un mundo con mucha mayor permeabilidad de las buenas intenciones hacia fuera de las fronteras de «lo nuestro».

Y para todo ese movimiento amable el dinero (tal y como hoy lo entendemos) necesariamente tiene que circular. Lo que unos han acumulado debe ponerse en movimiento para promover actividad y sustento a otros. El ahorro es una reserva para la compra del tiempo y esfuerzo de otros y esto se hará cada vez más patente en nuestra sociedad. Si queremos que éste o cualquier otro sistema de ahorro (entendido como acumulación de reservas para el futuro) siga funcionando será necesario que las condiciones para esa «compra» de tiempo y esfuerzo de otros sea equilibrada y acoplada a la realidad evolucionada de quien es «comprado» para que esas condiciones a éste le resulten dignas y atractivas en su contexto vital.

La logística, la producción, las operaciones en general (con la incorporación de tecnología y máquinas) han conseguido una enorme capacidad y productividad de bienes y servicios. Pero ahora nos toca a los humanos encontrar entre todos una forma de articular el reparto y la motivación al esfuerzo de forma que se pueda sostener amablemente el movimiento de esa maquinaria productiva mientras se cuida el verdadero «nuevo bienestar». Pues aunque cada vez son menos las personas que hacen falta para sostenerla, cada vez son más los que con su insatisfacción pueden poner trabas o «palos en las ruedas» de la cadena productiva si no se benefician de ella suficientemente, según su propia percepción. De no producirse un equilibrio, las emociones y conflictos entre humanos, además de poner en peligro la paz, acabarán llevando al colapso de toda esa efectividad productiva o a la pérdida de eficiencia por la acumulación de trabas burocráticas, restricciones, reglamentaciones, formalidades, auditorías... que suponen un efecto lastre para un sano y amable movimiento.

El dinero como concepto no es sino una convención aceptada por todos para atribuir «valor de intercambio» a unos billetes o apuntes contables representativos de dinero. Si quienes tienen el dinero o la riqueza ahorrada no dan con ella movimiento al mundo generando actividad, satisfacción y dignidad a otros, los menos favorecidos se rebelarán un día y dejarán de respetar esa convención para empezar a poner el valor en otro tipo de unidades. En ningún caso los menos favorecidos, como colectivo, aceptarán vivir plegados a quienes tienen apuntes contables a su favor que les reconocen ser propietarios de dinero/riqueza solo por el hecho de ser beneficiarios de esos apuntes contables. Si estos no permiten integrar equilibrada y razonablemente a esos menos favorecidos económicamente la convención tenderá a dejar de funcionar. Y ello ocurrirá si la excesiva protección de la riqueza por los favorecidos lleva a un retroceso en la percepción y sentimiento de bienestar de los menos favorecidos.

Todos sabemos que la confianza cuesta mucho construirla (y el dinero es una convención basada en la confianza) pero muy poco destruirla. La riqueza deberá «hacer hueco a todos» de forma evoluciona y progresivamente digna, pues de no ser así, solo la imposición de fuerza conseguirá mantener el orden establecido.

Superemos, suavicemos y hagamos evolucionar la tensión entre clases sociales para que el objeto de la lucha por poder que siempre existirá entre ellas, se concrete en variables más sabias distintas al viejo dinero, especialmente si este proviene de un exceso de trilerismo financiero.

Limitación del trilerismo financiero

Si una cara de la moneda es «ese movimiento amable», la otra es la que llamo «trilerismo financiero», al que ya me he referido. Y sin duda me gustaría que ideáramos posibles mecanismos para eliminarlo o minimizarlo. Me refiero a impedir o limitar que esa habilidad de algunos, que tienden a ser siempre los mismos, para traspasar a su patrimonio importantes cantidades de dinero sin aportar ningún valor o «movimiento» sano a la sociedad pueda dar fruto. Son aquellos que idean algunos productos financieros sabiendo que tendrán buena acogida y que se producirá un *boom,* y que una vez colocados en forma de titulización (o por otras vías) en un mercado se desprenderán de ellos antes de que se produzca la esperable crisis que llevará a la ruina a los adquirentes finales de esos productos. Son también aquellos inversores que deciden comprar una compañía estimando que en tres o cinco años podrán venderla con importantes plusvalías, no tanto porque se haya creado valor de verdad en ella, sino porque cambian los ratios de apalancamiento, fuerzan el crecimiento de algún parámetro financiero y se aprovechan de la lectura de las tendencias del mercado a las que probablemente contribuyen. Y siempre, o casi siempre, burlando con una solución o estructura técnico-legal correcta los principios que prohíben la asistencia financiera. En ocasiones destrozan compañías destruyendo grandes cantidades de empleo de forma muy poco humana y salen airosos de ellas después de arruinarlas ganando dinero precisamente por los juegos del apalancamiento y otras artes propias del funcionamiento de los mercados financieros. Podrían también quedar incluidas en la categoría trilera ciertas prácticas de creación de criptomonedas basadas únicamente en la búsqueda de riqueza y especulación, pues en definitiva con ellas se puede obtener una gran riqueza a costa de lo que alguien pierde sin creación de ningún valor para el sistema.

Y de parecida forma podría hablarse de quienes se benefician de excesos de liquidez en los mercados para promover o financiar desarrollos inmobiliarios, y salirse de ellos dejando el agujero en el pueblo para luego comprar unos años después a precio de derribo los mismos grandes portfolios de inmuebles a sociedades que se han ido a la ruina.

En definitiva, son negocios construidos sin incumplir la ley, como hacen los trileros, apoyados en la libertad de la gente de tomar sus propias decisiones pero abusando de la ingenuidad de quienes son los conejillos de Indias. Son a su vez negocios que no crean valor pues uno gana el dinero que otro pierde. Y muchas veces el patrimonio construido con mucho trabajo durante toda una vida por un empresario es esquilmado por ese trilerismo financiero en pocos días o meses.

La sociedad no mira con simpatía estos negocios por ser muchas veces contrarios a principios arraigados en el respeto y la promoción del mérito, el trabajo, el esfuerzo continuado. A menudos son vistos como un aprovechamiento de la riqueza creada por otros o de sacar fruto de la ignorancia o debilidad ajenas. Se dice –y lo comprendo– que estos negocios son como los buitres en la naturaleza que sirven en los mercados para limpiar las impurezas y promover la eficiencia. Y en parte no lo niego. Y me consta también que las malas prácticas no son fáciles de delimitar y siempre estarán sujetas a una cierta interpretación o juicio. Es cierto e importante tenerlo en cuenta pues no quiero condenar otras valiosas actividades en el campo financiero que han contribuido y pueden seguir contribuyendo a un buen desarrollo social y a la creación de bienestar.

Pero ya he dicho que me gustaría vivir en un mundo en el que la supuesta eficiencia y la productividad que algunos alegan para justificarse no fueran objetivos legitimadores de cualquier actuación. Nadie duda de la inteligencia y capacidades de quienes promueven esos negocios, y reconozco que una parte relacionada con la mejora de la gestión y la estrategia es muchas veces acertada y merecedora de una buena recompensa pues está asociada a una creación de valor. Pero esa creación de valor no se produce con la parte de plusvalía asociada al juego con el balance, que más bien debilita y mete excesiva tensión financiera a la compañía y a las personas que tienen que sobrevivir dentro de ella.

No quiero condenar ni mucho menos a toda la industria del capital-riesgo, pues ello sería muy injusto. Existen muchos inversores guiados por buenas prácticas a quienes no se pueden trasladar las críticas que hago en este apartado, pues lejos de lo expuesto han aportado y siguen aportando gran valor a la sociedad y a quienes con ellos se juntan. Son inversores que buscan ganancias compatibles con formas de hacer de un mundo humano y con alma.

Lamento si esto no es agradable para muchos y sé que racionalmente es difícil luchar contra ello en un entorno de libertad como ese en el cual yo quiero vivir. Pero es lo que siento y espero al menos que ser un exitoso trilero financiero no sea una aspiración para muchos de nuestros jóvenes sino más bien lo contrario. Y confío en que de una u otra forma la sociedad gane en capacidad de discriminar las buenas prácticas de las malas en este campo y castigue (cada individuo y empresa desde sus posibilidades) a quien pretenda beneficiarse de prácticas trileras. Me refiero, por una parte, al establecimiento de mecanismos regulatorios que limiten o dificulten, en lo que se pueda, las prácticas calificables de trileras, y por otra parte al boicot de los consumidores, a la oposición a hacer operaciones con quien no lo merece e incluso a cierto rechazo social a quien no merece adulación por más dinero que haya conseguido. Pues, como he venido reiterando, el reconocimiento social en el futuro debería estar más asociado a quien obteniendo rentabilidad contribuya además a dar pasos de mejora en los retos que la sociedad debe superar para integrar a sus individuos y procurarles bienestar, no solo material sino emocional o psicológico.

La compasión exigente

En línea con ese mensaje de amabilidad en el contexto socio-económico me gustaría ahondar en la importancia de evolucionar hacia actitudes que busquen la integración con inteligencia de las personas y su inclusión en la sociedad en lugar de su exclusión.

El mundo, para su buen funcionamiento, requiere tanto exigir a sus individuos como reconocer sus méritos. Lo contrario lleva a la degeneración de la sociedad de forma peligrosa. Pero esa exigencia debe encauzarse considerando la importancia de las necesidades sociales del hombre, como ya hemos visto, y de la sociedad en su conjunto. Es fundamental que los líderes políticos, sociales y empresariales encuentren vías para promover ese esfuerzo motivador e integrador asegurando las mejores contribuciones individuales desde las mejores motivaciones personales.

Las empresas deberán realizar esfuerzos crecientes para ser inclusivas e impulsar el desarrollo de sus trabajadores como personas empleables que evolucionan de acuerdo con las cambiantes necesidades del mercado. Es fácil tratar a los empleados que quedan obsoletos como un deshecho, pero creo que los tiempos actuales exigen el que al menos se intente dar otro trato humano a quienes durante muchos años se han entregado a una empresa. La experiencia demuestra que existe un «corporativismo colectivo inconsciente» que refuerza el ánimo y la motivación de quienes siguen siendo valiosos para una organización cuando esa misma organización «cuida» a quienes ya no son tan útiles.

Nadie como yo cree que son las empresas, basadas en una sana competencia, las únicas capaces de gestionar una maquinaria de producción de bienes y servicios para garantizar el bienestar material de los ciudadanos del mundo. Y no puede haber un sistema saludable sin una sana competencia empresarial que exija la competitividad. Pero, al igual que algunos sectores empresariales como el de la alimentación se alinean formalmente para la eliminación o la reducción del azúcar, la sal o las «grasas trans» para empujar hacia un mercado en el que predominen productos más saludables, las empresas del mundo en general deberían hacer un pacto (qué iluso, ya lo sé) para eliminar determinadas prácticas en su búsqueda de competitividad. No puede seguir valiendo todo.

Y mi propuesta es que sean los consumidores, más y más maduros, quienes exijan a las empresas tener alma y juzguen el respeto de esa tendencia a la integración y a la eliminación o reducción de ciertas prácticas que vayan en contra de la dignidad personal o que no cuiden a sus personas, clientes y consumidores. En definitiva, una exigencia de la amabilidad del movimiento económico-empresarial. La tendencia hacia esa amabilidad debería sostenerse por las buenas, por decisión voluntaria y convencida de los empresarios o por «imposición» de la sociedad a través de la expresión de sus preferencias que incluyan esta variable con mayor peso en sus decisiones de consumo.

Es por ello importante que la sociedad civil desarrolle también sus cauces para articular de forma independiente, con rigor y sin intereses escondidos, esta exigencia a las empresas. Estamos ya en esa dinámica y en esa dirección debemos empujar.

Y, tras ello, tras hacer bien los deberes, la sociedad deberá encontrar vías para poder ayudar a quienes sin remedio no pueden quedar integrados en la maquinaria de producción de bienes y servicios útiles para la sociedad. Es un grupo formado por quienes no han tenido oportunidades o tienen falta de capacidad, falta de voluntad, o bien son sencillamente víctimas del hecho de que en un momento dado haya más personas competentes y voluntariosas que puestos para cubrir.

No existen formas cerradas e inmutables que permitan canalizar de forma perfecta la ayuda necesaria a estas personas en riesgo de exclusión. Pero siendo necesarias considero que cualquier fórmula clara, reglada y estable tendrá el insano efecto-llamada de aquellos cuya pereza es más grande que la de la media. Y tampoco es solución tratar de hacer más competitivos a quienes no lo son, pues lo que haría eso sería subir los niveles de exigencia para los mismos puestos, como ocurre con la sobre-formación de muchos jóvenes españoles. Las empresas, al igual que muchas buscan ya proactivamente la integración de discapacitados, deberán también gradualmente buscar medios o vías para integrar (o evitar su desintegración o exclusión) a personas cuya minusvalía coyuntural consiste en no ser competitivos en el mercado de la empleabilidad.

Resulta fácil decir que quien no lo merezca no debería tener ayudas ni se le debería garantizar la integración. Yo estoy de acuerdo con este enunciado y estoy convencido de que una sociedad jamás puede declinar la potestad o autoridad de castigar o penalizar por una vía u otra a quien merece castigo por sus actos, como tampoco puede dejar de premiar o ayudar a quien lo merece. El problema es saber quién lo merece y quién no. Es decir, saber lo que es el mérito.

Solemos llamar «mérito» a la combinación de las capacidades que se tienen con el esfuerzo que se realiza para la consecución de algo. Pero ¿somos conscientes de que unos nacen o se forjan en los primeros días o meses con una mayor o menor capacidad para el esfuerzo? ¿Y quién puede esforzarse sin tener capacidad para el esfuerzo? Y dirá alguien que eso se puede entrenar y también estoy de acuerdo con ello pero ¿qué es lo que despierta en una persona el compromiso de trabajar y entrenar su capacidad de esfuerzo?

He leído recientemente bastantes opiniones de científicos sobre el mérito, la justicia y el determinismo del comportamiento y se trata de un tema que me despierta un gran desasosiego. Como ya expresé en la primera parte de este libro, no puedo vivir pensando que no existe objetivamente el mérito como algo atribuible a una persona y a su propia responsabilidad. Pero aunque necesito creer en ello, la realidad es que intelectual o racionalmente no creo que el mérito sea nunca realmente atribuible a quien se le atribuye. Solemos atribuir mérito a quien estudia, se esfuerza, se compromete y responde a sus compromisos. Pero volviendo a los interrogantes, ¿de dónde han sacado esas personas que se esfuerzan su capacidad de esforzarse? ¿No estará ello muy relacionado con su genética mezclado con las experiencias e impactos recibidos en sus primeras horas, días, meses o años? ¿Y qué responsabilidad (y por tanto mérito) tiene uno en la forma en que ha nacido o en el entorno o azar que le ha rodeado? ¿Y a partir de qué día o año tras nacer se puede pensar que una persona es responsable de desarrollar sus potencialidades o facultades finales?

Son variadas las visiones científicas sobre este tema pero yo, con mi cerebro racional, me apunto a la versión más determinista que siempre me ha acompañado en mi vida. Somos en gran medida un sistema puesto en movimiento con un algoritmo complejo de funcionamiento sobre el que tenemos poca o ninguna responsabilidad y por tanto poco mérito. Pero como ya anuncié cuando describí el cristal a través del que yo miro a la sociedad, no me gusta vivir con esta creencia, y de hecho me olvido de ella cada día en mi espontánea vivencia de cada momento, pues no puedo vivir en un mundo pensando que no existen «los buenos y los malos» o «lo justo y lo injusto». Limito por tanto esa opinión a una creencia intelectual dentro de las limitaciones humanas para comprender el mundo y descanso en el «misterio» para conciliar la contradicción de mis sentimientos con mi intelecto. Y si he vuelto a estas reflexiones personales es porque sospecho y creo que a la sociedad no le queda más remedio que ir asumiendo gradualmente la confirmación científica de que el mérito no es susceptible de ser atribuido o privado a alguien pues es de «dependencia misteriosa o azarosa».

Por ello, con esta visión y con este sentimiento no puedo sino gritar en defensa de una sociedad en la que los más afortunados se sientan agradecidos al mundo y compartan de una u otra forma su suerte con quienes han tenido menos. Y todo ello compatible necesariamente con un difícil, difuso y siempre imperfecto sistema humano de reparto de reconocimientos, méritos, premios y castigos «lo más justo posible» para el buen funcionamiento de la sociedad.

Pero, ¿cómo lidiamos entonces con la duda sobre si existe o no la justicia y qué es lo justo? Debemos concluir que socialmente «la justicia» debe existir, pero solo entendida como un sistema de convenciones creado por el ser humano como parte de un supuesto contrato social para el reparto de premios y castigos de forma teóricamente efectiva para beneficio del conjunto de la sociedad. Es precisamente ese contrato social el que yo manifiesto que se encuentra muy deteriorado y que por tanto deberemos restaurar o refundarlo. Y la calificación de algo como justo o injusto debería de depender del grado de coherencia del juicio con los valores, principios, referencias y códigos que nos hayamos dado en el marco de ese contrato social.

Ojalá seamos todos muy agradecidos en el mundo y capaces de repartir justicia de acuerdo con unos criterios de lo que está bien y lo que está mal que se conozcan, limitando los «castigos» a aquellos que son necesarios para prevenir y disuadir comportamientos nocivos o indeseables para la sociedad. Casi nada. Pero es hacia ello hacia donde yo quiero que camine la sociedad aún sabiendo que nunca llegaremos. Y ojalá esa nueva sociedad sea sabia para integrar a todas las personas y para compensar las desigualdades que se derivan de la falta de oportunidades, educación o capacidades. Y todo ello solo podrá efectuarse sin renunciar a un sistema de exigencias y motivaciones vía premios y castigos en la sociedad que promueva los buenos actos y actitudes, y desaliente los malos, evitando así que proliferen conductas de acoplamiento cómodo y perezoso al beneficio sin esfuerzo pues ello sería negativo para la sociedad.

La compasión en mi opinión requiere caminar hacia una sociedad en la que todos alcancen unos mínimos recursos materiales para una adecuada adaptación social. Pero, siendo realistas, cualquier derecho a tener unas mínimas prestaciones materiales, debemos entenderlo como un «derecho-deber», es decir, un derecho asociado a la obligación del beneficiario de contribuir activa (o pasivamente) a permitir o facilitar a la sociedad que se le pueda procurar tal derecho. Y digo también pasivamente pues a menudo determinadas personas y grupos, no solo no contribuyen nada a la maquinaria de producción que puede procurarles bienestar, sino que activamente dificultan su buen y eficaz funcionamiento. A veces el derecho debería ir asociado al menos a un correlativo deber de no dificultar que te procure «alimento» la sociedad que te lo da. Y de nuevo por ello considero que resulta fundamental la sensatez de quienes gritan y reivindican derechos para asegurar que sus gritos se hacen también desde una perspectiva global y realista sin sembrar tantos odios como los que hoy se generan con las reivindicaciones de unos y otros. Y del lado de los más afortunados y desde una actitud de agradecimiento, será imprescindible la comprensión hacia los más desfavorecidos y la adopción de una compasión y generosidad dignas para quienes las reciben, como pautas de vida que deberían ser compatibles con la imprescindible «exigencia» para el buen funcionamiento de nuestra sociedad. Pues de no ser así quizá los antisistema se impongan ante la degeneración de un sistema deshumanizado.

Dar y recibir amor, el mejor premio

Nada hay en el mundo que más felicidad nos procure que amar y ser amados. Algunos creen que tener una buena casa o un buen coche es preferible a eso pero, como ya he explicado, muchas veces lo que hay detrás de lo que compramos o consumimos, sin ser conscientes de ello, es «resultar atractivos» como vía para ser queridos.

No me gusta pensar que toda la maquinaria de nuestra sociedad deba sostenerse en el amor pues ello me situaría en la categoría de persona verdaderamente ilusa y sin los pies en la realidad. Si estamos hoy hablando de que la sociedad es rica es probablemente porque la ambición del ser humano organizada en gestas e iniciativas empresariales ha ido procurando los altos niveles de bienestar material que hoy tenemos. Por ello la sociedad debe evitar la crítica indiscriminada al empresario pues es enorme el valor que las empresas han y seguirán aportando. Pero alcanzados los niveles de riqueza que hoy se disfrutan, los empresarios deben tomar conciencia de la importancia de «amabilizar» y encajar su relación con el mundo. Deben esforzarse en comprender a los seres humanos que son sus consumidores y conciudadanos y deben —aunque sea con un sano interés— observar el valor motivacional que se puede obtener de vivir en una cultura y un entorno más amorosos que den a sus trabajadores un sentido, que con seguridad se traducirá en beneficio o fortaleza empresarial. Y cuando todo ello lo hagan desde el cuidado de su espíritu y su autenticidad amorosa y compasiva se convertirán en los empresarios que la sociedad necesita para trabajadores y consumidores que buscan sentido.

Dar y recibir amor de los demás nos coloca en un estado de felicidad de calidad superior al simple bienestar o al divertimento. La experiencia de servir a los demás es tan regocijante y trae tanta plenitud a los que la practican que por ello el mundo está lleno de personas que dan la vida por los demás y a quienes se ve con un grado de felicidad muy superior a la de quienes tienen éxito en cometidos y logros más mundanos y sociales. Basta ver la cara de felicidad de muchas monjas, misioneros religiosos o de otras personas que luchan por sanas causas o simplemente voluntarios entregados a sus misiones, siempre conviviendo con una gran austeridad o incluso pobreza material. Y, aunque con menor nivel de entrega, se observa también en ejecutivos en activo o en jubilados que de forma no interesada se convierten en mentores o realizan actividades pro bono.

Cuando nuestros estómagos están llenos, nada puede llenar cualquier vacío o desasosiego existencial que sintamos tanto como la experiencia vivida de darse incondicionalmente a alguien para cualquier cosa que pueda ayudarle y que conecte con una necesidad sentida de quien recibe nuestra atención. Servir es escuchar a quien lo necesita, no tanto por que sea interesante, sino porque queremos interesarnos en lo que nos quiere contar, en lo que necesita compartir. Servir es prestar atención y poner ojos en quien lo necesita por no tener a nadie que le preste atención. Servir y querer a una persona es aguantarla cuando tiene problemas y darle compañía en la soledad, es reconocerle a alguien lo bueno que tiene y perdonarle sus defectos. Es abrazar a alguien y hacerle sentir que pertenece a nuestro grupo, que es uno de nosotros, que no está solo y que es alguien. Y esto que se suele hacer lejos de nuestras vidas cotidianas también podemos hacerlo en nuestros entornos más habituales.

Ojalá los pobladores del mundo seamos más y más capaces de vivir con actitudes amorosas creadoras de una riqueza que se reparta entre quien da amor y quien lo recibe sin quitar nada a nadie, pues ello será seguro una gran fuente de felicidad capaz de abrazar a más y más personas. Y dejemos la ambición de riqueza limitada a lo estrictamente necesario para que nuestro mundo pueda funcionar manteniendo el nivel de bienes materiales y servicios a los que ya nos hemos acostumbrado y por los que sentimos tanto apego. Un mundo solo movido por el amor no sería este mundo pues se correspondería más con el paraíso. Pero hasta llegar al paraíso hay un gran recorrido en el cual dar y recibir cariño puede constituir una importante fuente de motivación y satisfacción para el ser humano.

Dinero, crecimiento, PIB, productividad, rentabilidad, finanzas, competitividad... son palabras mágicas que mueven el mundo y se han convertido en el principal objetivo y factor motivador de la sociedad. En una sociedad saturada de riqueza y bienestar material pero llena de otras carencias, la toma de conciencia de que la economía, el dinero y la maquinaria productiva no pueden ser fines en sí mismos sino instrumentos al servicio del hombre, nos obliga a buscar nuevos elementos de motivación y propósitos vitales. El ser humano necesita unidades de referencia para un buen funcionamiento personal y social, y hoy esas unidades son principalmente el dinero. Pero la patológica relación social que existe con este le priva de ser una referencia adaptada a nuestros tiempos y útil para garantizar la armonía social y la integración de todas las personas de nuestra sociedad. Debemos por ello renovar los valores y exigencias asociados a la generación de esas unidades de medida o valor que en definitiva procuran poder y reconocimiento, y acoger e integrar las sensibilidades y necesidades de quienes resultan más perjudicados o innecesarios para el sistema económico productivo. Sentido, integración, cooperación, humanidad, compasión, amabilidad, ayuda, servicio e incluso amor deberían estar mucho más presentes en los objetivos, las actitudes y las fuerzas que nos movilizan.

EL QUINTO PODER: «LA AGENCIA DE LOS HECHOS CIERTOS Y LO POLÍTICAMENTE INCORRECTO»

He dedicado una parte muy importante del diagnóstico de la sociedad en la primera parte de libro a poner de manifiesto múltiples fenómenos que provocan un funcionamiento muy deficiente del equilibrio de poderes y, en definitiva, a una cierta quiebra de hecho del funcionamiento democrático. Vivimos en una sociedad que es solo formal y aparentemente democrática y llena de condicionamientos inadecuados acerca de la calidad de la opinión democrática en las decisiones y votos de los ciudadanos. Ello se produce por la confusa influencia de los medios de comunicación, incluidas las redes sociales, la proliferación de la llamada posverdad, los problemas de falta de criterio atribuibles a una creciente superficialidad social y la limitación de la libertad de expresión en muchos ámbitos por la imposibilidad o el impagable coste de ser políticamente incorrectos. A ello, para mayor confusión, se añade la creciente existencia de opiniones y mensajes en redes sociales que son creaciones artificiales de cuentas automatizadas para crear opinión en temas o para generar tráfico. Lo que parecen opiniones de ciudadanos son muchas veces expresiones de máquinas programadas.

Todos esos fenómenos vistos con perspectiva desde hace ya tiempo me han llevado a pensar en la necesidad de crear una «Agencia de los Hechos Ciertos y de lo Políticamente Incorrecto» (en lo sucesivo la «Agencia») que fuera capaz de compensar o limitar las tendencias destructivas mencionadas que son consecuencia de una sociedad polarizada y llena de confrontaciones y manipulaciones en la que para ser alguien parece que hay que crear «causas contrarias» a todo lo establecido.

Se trataría de contar con una agencia que tuviera como función el expresar con notoriedad e influencia aquellas cuestiones de sentido común que nadie con poder se atreve (o le interesa) a manifestar salvo en privado o desde el anonimato. He podido comprobar en los últimos años que en la mayoría de las discusiones que se tienen en la sociedad, las personas que encarnan posiciones distintas coinciden prácticamente en todo cuando se les pregunta sobre cuestiones en las que nadie sabe quién ha dicho qué. Pero parece que discrepan de forma radical cuando sus opiniones y posicionamientos se hacen públicamente. El problema no está tanto en las discrepancias de criterio, que casi no existen, sino en la falta de coraje para manifestar lo que uno piensa cuando se adquiere un cierto poder o relevancia social. O, visto de otra manera, podría decirse que el que expresa lo que piensa sobre determinados temas sabe que será castigado duramente por su entorno sencillamente por decir lo que casi todos pensamos. Me comentaba el otro día un amigo que en algún país existe ya implantado (o como mera idea) un cauce para el sometimiento de propuestas a los políticos manteniendo el anonimato del prepotente. Pues por ahí deberían ir los tiros.

La debilidad de nuestros líderes y su falta de coraje o firmeza en sus actuaciones para liberarse de la presión de sus seguidores y trabajar conforme a su propio criterio nos ha llevado a una sociedad en la que no son los líderes los que lideran sino las masas enfervorecidas las que les exigen que actúen de determinada forma si quieren seguir manteniendo sus posiciones. Y el hecho de que la mayor parte de nuestros líderes dependan de ellos y los necesiten más de lo deseable para cubrir o satisfacer sus necesidades (no solo económicas sino principalmente las sociales) los lleva a trabajar más por el sostenimiento de esas necesidades que en la lucha por los propósitos que declaran y que teóricamente mueven.

Creo que la victoria de Trump y el ascenso de los populismos tienen mucho que ver con esto. Muchos se sienten atraídos por alguien que habla abiertamente (incluso a lo bruto) sobre temas que les preocupan y que el resto de políticos, gobernantes y personas del poder establecido no se atreven a manifestar a pesar de que sí lo hacen en privado, entre amigos. A muchos les gusta oír «las cosas que les gustan» incluso admitiendo que sean mentira.

La gran importancia que tiene este tema en la calidad y sostenibilidad de nuestros sistemas democráticos justifica esta idea un poco revolucionaria de crear la Agencia para contribuir a limitar el sinsentido de la permanente y esperpéntica manipulación, confrontación y polarización que existe en las conversaciones sociales sobre temas de supuesto interés común, con argumentos falsos, retorcidos o tergiversados, con líderes movidos mucho más por la captación de votos o de sostenerse en el poder que de trabajar por el bien que supuestamente representan. Y la trascendencia que esto tiene me lleva a una mayor extensión y detalle de algunos aspectos de esta propuesta.

Con información y criterio bien forjado por parte de los ciudadanos sí puede haber democracia de calidad. Sin criterio o con ciudadanos liados, engañados o confundidos llenos de pensamientos quebrados, incoherentes o basados en informaciones erróneas o sesgadas no habrá verdadera democracia sino simplemente caos político tendente a la degeneración de la representatividad de los ciudadanos, que es lo que ahora le está ocurriendo a esta sociedad. Y no hablo de manipulación sino de caos, pues para poder manipular es necesario un monopolio u oligopolio coordinado de los medios tendentes al fin perseguido, lo cual realmente es algo que no se da en nuestra sociedad. Sí se produce, sin embargo, un constante bombardeo de informaciones, muchas de ellas contrarias entre sí, que no generan sino caos y falta total, aunque inconsciente, de criterio por parte de los ciudadanos.

Necesitamos por tanto compensar el distorsionante funcionamiento de los medios de comunicación y crear fuentes de información de masas independientes para permitir al ciudadano tener su propio criterio. Y en paralelo debe educarse al ciudadano para que distinga entre lo que es información y lo que es «propaganda». La Agencia debería ser, sin duda, una fuente fiable de información o de contraste de hechos y estadísticas objetivas y adaptadas con rectitud a cada caso desde posiciones independientes y no sesgadas por intereses. Y de igual forma que en el plano político, la Agencia bien podría suponer una fuente profunda y objetiva para contrarrestar con solidez la opinión y difusión de mensajes representativos de intereses corporativos en uno u otro ámbito. Pues tales mensajes quedan normalmente sin ningún contranálisis que valore el impacto de determinados agentes económicos en el bienestar a medio y largo plazo de nuestra sociedad.

La forma de encauzar estas funciones puede ser una u otra siempre que se pueda conseguir con ella que personas libres de intereses y con buen criterio para combinar conocimientos de distinto tipo y en distintos ámbitos puedan trasladar a la sociedad su opinión, sin sesgos o condicionamiento. De esta forma, la Agencia emitiría su opinión en relación con temas relevantes para la sociedad que por la razón que fuese entrarían en la categoría de políticamente incorrectos o bien que solo contaran con recursos para defender intereses corporativos independientes y desinteresados. También tendrá sentido su opinión e informes en relación con aquellos temas polémicos en los que las posiciones en la sociedad estén sumamente polarizadas y los ciudadanos sean privados de un cierto conocimiento y análisis objetivo de los hechos sobre los que después (y solo después) podrán posicionarse. Es un buen mecanismo corrector de las debilidades que algunos críticos le atribuyen al sufragio universal.

Es por ello por lo que considero a la Agencia de los Hechos Ciertos y de lo Políticamente Incorrecto un quinto poder que cierra y equilibra un círculo de cinco poderes capaz de devolver a la sociedad un buen gobierno de sí misma. Los tres clásicos de Montesquieu, el cuarto de los medios de comunicación, y la Agencia como quinto.

Aunque puedo imaginar fácilmente la gran contribución de la Agencia como mecanismo social corrector de los problemas comentados, existen retos a superar para conseguir el cumplimiento de su función. Entre ellos hay que señalar la necesaria garantía de la independencia política y económica de los sabios de la Agencia y la dificultad del traslado al mundo de sus informes o mensajes con el suficiente peso e impacto de modo que se puedan hacer conocidos de forma comprensible por los ciudadanos.

Sin duda la visión de los sabios deberá siempre estar puesta más en la coherencia y la sostenibilidad a largo plazo de las actuaciones sociales que en la discusión de asuntos cortoplacistas.

Haciendo un paralelismo con un supuesto padre sensato y respetuoso de la autonomía y el libre desarrollo de un hijo todavía inmaduro, la intervención de la Agencia podría ser similar al freno que ese padre puede hacer de algunas iniciativas de su hijo que sabe que no lo llevarán por buen camino. En muchos aspectos nuestra sociedad es muy infantil y no está de más que alguien nos proteja como lo haría un buen padre, especialmente si ese padre directa o indirectamente lo hemos elegido nosotros mismos democráticamente, como sería el caso de los sabios de la Agencia. Eso sí, siempre con el objetivo de aportar objetividad (no sesgo), sentido común y equilibrio para contribuir a tener y a hacer una sociedad duradera y sostenible en la que reinen los valores reales (no los deseos incontrolados y adictivos al servicio del propio sistema o las modas pasajeras vestidas de principios y valores) que la propia sociedad tenga como buenos.

La Agencia debería estar integrada por un comité de sabios realistas, con los pies en el suelo, con experiencia, madurez y juventud a la vez, con representatividad de los múltiples intereses existentes para determinar posiciones que expongan un análisis comprensible de las múltiples complejidades que afectan a nuestra sociedad. Y para ello los miembros de ese comité deberán asegurar cumplir en todo momento y de forma indubitada con el principio de objetividad (el de cada uno y con el menor sesgo) y de búsqueda del interés para la sociedad, entendido este como el que permite mantener a la misma en el marco llamémosle constitucional y en su caso evolucionar desde él pero ordenadamente. O, en otras palabras, actuando siempre en protección del respeto al contrato social y a los principios arraigados que la sociedad se haya dado. Se trata por tanto de la puesta al servicio de la sociedad de un buen «criterio» o sabiduría (sin representación de intereses concretos) de forma que las funciones de la información no se prostituyan como ocurre hoy con los medios de comunicación.

Y en paralelo o como complemento asociado a la creación de la Agencia propuesta, la sociedad debería castigar con el mayor de los rigores la «mentira política» y la de los que nos gobiernan. Pues nada hay más execrable que la mentira, el engaño o el fraude de quienes representan a un pueblo y deben constituir un ejemplo, a pesar de que lamentablemente nos hayamos acostumbrado a vivir con todo ello. Me refiero a aprovecharse de mentiras y falsas promesas dichas con el solo propósito de captar votos o ir creando una falsa verdad o posverdad. Me refiero también a la invención de bulos para desestabilizar al contrario con juego sucio o, por qué no, de crear artificialmente opiniones en las redes sociales con cuentas-fantasma programadas para multiplicar los mensajes. La prueba de la intencionalidad nunca será fácil pero esas prácticas deberían estar condenadas como si de cualquier otro tipo de delito se tratara. Institucionalmente pocas cosas me parecen tan graves como llegar al poder apoyado en falsas promesas hechas a sabiendas o dividir una sociedad a base de falsedades concretas emitidas de forma reiterada.

La existencia de la Agencia permitiría dar vida a la implantación en nuestra sociedad del delito político para castigar a quien dice cosas como ciertas sabiendo que no lo son o bien ocultando informaciones básicas relacionadas con sus afirmaciones para llevar a los destinatarios de su mensaje a su manipulación interesada. Y en la administración de dichos delitos la Agencia debería ocupar un papel relevante. Suena y quizá sea utópico pero considero que admitir que esa es una dirección a trabajar y debatir sobre ello será dar un paso importante.

La creación de la Agencia exigirá superar las dificultades relativas a la forma de elección y rotación de los sabios y regular los aspectos relativos a la duración de su cargo, su posible remoción y su régimen económico pues debe evitarse que cualquiera de estos temas sea fuente de pérdida de la lealtad al cargo o de la independencia.

El buen criterio y la independencia de los sabios de la Agencia forjarán este quinto poder político protector de la sociedad en general frente a la mentira política, la posverdad y el caos informativo. Y para conseguir esa libertad de criterio e independencia, los sabios deberían estar sometidos a cierta protección en su interrelación con la sociedad y sus debates sujetos a estricta confidencialidad así como a la prohibición de cualquier manifestación individual.

Sé que me he extendido mucho en este tema de la Agencia de los Hechos Ciertos y lo Políticamente Incorrecto. Pero es grande mi preocupación por la pérdida de sentido común social que observo en nuestro mundo y la falta de coraje de nuestros líderes para reimplantarlo. Es una preocupación que se acrecienta por la omnipresente confrontación interesada que dificulta, en cualquier ámbito de poder, el análisis de aspectos objetivos relevantes para nuestro futuro social. ¿Dónde quedaron los llamados «asuntos de Estado» que permitían aparcar las discusiones?

La razón de ser de la Agencia bien podría, en teoría, conseguirse por otros cauces para la discusión y análisis por parte de gente competente, sin confrontación, y guiados por la búsqueda de lo mejor para nuestra sociedad como conjunto. Pero desde la máxima comprensión de quienes como empresarios, políticos, o lo que sea, ejercen el liderazgo, he de reconocer que luchar hoy frente a lo políticamente correcto y a las falsas verdades resulta una tarea que lleva al suicidio por las razones que ya he explicado. Y es desde esa convicción personal desde donde encuentro la necesidad de dar pasos hacia la instauración de la Agencia o alguna otra figura o institución entroncada en nuestro sistema democrático que nos proteja de nuestra propia degeneración como sociedad en algunos aspectos. Bastante tendrán los líderes actuales con vender esta idea a la sociedad para llevarla a reformas constitucionales que le den amparo.

La creciente presencia de la posverdad en nuestra sociedad, el caótico e interesado juego mediático, la pérdida de libertad para hablar de determinados temas que se han hecho políticamente incorrectos o que se encuentran sumidos en corrientes de tendencia en las que no cabe la disidencia, aconsejan la creación de una Agencia, que forma parte de la estructura del Estado. Una Agencia que dote a la sociedad de información objetiva libre de intereses y politizaciones para protegernos del sinsentido y la confusión que padecemos como ciudadanos ante la politización o tergiversación informativa. Una nueva información que nos devuelva la posibilidad de aproximarnos a una mayor objetividad en nuestros juicios, neutralizando las distorsiones para la comprensión de las cosas que se derivan de las confrontaciones y polarizaciones tan extendidas en nuestra sociedad. En definitiva, se trata de una vía para la obtención de mejor criterio para ejercer nuestro derecho democrático al voto, contribuyendo a la devolución de la soberanía al pueblo para que la ostente, no solo de forma aparente sino real, desde un criterio verdadero y formado.

LA RESPONSABILIDAD Y EL ACTIVISMO DE LA «GENTE COMÚN»

Quizá los que pertenezcamos al colectivo de «gente común» debiéramos empezar a organizarnos como activistas civilizados en defensa de cosas que vemos amenazadas a pesar de considerarlas normales. Quizá sea esta la segunda *Rebelión de las masas* para luchar por la conservación de lo conquistado en el famoso título de Ortega y Gasset. Defenderían de esta forma el contrato social, que yo siempre creía que debía estar vigente aunque ahora vea que no es así.

Me he referido ya al riesgo que se deriva para todo lo establecido del hecho de que hoy las voces que más se oyen y que más movilizan al cambio son las que atacan y quieren cambiar lo existente destruyendo, pues para movilizar parece más efectivo atacar que construir o crear. Las causas rebeldes crean fuerza para la lucha sin que la gente común sienta ninguna motivación para movilizarse a defender lo que se considera normal y no cuestionable.

No podemos esperar a que los demás cambien para empezar a contribuir nosotros al cambio. El hecho de que el coraje, la ética, el sentido común y el respeto a nuestros principios constitucionales deban exigirse en las cúpulas del poder no debe implicar que el ciudadano común deba quedarse esperando a que la situación y la calidad de nuestros líderes se corrija. Todo lo contrario. Solo la plena asunción por cada ciudadano de su cuota de responsabilidad y su compromiso con el mantenimiento y la mejora del sistema permitirá dar los primeros pasos para la evolución evitando la progresiva degeneración del sistema.

Y es precisamente esto lo que considero que necesitamos y que me gustaría pedir a todos los pertenecientes a «grupos de gente común» que se declaren o sientan muchas veces indignados, ya sea organizadamente o no. Pues solo actuando podrán ser efectivos y contarán con la suficiente legitimidad para la crítica. Pretender que se arreglen las cosas exigiendo únicamente el cambio o el sacrificio de terceros «demonizándolos» no es sino una manifestación más de nuestra vaga y acomodada actitud social. Más le valdría a esta sociedad que cada uno de sus miembros asumiera su cuota de responsabilidad en el cambio y actuara con coherencia y con cierto coraje de acuerdo con sus principios en defensa de aquello en lo que dice creer o quiere mantener y proteger. No solo exigiendo a los demás sino empezando por uno mismo, pues todos tenemos algún espacio para hacerlo. ¡Pongamos cada uno nuestro granito de arena!

Reconozco que hoy día, salvo contadas excepciones, nadie es escuchado en sus reivindicaciones si no acompaña su mensaje de lío, mentira, conflicto para salir en el telediario. Pero ¿hasta dónde es hoy legítimo montar «el numerito» para llamar la atención y existir como persona o como reivindicación? Creo que hasta para defender «lo normal», lo que la inmensa mayoría cree y quiere, es cada vez más necesario ser creativos para despertar adhesiones y crear voces que se hagan respetar. Pues de no hacerlo en poco tiempo parecerá que solo existe la voz de la minoría que grita. Y de alguna manera creo que es deber de todos salir un poco de la comodidad y dejar de pensar que otros se encargarán de defender nuestras cosas, pues la realidad es que hoy los únicos que gritan y montan numeritos son las minorías que, actuando muy en contra de lo establecido, se llevan siempre al gato al agua. Pongamos por tanto, tiempo, esfuerzo y creatividad para defender los valores, costumbres y principios en los que realmente creemos, aun cuando sea para defender cosas que nos parezcan tan normales que pensemos que no necesitan protección.

Y este esfuerzo no es empeñarse en demostrar «tener razón». Solo con la razón no se va hoy a ningún lado. La razón puede constituir una ayuda en el largo plazo, pues la verdad y la razón se acaban imponiendo a la larga, aunque muchas veces con un gran daño en el camino. Pero en el presente lo que moviliza o atrae y genera adhesiones no es la razón sino la emoción, las imágenes y los discursos que conectan con la gente y que están más basados en el orgullo de pertenencia, los valores, los prejuicios, los enemigos o los miedos. Estas son las reglas del juego de hoy y no podemos ignorarlas si queremos combatir los efectos negativos de ataques a la sociedad basados en «numeritos» y falsas verdades, tergiversaciones o estúpidas posverdades, que no son sino mentiras reiteradas que llegan a parecer verdad para los seguidores de quien las dice, transformándolas en sentimientos que ya no utilizan la razón para juzgar sus decisiones o posicionamientos. El famoso «España nos roba» ha conseguido dejar grabado en una parte muy importante del pueblo catalán un sentimiento negativo hacia el resto de España que tiende a equipararse con el del rechazo que en muchos españoles se genera hacia los catalanes, al sentirse ofendidos e insultados al escuchar reiteradamente esa frase.

Detrás de muchos gritos supuestamente en favor de una causa desinteresada se encuentran los intereses personales de poder más marcados. La inmensa mayoría de los que gritan son personas que encuentran en el grito su sentido de vida y el encauzamiento de sus intereses generando pues un enemigo a quien hacerle responsable de nuestros males. Y así está el mundo lleno de «gritadores» que son minoría contra grupos mayoritarios de «gente común» que mantiene unos códigos prudentes y equilibrados de defensa de sus intereses basados básicamente en la razón, que no movilizan a nadie y que son despreciados por quienes más gritan. La capacidad de esas mayorías de gente común para defender lo suyo está muy adormecida, seguramente por comodidad y por la asunción general del ser humano de pensar que lo que ya se ha conquistado y a lo que estamos acostumbrados no necesita defensa. Es una capacidad que sin duda tiene que despertarse y activarse.

Ojalá algún día la gente común y sus preferencias sean igual de respetadas que las de las minorías. Y quizá yo, cuando ya no necesite ganarme la vida, me entregue a una nueva fundación cuyo propósito sea defender lo normal, lo común, lo cotidiano y contrarrestar con actos de comunicación y notoriedad creativa el peso y la agresividad de la comunicación y la propaganda (en sentido amplio) de los activistas minoritarios que piden muchas cosas absurdas y se entregan a sus causas como medio de vida, al no tener otro mejor. Se trata de contrarrestar los numeritos con actos de comunicación y aspavientos contrarios que, sin perder de vista la razón, pongan mucho más peso en la conexión emocional de las personas, pues resulta mucho más efectiva.

Y en tanto en cuanto no pueda yo dedicarme a ello, ojalá la sociedad de la «gente común» despierte para reaccionar y se organice incluso con iniciativas estructuradas en forma de asociaciones o fundaciones para defender lo que consideramos más normal, haciéndolo al menos con la misma eficacia con la que lo hacen los propagandistas extremos, que muchas veces se imponen con sus absurdas demandas que acaban triunfando por su habilidad de generación de mensajes que provocan adhesiones y la creación de «enemigos compartidos». Y por ello, con sorna afirmo que yo, aunque algún día me haga un «especialista» en estos temas, jamás me haré llamar «especialisto».

Creo seriamente que existe una necesidad real de que la sociedad acomodada que comparte y respeta la normalidad, las tradiciones etc. se movilice y dedique tiempo, dinero y organización a la defensa y protección de muchas cosas que siempre han existido y que por estar tan arraigadas en la sociedad se han quedado sin defensores activos.

La fuerza movilizadora de muchas causas nacidas de minorías que cuestionan numerosos aspectos del orden establecido no tiene contrapeso en la gente común que poco o nada se une para defender y proteger aquello que por ser de siempre y evidente parece no necesitar protección. Esperar a que nuestros líderes se enfrenten con coraje a quienes gritan con creatividad en defensa de una causa tras otra no es solución. Como ciudadanos individuales debemos mostrar activo coraje en la defensa de aquello en lo que creemos, venciendo así las causas que no tienen sentido para nuestro bienestar social sostenido. La gente común no puede abandonarse y mantenerse en la creencia de que los líderes nos protegerán si quiere defender aquello que tantos años o siglos se ha tardado en conquistar. Proteger aquello en lo que creemos nos debe exigir más compromiso con el consiguiente esfuerzo, coraje, creatividad y estar debidamente organizados para garantizar su efectividad si no queremos perderlo.

EL REGRESO DEL SENTIDO COMÚN

Todas las carreteras tienen un sentido o quizá un doble sentido. Todas van hacia algún sitio, en alguna dirección. Hay un porqué cuando las tomamos, pues tenemos la intención de ir hacia ese lugar al que nos lleva la carretera. ¿Nos pasa lo mismo con las cosas que hacemos en nuestra vida? O ¿más bien vivimos como en una plaza o rotonda dando vuelta tras vuelta sin saber a dónde vamos ni para qué damos tantas vueltas?

Las leyes, los reglamentos, las grandes decisiones, también nacen o deberían nacer con un sentido. Tienen el propósito de corregir u ordenar algo para conseguir un resultado favorable al bien o al interés que tratan de proteger. Es lo que se llama el «espíritu de la norma». Pero en los tiempos que vivimos ¿siguen las leyes y normas recordando el porqué y para qué por los que nacieron? ¿O se convierten más bien en obligaciones y trámites que se llevan a cabo porque siempre se ha hecho así o porque lo obliga la ley, mientras el espíritu y el sentido de la norma han quedado olvidados?

Creo que es bueno tener momentos en nuestras vidas en los que demos vueltas a una plaza sin necesidad de preguntarnos por qué y para qué lo hacemos. Se trata del maravilloso derecho a no hacer nada productivo sino más bien dejamos llevar por lo que nos pide nuestro cuerpo. Pero me parece grave que esto ocurra de forma permanente y se pierda definitivamente la bondad de pararnos ante decisiones o valoraciones de las cosas para preguntarnos su porqué y para qué o cuánto contribuyen a lo que realmente buscamos.

Pocas cosas son tan difíciles de definir como el sentido común, pero todo el mundo tiene su indescriptible idea de lo que significa. ¿Entenderemos todos cosas parecidas cuando hablamos de él? Probablemente no estaremos lejos los unos de los otros en nuestras visiones internas mientras no se nos pida que las expliquemos. Es abrumadora la mayoría que piensa que el sentido común es bueno en el gobierno de nuestras actuaciones y decisiones tanto en el ámbito individual como en el social.

El título de este apartado lo que denuncia es la escasez de aplicación del sentido común en nuestra sociedad y la necesidad de dotarlo de mucho más protagonismo para que las decisiones individuales y sociales estén alineadas con un porqué y un para qué o con el sentido de lo que perseguimos con ellas.

De forma muy intelectual y aburrida me atrevo a definir el sentido común como «la competencia para gobernar de forma espontánea nuestras propias facultades, capacidades, creencias, conocimientos y emociones administrando la intensidad y dirección de nuestras distintas funciones racionales y emocionales de forma integrada y armónica con el mejor criterio para la consecución del mayor acierto en la adopción de una decisión o valoración encaminada a un objetivo conscientemente perseguido y dentro de un contexto y un marco de valores jerarquizados y ponderados».

Traducido a lo mundano, lo que conforma el sentido común es la facultad de actuar con acierto de forma que se respete aquello que en última instancia justifica o debiera justificar que hagamos las cosas para conseguir nuestros objetivos, salvo cuando queramos dar vueltas a una plaza sin ir a ningún lado o buscar nada. Y para que el camino sea feliz y tenga coherencia deberemos asegurarnos de que lo hacemos respetando los valores que nos importan pues, de no ser así, conseguiremos logros concretos y objetivos pero de forma insatisfactoria.

Esto exige mirar la situaciones desde una cierta altura o perspectiva para liberarnos de distorsiones o prejuicios negativos y reforzar nuestra reflexión, tanto individual como social, reduciendo la superficialidad para contestarnos al porqué y el para qué de lo que hacemos. Nuestras respuestas seguro que nos darán mucha luz para guiar nuestro actuar.

Soy consciente de la dificultad de vivir incrementando la presencia del sentido común en nuestras vidas. Pero no por ello debemos renunciar a hacerlo. Pues alcanzados unos niveles de consecución altísimos en cuestiones más relacionadas con el bienestar material, físico y operativo, resulta fundamental integrar nuestra vivencia, nuestra emocionalidad y el juego de nuestros valores en la ecuación de nuestro juicio de lo que es bueno y adecuado para nosotros y para nuestra sociedad. Y de esa integración saldrá esa redefinición del concepto de bienestar de la que ya he hablado y la adaptación de nuestros comportamientos para alcanzarlo.

El sentido común y la sensatez deben permitirnos dar coherencia a nuestras reflexiones y filtrar los condicionamientos y sesgos propios y sociales a la hora de mirar e interpretar las cosas. Deben también permitirnos tener en nuestros verdaderos valores y creencias una guía para determinar el criterio adecuado de nuestras actuaciones. Deben permitirnos priorizar en el caso de conflictos entre varios valores. Y deben darnos pautas para caminar cada día en una u otra dirección hacia nuestro propósito individual o social.

La sociedad no puede prescindir de su funcionamiento democrático pues cualquier otra alternativa será una solución mucho peor y a la larga mucho más peligrosa. Pero la democracia tiene que protegerse de sí misma si quiere sobrevivir. Y para ello deberá conseguir que la calidad de las opiniones individuales en forma de votos que conforman la voluntad democrática se apoye en el criterio propio de cada individuo con un mínimo de solidez que abrace con realismo nuestra propia condición humana. Y quizá hoy, en una sociedad muy caotizada en muchos aspectos, esa solidez está perdida. Por ello la sociedad debe volver a ensalzar el valor del sentido común, de la sensatez, de la sabiduría. Sin una mínima sensatez o sentido común no se puede tener o practicar una ideología. Mantener unos ideales sin criterio y sin aplicar el sentido común no es expresar la opinión propia de cada uno sino copiar y emitir el voto conforme a lo que otros nos indican y sugieren, creyendo que lo hacemos para representar nuestros ideales, cuando lo que hacemos es adherirnos a afinidades personales de nuestros representantes y alejar nuestro voto de quienes nuestros líderes han conseguido construir como nuestros enemigos.

A su vez, tener ideales exige una mínima capacidad de separar los intereses de uno mismo respecto de lo que se cree que es bueno a medio y largo plazo para una sociedad en la que uno se incluye. El sentido común exige un grado de desarrollo personal y de autoconocimiento que no todas las personas tienen pero que es necesario cuando se grita en defensa de unos ideales.

De acuerdo con la larga definición del sentido común, este debe abrazar las emociones y los sentimientos de cada persona. Pero incluirlos en la ecuación del sentido común no es darles un protagonismo exacerbado sino integrarlo con nuestras facultades más frías, racionales y analíticas de forma equilibrada.

Y en un mundo en el que cada vez resulta más difícil determinar lo que está bien y lo que está mal, la búsqueda de esos equilibrios es de creciente importancia pues pienso que en ello está la virtud. Comenzando con el propio desarrollo económico, de eficiencia productiva y bienestar material, resultará fundamental alcanzar un equilibrio entre la búsqueda de más y más y el freno a una frenética velocidad de cambio. Y para ello solo el sentido común colectivo como suma del sentido común aplicado por cada individuo será la única vía efectiva para alcanzarlo, muy por encima de medidas o políticas legislativas o sociales que jamás podrán poner puertas al campo. Equilibrado es, según mi criterio, el hecho de mantener una posición que evite los extremos por considerar que los extremos son degeneraciones de lo que debe considerarse sostenidamente saludable para la naturaleza humana y para la sociedad.

La evolución se crea a través de la solución de conflictos o de posiciones contrapuestas en distintos temas. Y es precisamente ese conflicto o contraposición el que enriquece las visiones y el que provoca una nueva situación evolucionada. Pero cuando la situación resultante es extrema y no razonablemente equilibrada entre las dos posiciones en juego, se produce mucho dolor y en general al cabo de un tiempo resulta necesario hacer cierto camino marcha atrás para volver a un lugar estable.

No es suficiente con que los empresarios y los líderes políticos y sociales apliquen la receta del sentido común. Todos tenemos nuestra cuota de responsabilidad en lo que la sociedad es y consiguientemente todos tenemos un papel que desempeñar para contribuir a una evolución deseable. La ciudadanía necesita de más madurez y de una adecuada perspectiva de todas estas cuestiones para poder hacer una buena contribución a nuestra evolución. Todos debemos esforzarnos en conocernos y conocer a los demás, en superar las apariencias superficiales de lo que es bueno y malo, y en elaborar criterios algo más profundos de las cosas; en definitiva, en esa interiorización ya comentada de las variables que conforman nuestro bienestar integral aplicadas con sentido común. Y esto quiere decir que ni debemos dejar de proteger y desarrollar nuestro bienestar y riqueza material, ni debemos perdernos en la búsqueda de más y más riqueza olvidándonos de nuestra paz y plenitud personal.

Por todo ello insisto tanto en la necesidad de un desarrollo basado en el crecimiento de los individuos para ser capaces, desde ahí, de trabajar en una sociedad más sabia, equilibrada y sensata sin renunciar a sus sanas y necesarias pasiones. A entender y dar creciente valor a la calidad de la experiencia humana en sus interacciones con la sociedad. A entender que es «muy bonito» reconocer el derecho de todos a un cierto bienestar material, pero que será difícil de conseguir si le damos solo el nombre de «derecho», como hoy parece ya ocurrir en la Declaración de Derechos Humanos de la ONU. Pues aunque yo comparto que un mínimo bienestar material debe ser extendido a todos los ciudadanos del planeta lo antes posible, no creo que ello deba ser configurado tanto como un derecho sino como un derecho-deber. Un cierto conocimiento del ser humano y el sentido común me llevan a creer que no podemos pensar que las personas tendrán comportamientos buenos para la sociedad si no es en un marco de premios y castigos socialmente inteligente.

Me habría gustado nacer en el Paraíso. Pero todos hemos nacido en la Tierra. Y la naturaleza está sometida a unas reglas animales y/o humanas que no podemos ignorar y que hacen que la vida no sea fácil para nadie. Todos, ricos y pobres, tienen que trabajarse su futuro y su encaje feliz en la sociedad en la que les ha tocado vivir. Y aunque sería deseable que fuera de otra manera, la vida y la sociedad tienen mucho de bonito pero también mucho de esfuerzo, dolor, frustración y miedo. Y así seguirá siendo toda la vida pues la forma de ser de nuestra sociedad no es sino consecuencia de la forma de ser de las personas que la configuran. Integrar y asumir esta realidad es un ingrediente necesario para garantizar una sociedad que camine guiada por el sentido común en busca de su mayor plenitud y felicidad.

Necesitamos no perder nunca una conexión con el sentido de las cosas. Nuestras actuaciones en el campo individual y en el social y empresarial deben poder responder con coherencia al por qué y para qué de ellas entroncadas en nuestra nueva definición de bienestar. Y esa respuesta no puede sino situarse equilibradamente entre la consecución de logros materiales e instrumentales medibles y el necesario cuidado de nuestro bienestar interior y de la calidad de nuestras vivencias y experiencias humanas. Solo la mayor profundidad de nuestras reflexiones y la integración en ellas de nuestras emociones, sentimientos y valores permitirán integrar a través del sentido común nuestras metas humanas en un camino en el que se respete felizmente nuestra jerarquía de principios y valores.

EL PROPÓSITO Y EL ESPÍRITU EN LA SOCIEDAD

No quiero olvidarme de que por encima de todas estas reflexiones tan psico-racionales se encuentra la dimensión de la trascendencia o la espiritualidad. Adentrarse en esta dimensión exige abandonar, al menos en gran medida, el plano racional y la dialéctica habitual para entrar en lo que algunos han considerado un estadio superior de la inteligencia. La inteligencia espiritual constituye, para quien la desarrolla, una extraordinaria vía de iluminación y conocimiento trascendente que complementa, añadiendo sabiduría a las tradicionales inteligencias racionales o emocionales.

Es una inteligencia de la que me resulta difícil hablar salvo por referencia o recuerdo de las experiencias iluminadoras que se sienten cuando se practica. Es un conocimiento o sabiduría que no reside ni puede comprenderse con la cabeza sino que se siente o aprende con el cuerpo, con la experiencia. Es el cuerpo, en su conjunto, como parte del universo, el que íntegramente siente o experimenta ese conocimiento que prefiero llamar sabiduría por referirse, no tanto a cuestiones concretas, sino a la interrelación o interacción omnipresente y permanente entre todas las cosas, ideas, sentimientos o sensaciones del universo.

Esa inteligencia espiritual permite gozar de la paz profunda que se disfruta en los momentos de trascendencia.

La sociedad futura deberá también evolucionar hacia una mayor espiritualidad. Pues es en el cultivo del espíritu donde pueden diluirse los miedos, los desasosiegos y en definitiva las insatisfacciones y frustraciones vitales o sociales que necesariamente el ser humano padece, mientras se experimenta el gozo de una especial luz para comprender incluso lo incomprensible.

Muchos sentirán repulsa al leer esto por asociar la religión a la espiritualidad como si se trataran de lo mismo, pues sufren un automático rechazo de nuestra principal religión por motivos históricos, sociales o educacionales. La religión en nuestro país y en muchos otros se asocia por muchos a una ideología o posicionamiento político, lo cual genera una gran repulsión a ella y a sus símbolos.

Pero yo no me refiero a eso. Me considero un afortunado y tengo muchas cosas. Y creo que una gran mayoría de las personas de sociedades civilizadas tenemos ya suficientes posesiones. Es claro que casi todos queremos tener más pues algo dentro de nosotros nos llama a tener lo que no tenemos. Sin embargo, cuando elevo un poco mi perspectiva y tomo distancia con mi vida convirtiéndome en un observador de mí mismo, me doy cuenta de muchas cosas. Entre ellas observo que da igual cuanto tenga, pues en la medida en que no doblegue mi genética o mi instinto social, que me exige estar a la altura o diferenciarme, el nivel de lo que tenga no alterará la intensidad de mis deseos. La intensidad de mis deseos tiene poco que ver con lo que tengo y está mucho más relacionada con la calidad de mi autenticidad personal y de mi gobierno personal, a lo que mi espiritualidad contribuye de forma definitiva. Y aunque estoy seguro de que cada uno vive y experimenta su espiritualidad de manera diferente, tengo el convencimiento de que a través de ella siempre se goza de experiencias iluminadoras que nos enriquecen para nuestro propio beneficio y el de los que nos rodean. Como vivencia íntima de cada uno es un gran bálsamo para aquietar insanas pasiones y agitaciones mundanas.

La felicidad no se relaciona ya con el tener más sino con el ser capaces de vivir con mayor plenitud y no dejarnos arrastrar por la sociedad para no sentirnos excluidos. La felicidad tiene que ver con tener un porqué para levantarnos todos los días y luchar para conseguirlo. Es poder compartir con satisfacción aquello a lo que nos dedicamos y nuestro propósito en la vida como fuerza movilizadora de nuestras acciones y que es muy superior a la fuerza del tener más y más. Es cierto que todo ello no doblega las fuerzas instintivas que nos llevan a desear más cosas. Pero ya he explicado que creo que lo que hay detrás de esas cosas es más una búsqueda de distinción, estatus o sentido del logro que realmente la búsqueda de un disfrute material.

Una sociedad donde la cantidad ya no es relevante tiene que ocuparse de la calidad. La calidad de la experiencia de vida de sus miembros, un sano orgullo y una gratitud de vivir haciendo y perteneciendo a algo que nos «merezca la pena». Y eso es hablar del propósito vital de las personas y de su vertiente espiritual o trascendente.

El propósito debe buscarse y trabajarse. Todos libremente deberíamos dedicar más tiempo y esfuerzo a encontrarlo y a colocar nuestra trayectoria en él. Y difícilmente lo haremos mientras nos dejemos someter por la dictadura de una sociedad que nos arrastra al consumo, a no quedarnos atrás y en la que en gran medida sus miembros se miden unos a otros por lo que tienen y por logros instrumentales.

Un buen propósito nos mueve, nos guía y nos da fuerza todos los días empujándonos a seguir en los momentos difíciles. El propósito anula casi todas las inquietudes mentales sobre si hacemos o dejamos de hacer algo y nos marca con claridad que es lo que sí y lo que no debemos o queremos (en un sentido profundo) hacer. El propósito se apoya en nuestro compromiso de ir hacia un lugar al que nos apetece ir, de luchar por conseguir algo que queremos conseguir y de lo que nos sentiremos orgullosos, aunque no sea socialmente valorado. Pues el creador del propósito es cada uno, como lo es también el beneficiario del mismo.

Las personas que viven con un propósito profundo del que pueden sentirse internamente satisfechas son personas que en general traspiran bienestar a su alrededor. Me gusta estar con ellas. Siento que son personas auténticas con las que da gusto estar para disfrutar de su unicidad, de su verdad personal o, lo que es lo mismo, de su persona sin más. Por ello quiero ser siempre una persona con mi propósito, mi porqué, mi sentido en mi vida. Pues no quiero ser un personaje flotante sin control al servicio de roles no elegidos, de postureos o sometido a la presión del qué dirán. Y por ello quiero también vivir en una sociedad en la que todos vivan vidas cargadas de sentido pues el propósito vivido sitúa a las personas en el «porqué» y «para qué» están en el mundo, removiendo de nuestras cabezas la presencia de muchos interrogantes que pueden desasosegarnos. Nos coloca en el presente y nos permite fluir por la vida sin pensamientos que perturben nuestra plena presencia evitando tener la cabeza en el pasado o en el futuro más de la cuenta.

¿Y qué decir del espíritu si no sabemos ni cómo describirlo? Cada uno tenemos nuestra idea del espíritu igual que la tenemos de Dios. El espíritu se mueve en el terreno de lo vivido, de la experiencia. En el espíritu no se puede creer, hay que vivirlo. Y cuando uno ha vivido en el espíritu no puede tener duda de lo que es.

El espíritu es un lugar interior liberador de las energías y tensiones sobrantes que tenemos. Es en ese lugar donde unimos nuestra cabeza con nuestro corazón y con nuestro cuerpo más visceral y animal. Es el lugar donde se liberan las energías que nos impiden ser quienes realmente somos y que nos llevan a traer miedos a nuestra consciencia además de a la creación de necesidades artificiales que denominamos sociales. Esas energías sobrantes en forma de inquietudes y miedos nos hacen pasar de ser personas a ser personajes.

Por ello, los individuos que ponen en lugar prioritario el cuidado y el respeto de su espíritu son en mi opinión seres «más de verdad», más «lo que son» sin pretender lo que no son. Sienten mayor plenitud y una mayor disposición a la compasión y a la comprensión del resto de seres humanos. Y por ello quiero estar rodeado de personas que trabajan y miman su espiritualidad. Unos encontramos en eso a Dios y todo lo que ello significa. Otros, quienes no crean en Dios, tendrán también su forma de trascendencia y encontrarán paz, sosiego, serenidad y en definitiva un encaje para su existencia en su persona y en el mundo que les ha tocado vivir.

Poco se le puede explicar a un ciego sobre cómo es la experiencia de ver pues solo viendo se conoce. Y poco se les puede explicar a las personas espiritualmente yermas sobre la experiencia de tocar y ser tocado por el espíritu. Pero me atrevo a afirmar que, como ocurrirá con la vista, nadie que haya gozado de la vida espiritual optará por abandonarla mientras está disfrutando de ella. Otra cosa es que, como la vista, la espiritualidad también puede degradarse o perderse involuntariamente.

Digo, quizá con cierta osadía, que una sociedad primitiva o pobre podría permitirse más renunciar a su espiritualidad pues su lucha por alcanzar los básicos para su supervivencia suavizarían las inquietudes existenciales que son inherentes a la complejidad del ser humano. Seguramente su energía estaba más entretenida buscando la satisfacción de necesidades más físico-vitales. Pero una sociedad rica, sobrada de bienes materiales, es una sociedad de individuos rebosantes de energía interna que requiere en mucha mayor medida de la espiritualidad. Es casi un requerimiento fisiológico cuya atención redunda favorablemente en el bienestar de las personas. Me declaro por tanto un firme defensor de la importancia de la espiritualidad en la sociedad y un promotor de la toma de conciencia de ello.

Como sociedad dejemos de olvidarnos del espíritu y de vivir instalados en una sobre-confianza en nuestro conocimiento, la ciencia y la tecnología, que nos lleva muchas veces a despreciar el misterio de la vida. Una sociedad que alardea a menudo de laicismo y niega incluso aquello que no es capaz de concebir. Una sociedad que parece tener miedo a creer en Dios o a aceptar nuestro carácter insignificante en el universo por miedo a que ello la debilite.

Vayamos pues de una sociedad que vive muchas veces asentada en un aparente bienestar pero carente del más mínimo sentido existencial a una cargada de sentido y propósito para sus individuos huyendo de vivir sin saber por qué y para qué y casi solo «postureando». Integremos con sentido la ciencia en nuestras vidas entendiendo sus limitaciones y saliendo de la incapacidad de creer que hay cosas que existen o pueden existir aunque no se puedan comprender desde las capacidades humanas. Dejemos de ser una sociedad que desprecia trabajar en aquello cuyos resultados no son objetiva o matemáticamente medibles o convertibles en dinero. Las cosas más bonitas, las más valoradas en nuestra profundidad interior, como el amor, el cariño o la felicidad, nunca son medibles. Dejar de trabajar en ellas por la imposibilidad de medirlas sería un tremendo error.

Las religiones encauzan la espiritualidad de las personas pero no son ellas las únicas vías para trabajar el espíritu y el ámbito de la trascendencia. Además de nuestro trabajo individual, contribuyamos todos a una sociedad que cuide también de su espíritu pues nada como su abrazo nos ayudará a discurrir por la dureza y los sinsabores inevitables de la vida. Solo el espíritu nos puede liberar de la espiral creciente de necesidades a la que nos vamos viendo sometidos sin recibir verdadera felicidad y plenitud. Es el espíritu el que nos da la confianza y la autenticidad para ser quienes realmente somos. Y solo dejándonos ser quienes somos podremos alcanzar un alto estado de satisfacción vital y contribuir a crear una sociedad mucho más amorosa, amable, plena y aceptada en profundidad por todos reencauzando nuestras energías más primitivas. El espíritu, como el amor, no se reduce al compartirlo sino que, por el contrario, se enriquece y ensancha cuando es compartido. Y quizás así, compartiendo más nuestro amor, nuestro cariño y amabilidad en un espíritu común podamos doblegar o administrar mejor algunos deseos y emociones conflictivos propios de nuestra naturaleza animal, admitiendo, aceptando y moderando nuestra irrenunciable condición egoísta asociada a la fuerza de los instintos que nos gobiernan.

Hagámonos pues más espirituales en esta sociedad rebosante de materialismo para crear una más amable en la que el propósito y el sentido vital de sus miembros se integren con el de los demás y con las necesidades de la sociedad como tal, sustrayendo buena parte de nuestra energía dedicada a la competencia y a la confrontación para aplicarla a la comprensión personal de unos y otros, y a la mejor unión de todos en un espíritu social compartido.

> Alcanzada la satisfacción e incluso la saturación de nuestras necesidades vitales relacionadas con la supervivencia debemos encontrar sentido y un propósito que nos ayude a caminar por nuestro día a día. El cultivo del espíritu nos ayuda en la búsqueda de ese propósito a la vez que nos ofrece un enorme campo de misterio en el que depositar todos nuestros interrogantes y desasosiegos. Cuanto más saturada de riqueza se encuentre una sociedad, mayor necesidad tendrá de cultivar su espíritu. Promovamos por tanto el desarrollo de la vertiente espiritual y trascendental de la sociedad y sus individuos desde el respeto a los caminos que cada uno elija para ello. Conseguiremos así una sociedad más amable y con mayor presencia de actitudes amorosas, generosas, compasivas y de gratitud.

SOÑAR ESTÁ BIEN PERO, ¿POR DÓNDE EMPEZAMOS?

Seguro que muchos compartirán algunas o muchas de las reflexiones de este libro. Y a bastantes les gustaría que muchas cosas cambiaran. Pero ¿quién es el guapo que da el primer paso?

Gritamos permanentemente criticando a las personas que encarnan feas prácticas que se han hecho habituales. Pero somos poco conscientes del hecho de que para estar hoy en determinados roles y puestos, o se siguen las prácticas que se dan en entornos concretos o sencillamente no se está. Muchas veces algunos empresarios o políticos se enfrentan a fuertes dilemas personales pues optan por hacer cosas que no les gustan al considerar que no les queda más remedio si no quieren «dejar de estar». A veces hasta los mejor intencionados y personas de principios no pueden evitarlo. La selva es la selva y aunque uno quiera ir de bueno, justo y recto en ella, si no saca las uñas y muerde cuando es necesario seguramente dejará de existir.

Aun desde esa comprensión, no puedo admitir el relativismo moral degradante a lo que todo ello lleva. Pero a la vez, siendo realista, me preocupa que la solución (o más bien la no solución) consista en que las personas de más principios abandonen determinados puestos en los que la competencia y la presión llevan al uso de esas malas prácticas. Pues si eso es lo que hacemos empeoraremos la situación dejando esos roles definitivamente en manos de desalmados que ni siquiera se plantean tales dilemas.

En gran medida hay que reconocer un mérito heroico, por ejemplo, a personas cabales y honestas que entran en política pues la jungla en la que se desarrolla esta en la actualidad está cargada de agresiones y trampas ajenas a todos los principios que siempre he creído que formaban parte de nuestro deteriorado contrato social. Pero es verdad que quien hoy permanece en política, al menos en nuestro país, es alguien cuya capacidad de protegerse de la crítica con unas especiales escamas le hace ser menos competente en el ámbito de la coherencia, la eficacia y del sentido común. Es una reflexión-juego pero que encierra algo de seriedad pues todo no se puede tener. Y lo mismo puede decirse de muchos empresarios en sectores en los que evitar prácticas excesivamente agresivas supone casi renunciar a sobrevivir.

Por ello este libro ha pretendido poner de manifiesto una serie de fenómenos de nuestra sociedad que contribuyen a que se den malas prácticas en ella. Es por tanto un libro crítico con determinados fenómenos sociales que me parecen degenerativos. Pero a la vez ha tratado de poner luz para explicar los hechos asociados a esas malas prácticas y que se evidencie cómo todos contribuimos a su desarrollo. Eso debería hacernos más comprensivos con los individuos que se ven encerrados en entornos sociales que propician y casi fuerzan conductas que a muchos no nos gustan, a la vez que realistas en nuestras exigencias de cambio a los demás. Y esta comprensión es la que me hace ver la dificultad para provocar, sin que medie una gran crisis o conflicto, un punto de inflexión que suponga el inicio de una nueva etapa de cultivo del humanismo y de una regeneración ética y de valores de los individuos que componemos la sociedad y especialmente en el campo político y en el de la maquinaria económica.

Pero la dificultad no puede de ninguna forma detenernos ni privarnos del optimismo necesario para caminar hacia una sociedad positivamente evolucionada. Solo la convicción de más y más personas y la confianza de que cada uno de nosotros podemos contribuir a cambiar el mundo hará que ese cambio sea posible y que el coraje de unos pocos, firmes en sus principios y respetuosos con sus valores, vaya ocupando por contagio un creciente espacio social de mejora de las relaciones entre humanos.

Y aunque muchas de las pretensiones o direcciones señaladas por este libro podrían parecer naifs, la realidad es que los cambios sociales comienzan cuando al hartazgo ante determinadas situaciones se le une la confianza en las posibilidades de cambiarlas. Y esa confianza debe provenir de la suma de compromisos individuales y de la intensificación de la conversación social sobre estas cuestiones.

Es por ello crucial entender como punto de partida del cambio que la dificultad no está tanto en saber qué es lo que hay que hacer sino en cómo debemos hacerlo, pues saber vencer las inercias negativas es imprescindible para ir conquistando puntos de inflexión en la actual senda de relajación de principios y valores. Debemos encontrar los caminos para el cambio desde la comprensión de las personas y las resistencias a las que irremediablemente estas se ven sometidas. Pues solo gritar y exigir el cambio de los demás desde una supuesta cualidad moral superior no llevará si no a mayores actitudes defensivas y a perpetuar las malas prácticas derivadas de actos sin respeto a nuestros valores. Aun cuando consigamos erradicar algunas malas prácticas, estas serán sustituidas por otras en tanto en cuanto en nuestra sociedad no arraigue un mayor respeto real, no solo aparente, de los valores que públicamente declaramos.

El camino estará lleno de resistencias. Estar familiarizado con estas y conocer la relación de unas con otras nos permitirá abordar el cambio y vivir con nuevas miradas. Pues no es suficiente la voluntad de cambio sino que para el proceso será siempre necesaria una inteligencia de gradual evolución y el conocimiento de las dificultades que el camino pondrá. A la vez, la toma de conciencia de estas resistencias deberá hacernos más fuertes para tolerar los tropezones y los baches pues ineludiblemente «la cabra tira y tirará al monte» y ello debe estar siempre contemplado en nuestra hoja de ruta en un camino que nunca tiene fin. Nos ayudará, tanto en nuestra propia comprensión y en la de nuestras dificultades, como en la comprensión de cada persona que nos rodea. Y comprender los resortes que nos mueven siempre es el punto de partida para poder gestionar el cambio.

Conocer las dificultades y resistencias es el mejor camino para superarlas. Y para tal fin este libro incluye como anexo un cuadro denominado «resistencias y antídotos» con la descripción de las resistencias individuales y sistémicas que observo, junto con las pautas o consejos que considero ayudarán a vencer cada una de ellas.

¿QUIÉN Y CÓMO EMPIEZA EL CAMBIO?

El hombre en la Tierra vive y vivirá siempre en conflicto. Es algo consustancial al ser humano, a la vez que una fuente de crecimiento cuando el mismo se supera positivamente creando situaciones nuevas y evolucionadas. Por eso resulta importante desarrollar nuestra conciencia y conocimiento sobre ello a la vez que aprender a convivir en paz con el conflicto al comprender que por debajo de él lo que subyacen son intereses humanos (materiales, inmateriales o sociales) que son naturales por estar alineados con una genética programada para nuestra supervivencia. La madurez debería llevarnos a evitar relaciones destructivas entre nosotros y a la búsqueda inteligente de vías de mejora para la convivencia y la conciliación de esos intereses.

Como ya he mencionado, me dedico profesionalmente a la gestión de relaciones personales, profesionales y empresariales, y a la solución de conflictos y situaciones difíciles trabajando en la comprensión de unos y otros para tratar de promover acuerdos convenientes para todos. Por ello veo siempre la vida con una mirada muy consciente de la necesidad del conflicto para la evolución, si bien buscando permanentemente perspectivas muy conciliadoras que persigan recuperar pronto la paz y la sintonía con la mayor creación de valor derivada del conflicto. Y en la sociedad creo que todos deberíamos tener una similar visión para garantizar una paz permanente y evolucionada con la armoniosa resolución de los conflictos y dilemas sociales a los que sistemáticamente nos enfrentamos, especialmente en esta etapa constituyente de un nuevo contrato social global.

Es cosa de todos, unos de forma activa y otros de forma pasiva. Y para ello debemos olvidar actitudes de permanente reproche desde posiciones de «santidad personal», pues la sociedad no es sino la suma de todos y cada uno de nosotros con nuestros intereses cruzados, y todos tenemos algo que ver en el hecho de que la sociedad sea como es. Miremos lo que nosotros podemos hacer y pongámonos a ello. Y solo cuando estemos en ello gozaremos también de legitimidad para pedir el esfuerzo de los demás.

Y para empezar, además de la llamada a tomar conciencia de todo esto, se me ocurre solamente dar cuatro breves principios inspiradores de nuestra acción que, sin esperar a nada, podremos aplicar a todos y cada uno de nosotros (y a las organizaciones o grupos que representamos) para poner en práctica ese ejercicio de corresponsabilidad que todos tenemos para alcanzar una metamorfosis social atractiva, hacia una sociedad con más alma y con mucho más sentido.

- *Comprensión:* comprendamos siempre la postura, inquietudes e intereses del de enfrente y expliquémosle el porqué de los nuestros, sin polémica, sin confrontación, apartando emociones polarizantes y creadoras de iras. Comprender no es lo mismo que aceptar o compartir los actos de otros. Es más bien entender las motivaciones que llevan a los demás a sus actuaciones y los contextos generadores de sus actitudes. Y desde esa comprensión podremos gestionar con mayor inteligencia y acierto las resistencias, las tensiones y los conflictos.

- *Análisis, y reflexión:* analicemos siempre el impacto de nuestras acciones en el medio y largo plazo. Observemos con reflexión o intuyamos los fenómenos negativos que podemos crear con acciones concretas que aisladamente parecen positivas pero cuya reiteración contribuye a prácticas y evoluciones degenerativas en la sociedad. Trabajemos en mejorar nuestra capacidad de reflexión y análisis para conseguir decisiones lo más coherentes posible con nuestros valores más profundos para que estos puedan ser mantenidos.

- *Realismo:* no actuemos pensando que la gente y las cosas son como nos gustaría que fueran sino como realmente son. Ojo con el «buenismo» en una sociedad formada por individuos que también tienen su lado vago, aprovechadizo y reivindicativo. Lo que llamamos «principios» son el resultado de convenciones sociales que se han ido implantando a lo largo de los siglos al observarse su eficacia para el funcionamiento social. Tienen detrás, sin duda, una inteligencia y estadísticas probadas. No despreciemos por tanto el valor de nuestros principios sin encontrar otros que resulten más convenientes en el largo plazo.

- *Valoración de lo intangible y lo cualitativo:* lo no medible también cuenta. Reaprendamos a valorar y dar importancia en nuestras vidas a lo que es importante para nosotros aunque no sea susceptible de medición. Me refiero a la tranquilidad, el respeto, la amabilidad, la serenidad, la paz interior, y desde luego «el sentido». Evitemos que la loca espiral del consumo y de los progresos tecnológicos nuble nuestra mirada. Evitemos caer en ser instrumentos al servicio de la tecnología y el desarrollo económico para recuperar la condición de seres que «nos servimos de la economía y de la tecnología para nuestro bienestar». Y en el campo empresarial y de las organizaciones en general, comencemos a dar valor de verdad a la construcción de entornos con sentido, con propósitos compartidos y con culturas claras de respeto de nuestros valores pues, aunque en el corto plazo no se aprecie su valor, suponen la mejor inversión para crear cimientos sobre los que sostenerse con éxito en el medio y largo plazo.

Estoy seguro de que la sociedad como suma de todos los que la formamos camina ya poco a poco hacia un despertar para tomar conciencia de la necesidad de cambiar viejas creencias y paradigmas que fueron muy útiles en el pasado pero que hoy necesitan ser superados. No será fácil, requerirá mucho esfuerzo, pero retomaremos la dirección adecuada y los esfuerzos empleados serán bien recompensados.

Empecemos cada uno ya sin esperar a que los demás se muevan.

EL CAMBIO LO HACEN LAS PERSONAS

Hablamos y exigimos siempre que cambien las empresas, las prácticas políticas, los gobiernos... Parece que son ellos los que tienen la responsabilidad de todo y los que deben cambiar. Pero nada puede cambiar salvo las personas. Son las personas las que a través de su propio cambio provocan el cambio en los entornos en los que se sitúan.

Por tanto el cambio tiene que partir de cada individuo y deberá ir en una doble dirección:

- En primer lugar, para cambiar cada uno realmente las prácticas en las que incurre o conforme a las cuales desarrolla sus distintas actividades.
- En segundo lugar, para no «mirar para otro lado» ante lo inaceptable, lo que exige una coherente actuación frente a quienes nos rodean y en quienes podemos influir (en alguna medida) para no permitir, dificultar o hacer menos fructíferas conductas negativas y contrarias a nuestros valores. Ello exige «castigar» a quien no respeta las buenas prácticas, rechazando por ejemplo el consumo de sus productos (o servicios) si no son empresas éticas y respetuosas. Se trata de no «mirar para otro lado» para beneficiarnos directa o indirectamente de las malas prácticas de los demás, incluidas las instituciones. Esto incluye el consumo de programas de televisión, de información... Pues debemos admitir que las empresas ofrecen aquello que estamos dispuestos a comprar y los políticos dicen y hacen aquello que estamos dispuestos a tolerar los votantes.

Es verdad que la modificación de la conducta por parte de un importante líder empresarial, político o de cualquier esfera de poder tendrá un efecto social más inmediato y multiplicador, precisamente por su posición de liderazgo, su valor ejemplarizante y su esfera de influencia. Y por ello el esfuerzo de evolución debe ser realizado con mayor énfasis si cabe por nuestros líderes. Pero de nuevo debo decir que de nada servirán esos cambios y esfuerzos si el premio que reciben de los ciudadanos quienes respetan nuestros valores es el rechazo de sus productos o la retirada del voto por no ser tan eficaces (o tan baratos) como sus competidores que llevan a cabo prácticas que condenamos. Sin duda la responsabilidad empieza y termina en cada uno de nosotros.

Pero estos comportamientos individuales exigen mucho coraje, criterio o sentido común y equilibrio personal, y es en todo ello en lo que debemos concentrar nuestra mirada. La educación de personas para ser más personas, más humanas, con mayor capacidad de relaciones amables, generosas, compasivas y con mejor desarrollo de nuestro buen juicio y nuestra creatividad. Dejemos un poco de lado, al menos los que puedan, la lucha por ser eficaces en lo que hoy el mundo premia, empezando por ganar dinero, y busquemos otras recompensas que seguramente serán mucho más beneficiosas para la sociedad en general y en particular para quienes lo practiquen. Así seremos seguramente «más» quienes realmente somos, al despreocuparnos un poco de lo que tenemos.

¿ALGÚN CONSEJO PERSONAL? MÁS BIEN ALGUNAS REFLEXIONES Y CLAVES

Yo no me siento quien para dar consejos pues podría decirse que cada persona es un océano de matices que se diferencia enormemente de cada uno de los océanos de otras personas. Pero a pesar de todas esas diferencias, creo que son muchas más las cosas que nos igualan que las que nos diferencian. Pienso que todas las personas, en todo lo que se refiere a nuestros instintos y a la sofisticada manera de encauzarlos en nuestra sociedad, somos movidos y funcionamos con unos resortes comunes dentro de los cuales se producen esos océanos de matices. Pero en cuanto a los grandes pilares o arterias de nuestro funcionamiento y vida, como humanos compartimos mucho más de lo que nos diferencia.

Todos compartimos esencialmente las mismas piezas de un puzle formado por alegrías y penas, preocupaciones, miedos, logros, dolor, placer, cansancios, frustraciones, emociones y sentimientos en general que funcionan bajo los mismos mecanismos cerebrales. Son el color, el tamaño y el tacto de esas piezas del puzle lo que nos hace diferentes y únicos a cada uno. Y por ello, más que consejos, creo que unas buenas reflexiones abiertas son las que pueden venir bien a cualquier persona para el enriquecimiento de nuestra consciencia.

Los conceptos de bueno y malo son términos de libre apreciación. No me gusta por ello discutir con nadie lo que es bueno o malo. Y ante cualquier duda sobre si algo es bueno o malo, concluyo que lo bueno es lo que deseo para mis hijos y lo malo lo que no me gustaría que ellos padecieran... Mucho más allá de eso no puedo llegar pues soy el primer convencido de la subjetividad de mi criterio. Y por ello lo que considero bueno para mí, lo que funciona en mi búsqueda de la felicidad, no coincidirá, al menos enteramente, con lo que funciona para otros.

Y dicho esto, como reflexiones abiertas me pregunto: ¿qué es lo que yo trato de transmitir a mis hijos a lo largo de la convivencia que comparto con ellos? ¿Qué he tratado de inculcarles como mejor filosofía o patrón para discurrir por la vida? Principalmente les deseo y les inculco que luchen por encontrar sentido en sus trayectorias y consigan caminar felizmente por la vida y ayudando a la felicidad de los demás.

Suena muy bien pero ¿cómo se concreta eso un poco más? me dicen ellos con sorna. Y las pocas veces que me aguantan les hago las siguientes reflexiones de padre:

1. **Lo primero, asegúrate de tener cubiertas tus necesidades.** «¡Pues bien, empezamos!» dirán algunos. Eso de empezar preocupándose por uno mismo no suena bien. Pero tengo la convicción de que si una persona quiere ser buena y vivir en su mejor y más serena y feliz versión, lo primero que debe hacer es tener sus necesidades bien cubiertas. La insatisfacción o amenaza de nuestras necesidades dispara el protagonismo de nuestro cerebro más primitivo llamado reptiliano, desencadena emociones y actitudes defensivas, privándonos de la luz, la mirada y el amor necesarios para la mejor gestión de nuestra relación con las demás personas y con el mundo. El miedo a nuestra supervivencia física y social nos sacará de nuestra mejor versión para actuar y nos puede hacer agresivos, defensivos, huidizos, arrogantes...

   Algo parecido a lo que se nos dice cada vez que cogemos un vuelo: «En caso de despresurización del avión pónganse ustedes primero la máscara de oxígeno y después ayuden a los que lo necesiten».

   Cuidemos por tanto responsablemente la atención de nuestras necesidades físicas y sociales pues su simple amenaza nos colocará en una posición de miedo, bloqueo o irascibilidad que nos hará a nosotros y a los que nos rodean tener una vida de mucho sufrimiento. Sacarán de nosotros lo malo.

   Por el contrario, vivir con nuestras necesidades cubiertas sin sentir o percibir que son amenazadas nos permite ser a cada uno quien verdaderamente es, actuar como creemos que debemos actuar y en definitiva ser más libres para definir nuestro comportamiento y nuestro camino.

2. **Modera y gestiona bien tu nivel de necesidades.** Todos debemos trabajar responsablemente el equilibrio entre nuestras necesidades y las posibilidades de alcanzar su satisfacción en sus distintos ámbitos, siendo y comportándonos como queremos hacerlo, es decir, respetando nuestros propios valores. Para vivir en paz debemos cuidar que nuestras necesidades estén protegidas para que nuestros mínimos y apegos más marcados no se vean amenazados. Con un nivel controlado de necesidades evitamos la pérdida de seguridad o confianza que provoca vivir en el miedo o bajo sensación de amenaza a lo que consideramos necesario para nosotros...

Más allá de lo básico para la supervivencia física, las necesidades son algo subjetivo, sentido o percibido. Por ello, dentro del apartado de necesidades debemos incluir, no solo las materiales y físicas correspondientes al alimento, refugio, reproducción etc., sino las necesidades sociales que hemos encajado en las cinco categorías de estatus, seguridad, relación o sentido de pertenencia, autonomía y justicia, y cuya satisfacción se encauza a través de los complejos y sofisticados mecanismos de relación social, consumo, postureo, etc. De hecho hay que ser conscientes de que mucha gente que tiene dinero tiene mucha facilidad para satisfacer algunas de sus necesidades (consumo, estatus social...) por contar con una gran riqueza económica, pero puede tener muy descuidadas otras como la falta de sentido, la seguridad, el sentido de pertenencia y relación, precisamente por saber o sentir, consciente o inconscientemente, que quien parece que les quiere no les quiere a ellos sino a su dinero...

No creo que exista un nivel óptimo de necesidades predeterminado, pero considero que siempre es recomendable tratar de frenar responsablemente la incorporación de hábitos, consumos, propiedades, etc. que se conviertan psicológicamente para nosotros en necesidades. Pues es aconsejable mantener un nivel de necesidades reducido respecto a las posibilidades que cada uno tiene para cubrirlas. Es preferible tener más ilusiones, sanos deseos y caprichos esporádicos que un elevado número de necesidades, pues las necesidades satisfechas en sí mismas no producen placer, diversión, motivación o interés pero su insatisfacción es muy dolorosa y la simple amenaza de esta nos hace sufrir.

Por ello, para mantenernos dueños de nosotros mismos y en paz debemos tratar de que nuestro nivel de necesidades en cada ámbito se mantenga en un nivel inferior al de las posibilidades de satisfacción de las mismas con los recursos con los que contemos sostenidamente en el tiempo y que es previsible que mantengamos sin tener que adoptar comportamientos que no nos gustan. Pues «cuanto más forzados vayamos», cuanto menor sea la holgura para cubrir nuestras necesidades mayor riesgo tendremos de dejar de ser como realmente queremos ser o actuar como personas.

Por el contrario, cuanto mayor sea nuestro excedente de recursos para satisfacer nuestras necesidades, mayores garantías tendremos de poder ser quienes queremos ser y mantenernos fieles a nuestros principios y ejercer el coraje que ello muchas veces exige. El excedente de recursos tras satisfacer nuestras necesidades podremos compartirlo con el mundo o con nuestro entorno. Y ello sin olvidar dedicar una parte también a una inteligente administración de nuestros caprichos esporádicos pues nada hay tan bonito como estos, entendiéndolos como satisfacciones excepcionales, que lo son porque la frecuencia con la que nos los permitimos no deja que se conviertan en necesidades de esas que dejan de procurar bienestar a la vez que crean dependencia.

3. **Para poder realizar el trabajo anterior deberás conocerte a ti mismo.** Casi todos creemos que nos conocemos bien, pero la realidad es que el peso de nuestro inconsciente, de lo que desconocemos de nosotros mismos en términos de motivaciones, deseos, heridas pasadas, necesidades, etc. constituye un universo mucho mayor que el de la parte consciente o conocida. Invirtamos por tanto en conocimiento personal como cimiento para nuestro crecimiento y para descubrir precisamente nuestra esencia y las verdaderas necesidades de cada uno frente a las aparentes. Recordemos que muchas veces detrás de lo que creemos que son nuestras necesidades aparentes (superficiales) hay otras inconscientes (más profundas) que son las más verdaderas.

El camino del auto-conocimiento no tiene fin pues siempre hay espacios no descubiertos que poco a poco se nos van mostrando y nos dan mayor información para gestionar nuestra satisfacción y una vida de plenitud.

4. **Acéptate y quiérete.** En lo que queramos y podamos cambiar hagámoslo, pero en lo que sintamos que no podemos cambiar, aceptémoslo y aceptémonos sin torturarnos. Será la mejor forma de poder convivir con eso que no nos gusta y lo mejor también para los que nos rodean por la paz que ello irradia.

Evitemos negarnos internamente lo que verdaderamente nos mueve o lo que verdaderamente somos, aunque no nos guste una parte de eso que somos. No sintamos vergüenza frente a nosotros mismos. No nos empeñemos en escondernos detrás de las máscaras que nos vamos creando pues eso va expropiando gradualmente nuestra autenticidad convirtiéndonos sin conciencia en personajes distintos a quienes somos.

Recordemos para esto el modelo de las 5 «Aes» que he comentado brevemente en el apartado «Nuevos tiempos, nuevas necesidades».

5. **Dedícate a querer y ayudar a los demás.** Desde la atención de nuestro propio cuidado, dediquémonos a los demás. Démosles todo lo que podamos con calidad de tiempo y atención, pues con nuestras necesidades cubiertas nada nos procurará tanto bienestar y satisfacción interior como dedicarnos a querer, ayudar y dar amor a los demás.

   Nada nos agranda más que querer y ser queridos, y el acto de dar y entregarse es solo un modo de aumentar los recursos y la cantidad de amor que hay entre quien da y quien recibe, o lo que es lo mismo, entre quien recibe y quien da.

   Vivamos por ello con la mayor actitud generosa y compasiva que podamos pues, como dice la canción, «siempre es más feliz quien más amó».

   Aceptemos y vivamos con la premisa de que «una vez tenemos nuestras necesidades cubiertas, es mucho mejor ser querido que pagado con dinero».

6. **Comprende a los demás, acéptalos.** Comprender a los demás es una cuestión de actitud, de mirarlos con el máximo respeto y con la máxima capacidad de entender y aceptar sus peculiaridades sin que nos produzcan irritación. Como nosotros, tienen sus debilidades o rasgos que no nos gustan como otros nuestros no les agradan a ellos. Pero entender y respetar a los demás siempre ayudará a acoplar mejor nuestras relaciones con ellos.

   Comprender a los demás no significa estar de acuerdo con lo que hacen ni renunciar a intentar cambiarlo. Pero no nos irritemos con lo que no nos gusta de los demás o con las cosas que sufrimos o vivimos en la sociedad. Contribuyamos a mejorarlas si podemos, pues siempre podremos hacer algo. Y en lo que no podamos cambiar de nuestra relación con otras personas, aceptemos que las cosas son así sin crearnos un sufrimiento adicional.

7. **Diseña tu camino y discurre por él todo lo que puedas con tus valores.** Me parece fundamental vivir con un propósito que dé sentido a levantarnos todos los días y que nos comprometamos con él. Busquemos con empeño qué es aquello que espontáneamente nos mueve a la acción y aquello que hace que, mientras lo practicamos, el tiempo corra tan rápido que parece que no pasa. Seguramente será o tendrá que ver con aquello que espontáneamente hacemos mejor. Creémonos un sentido y un compromiso que abracen el bien de los demás y diseñemos una trayectoria para irnos acercando a esas metas que nos llenen de sentido. Tengamos paciencia para seguir en el camino, guiados por nuestro propósito y nuestro sentido en cuanto a la dirección y por nuestros valores en cuanto a la forma de caminar. Respetemos las etapas sin caer en precipitaciones sintiendo nuestra seguridad en la confirmación de que estamos dando los pasos como y hacia donde debemos.

Construye tu nivel de compromiso asociado a tu camino y no dejes de tener obligaciones y trabajar o estar comprometido con algo, aunque económicamente no lo necesites, pues es difícil convivir con la pérdida del valor del descanso o de las vacaciones como contraste.

8. **Da gracias a Dios, o a quien tú quieras, todos los días.** La actitud de agradecimiento nos coloca en un estado de apertura y predisposición para sentirnos contentos a cada instante por todo lo que gratuitamente recibimos.

Es sentir que recibimos el regalo de tener lo bueno que tenemos o somos. Vivir con la alegría de recibir permanentemente regalos es mucho más agradecido que vivir en la frustración de ver lo que me gustaría haber recibido pero no se ha dado.

Si queremos acercarnos a la felicidad debemos estar agradecidos por todo lo bueno que hemos recibido y compartir amablemente con los demás todas las grandezas de la vida, pues siempre hay muchas cosas buenas que celebrar por más que nos hayamos acostumbrado a ellas, como es el caso de la salud, que solo valoramos cuando se pierde. Debemos poner nuestro foco principalmente en ello, sin ignorar que también hay sufrimiento y que es necesario admitirlo y acogerlo como una parte de nosotros o de lo que nos toca vivir. Pero no hagamos nunca del sufrimiento lo que somos ni ignoremos la parte de nuestra vida que no es de sufrimiento.

9. **Trabaja tu espiritualidad para tu propio gozo.** Nuestro mundo y nuestra vida están llenos de ámbitos incomprensibles. Estamos rodeados de múltiples interrogantes para los que no somos capaces de encontrar respuestas desde nuestra naturaleza y racionalidad humanas. Los valores en los que creemos, como la verdad, la bondad y la justicia se ven permanentemente puestos en entredicho, llegando a perderse incluso la delimitación de lo que es verdadero, bueno o justo. Nuestras respuestas y valoraciones son excesivamente subjetivas y podemos apreciarlo así cuando observamos con miradas comprensivas y desde perspectivas libres de condicionamientos o implicaciones emocionales.

Con todo ello, en la naturaleza humana se pierden o diluyen las referencias últimas que nos sirven de guía y pilar a los que aferrarnos ante nuestras dudas, generándose un desasosiego que solo el trabajo espiritual o la trascendencia, por una u otra vía, pueden aplacar. La espiritualidad es un gran espacio al que confiar la respuesta a todas nuestras preguntas y dudas sin solución, a la vez que un espacio en el que depositar todo nuestro sufrimiento y las dificultades que nos desbordan en nuestra naturaleza humana.

La espiritualidad es por otra parte un lugar de encuentro con la trascendencia y un canal para encauzar y aplacar mucho de lo que consideramos inquietudes y desasosiegos sociales. Es sin duda una vía para mantener a raya nuestro nivel de necesidades, pues nos llena «haciendo más innecesarias muchas necesidades mundanas».

Por último, la espiritualidad bien vivida nos hace más respetuosos, comprensivos y compasivos facilitando una mayor amabilidad con las personas de nuestro entorno.

10. **Revisa de cuando en cuando tus metas.** Para tener siempre un buen porqué en la vida, debemos detenernos de vez en cuando para salir de la velocidad en la que vivimos y mirarnos, hablarnos, notarnos, sentirnos... Y desde esa conciencia que nos da el sosiego debemos evaluar dónde estamos en nuestro camino y, redefiniéndolo si es necesario, establecer nuevas metas personales que nos muevan hacia un equilibrado flujo de felicidad y sentimientos de acoplamiento y sentido en el mundo que vivimos en cada momento.

Vayamos por tanto actualizando nuestra meta final sabiendo que nunca se alcanza, mientras tomamos conciencia de las muchas metas volantes o logros que en el camino vamos consiguiendo.

LAS RESISTENCIAS Y SUS ANTÍDOTOS

Son muchas las resistencias que nuestro entorno muestra para dificultar un cambio o evolución hacia esa metamorfosis social que sugiero, pues parece que cada vez que alguien renuncia al uso de prácticas condenables está desprotegiendo sus intereses o necesidades o colocándose en cierta posición de inferioridad frente a sus competidores, ya sean políticos, empresarios o lo que sea... En cualquier caso, recuperando el optimismo que nuestra evolución nos aconseja tener, debo decir que muchas de esas resistencias poco a poco se van venciendo pues la naturaleza y la sociedad (como parte de ella) son tan sabias que evolucionan con una imprevisible inteligencia al servicio de su supervivencia y fortaleza, aunque a menudo no podamos apreciarlo en el presente.

Menciono seguidamente (clasificadas en personales y sistémicas) las resistencias más relevantes que identifico, junto con algunas recetas o pautas que pueden servir para contrarrestarlas o como antídoto:

- **Resistencias en el plano personal:** muchas de las resistencias que nos impiden el cambio son de tipo personal y están relacionadas con nuestros deseos y necesidades:

RESISTENCIAS EN EL PLANO PERSONAL	
RESISTENCIA	VÍA PARA CONTRARRESTARLA
La permanente competencia y la búsqueda de fortaleza y poder a las que nos llevan nuestros instintos de supervivencia para incrementar nuestras posibilidades de «sobrevivir» en nuestro camino de la vida.	Situar nuestros objetivos y vivir poniendo nuestro foco en consecuciones más relacionadas con nuestro propósito vital, el equilibrio personal, y otros valores humanos encontrando satisfacción en la ayuda y la amabilidad hacia los demás.
El temor a perder aquello que tenemos y a lo que nos hemos acostumbrado, ya sea en un plano material o social. Nuestros miedos e inseguridades despiertan nuestra agresividad, nos bloquean y en definitiva nos impiden ser la mejor versión de nosotros mismos, la que nos gustaría ser, la más respetuosa con los principios que creemos deberían gobernar nuestras actuaciones.	Asegurar que mantenemos un nivel bajo o moderado de necesidades y que las tenemos satisfechas reducirá muy significativamente el riesgo de vivir con actuaciones contrarias a nuestros principios. Cuanto mayor sea el colchón de recursos excedentes con el que contamos para cubrir nuestras necesidades mayor será la posibilidad de no caer en comportamientos agresivos, defensivos o de bloqueo.

RESISTENCIAS EN EL PLANO PERSONAL	
RESISTENCIA	VÍA PARA CONTRARRESTARLA
Nuestra genética y el funcionamiento de nuestro cerebro, como herramientas del instinto de supervivencia, condicionan nuestros deseos inmediatos y la forma de relacionarnos dificultando el cambio. El cerebro es muy plástico y por tanto muy susceptible de ser cambiado pero la resistencia a ello es enorme. Y hoy los cerebros del mundo occidental en general no están especialmente familiarizados con el amor, la compasión y la importancia del sentido, especialmente en las personas que ostentan posiciones de poder en la maquinaria económica-productiva.	La confianza en que el premio del cambio es mucho mayor que el miedo a la incertidumbre que produce. Aunque cualquier cambio es costoso por motivos neurológicos, la realidad es que la adaptación a lo nuevo se produce a mucha mayor velocidad de la que creemos. La «nueva normalidad» se alcanza tras muy pocas repeticiones de la nueva conducta. Tener confianza en ello ayudará a conseguirlo.
La excesiva tendencia al juicio en términos binarios de todo lo que observamos. Calificamos demasiado las cosas como buenas o malas sin tener hábito o costumbre de analizar aspectos buenos y aspectos malos de las cosas y huir de posturas polarizadas.	Comprender la perspectiva de los demás que explica sus actuaciones. Cuanta mayor comprensión tengamos de las personas mayor capacidad obtendremos de convivir con ellas en la discrepancia y sin juicio personal. Desde dicha comprensión juzguemos los comportamientos en lugar de a las personas enriqueciendo nuestras vidas en las escalas de grises.

RESISTENCIAS EN EL PLANO PERSONAL	
RESISTENCIA	VÍA PARA CONTRARRESTARLA
Las personas de hoy somos menos reflexivas dejándonos llevar mucho por reacciones muy rápidas y emocionales casi renunciando al análisis de las cosas. A su vez el análisis que realizamos se encuentra a menudo viciado por apoyarse en información falsa o muy sesgada por estar igualmente elaborada desde posiciones polarizadas y con escaso rigor analítico personal.	Contar hasta diez, hasta veinte o hasta treinta cada vez que queramos juzgar o reaccionar con rapidez ante algo. Cuanto más rápido y fuerte queramos reaccionar, más deberemos contar. Antes de proceder a la acción, preguntémonos en nuestro análisis por las ventajas e inconvenientes de cada alternativa de acción, sin dejarnos llevar por las primeras impresiones o conclusiones derivadas de informaciones partidistas.
La automática e inconsciente actividad de los humanos de categorizar a las personas inmediatamente en «de los míos» o «de los contrarios», lo que lleva a pensar que, salvo que se modifique nuestra programación neuronal, el mundo jamás podrá vivir armoniosamente con un «nosotros» que englobe a todos los ciudadanos de la Tierra en tanto en cuanto no sintamos la amenaza de algún extraterrestre que consiga nuestra unión. Los nacionalismos son los mejores maestros en la explotación de este fenómeno.	Vivir con un chip instalado para mantener una actitud que busque siempre prestar atención más a los aspectos que nos unen a otras personas en lugar de poner el foco en los que nos separan. Poner a nuestros juicios un filtro a las opiniones e informaciones que provienen de una parte interesada o defensora de una postura frente a aquellos que buscan el equilibrio. La Agencia de los Hechos Ciertos y de lo Políticamente Incorrecto nos podría ser de ayuda.

RESISTENCIAS EN EL PLANO PERSONAL	
RESISTENCIA	**VÍA PARA CONTRARRESTARLA**
La necesidad de las personas de «tener razón» que nos lleva a ni siquiera intentar comprender las posturas de los demás y a estar más interesados en la búsqueda de nuestra razón que en la verdad de las cosas.	Tener presente siempre que la razón es una herramienta que está a nuestro servicio huyendo de pensar que debemos plegarnos en todo momento a ella. Esto nos facilitará liberarnos de la esclavitud de sacrificar nuestros intereses por la necesidad de tener razón. No debemos olvidar que a los demás también les gusta tener razón y que la lucha por mantenerla nos aleja de alcanzar la verdad de las cosas y lo conveniente, pues la búsqueda de razón a menudo nos ciega y confronta.

- **Resistencias en el plano sistémico.** El sistema social en el que vivimos nos condiciona sin duda como seres necesitados de relación creando fenómenos que suponen una resistencia importante para una deseable evolución social. Entre tales fenómenos cabe mencionar:

RESISTENCIAS EN EL PLANO SISTÉMICO	
RESISTENCIA	VÍA PARA CONTRARRESTARLA
La necesidad de impulsar y mantener el consumo como gasolina para sostener la maquinaria productiva de la sociedad y evitar los serios riesgos de conflicto que suscitan las épocas de crisis o recesión en tanto en cuanto no haya otro elemento motivador o motor de la sociedad distinto al dinero.	El consumo no debe detenerse pero debe evolucionar para que pase de apoyarse en la presión social y en la creciente y sofocante creación de necesidades a estar apoyado en consumos que produzcan bienestar y contribuyan a un movimiento económico amable y redistributivo. Todos debemos consumir pero con orientación al bienestar propio y ajeno y más desde la libertad que desde la necesidad.

RESISTENCIAS EN EL PLANO SISTÉMICO	
RESISTENCIA	**VÍA PARA CONTRARRESTARLA**
El corporativismo en sus distintos ámbitos, que se convierte muchas veces en defensor de intereses de colectivos concretos utilizando medios y prácticas muy alejados de lo que debería ser si respetáramos nuestros principios, no solo en la apariencia sino en su sustancia, defendiendo a menudo lo indefendible y siendo en gran medida cocreadores de la posverdad. Cualquier estrategia hoy, si se quiere que sea exitosa debe contemplar tanto la verdad como la posverdad, lo que sin duda aleja del juego a muchas personas ejemplares que se niegan al uso de la posverdad y de malas prácticas.	La unión de la sociedad civil de forma organizada y con buen criterio para el análisis y la defensa de lo que consideramos adecuado deberá contribuir a poner freno a reivindicaciones absurdamente interesadas de algunos colectivos. La Agencia de los Hechos Ciertos y lo Políticamente Incorrecto deberá contribuir a desvelar las falsedades interesadas de algunos corporativismos. La firme y creativa persecución de la mentira y la falsedad por una sociedad civil organizada debería poner freno a esas malas prácticas.
La endogamia directiva y política que dificulta la incorporación y la proliferación de perfiles más diversos y humanistas en los puestos clave de las organizaciones y los partidos políticos.	La tendencia a mayor diversidad en los puestos directivos y la creciente presencia de la mujer en puestos de liderazgo supondrán una reducción de la agresividad de muchas prácticas empresariales y la promoción de empresas con más alma. Y en el ámbito político la presencia de personas cuyo objetivo no sea procurarse un medio de vida supondrá una depuración de la calidad de los políticos.

RESISTENCIAS EN EL PLANO SISTÉMICO	
RESISTENCIA	VÍA PARA CONTRARRESTARLA
La tremenda presión del dinero para exigir, a las empresas y a cualquier iniciativa, resultados rápidos, a corto plazo y medibles con una supuesta objetividad, sin querer oír hablar de nada que sea de valor cualitativo, mucho menos susceptible de medición.	Por una parte, desde el lado de los inversores, la creación de nuevas unidades de medición y valoración del éxito distintas del dinero provocará una mutación desde la búsqueda de rentabilidad a la búsqueda de sostenibilidad, incluida la sostenibilidad humano-emocional integradora que contrarrestará la necesidad cortoplacista de resultados financieros. Por otra parte, el poder de los consumidores organizados con rigor y objetividad deberá permitir el rechazo de productos y servicios de empresas que persiguen beneficio y rentabilidad a cualquier precio y menosprecian al impacto de este en la sociedad y en el futuro.

RESISTENCIAS EN EL PLANO SISTÉMICO	
RESISTENCIA	**VÍA PARA CONTRARRESTARLA**
La tremenda presión de los votos en el corto plazo sobre el actuar de los políticos ante la escasez de juicio sabio y sereno de los votantes, quienes difícilmente son capaces de votar considerando todas las actuaciones realizadas por los partidos durante toda la legislatura y de identificar las verdades que se esconden tras las posverdades, la propaganda o la demagogia.	Los informes de la Agencia de los Hechos Ciertos y de lo Políticamente Incorrecto deberían permitir desvelar las posverdades y tener versiones objetivas de las cosas. Ello permitirá a la sociedad contar con mejores elementos para sus decisiones de voto y desanimará el abuso por parte de los líderes políticos de la utilización de eslóganes provocadores de polarización y propaganda para evitar ser puestos en evidencia o caer en la mentira política, que debería estar condenada. La organización de la sociedad civil en defensa de nuestros buenos principios sin dobles agendas por sus líderes permitirá la generación de voces sociales cargadas de sensatez que ayudarán al ejercicio de nuestra voluntad democrática expresando juicios, no solo emocionales, sino racionales y analíticos.

RESISTENCIAS EN EL PLANO SISTÉMICO	
RESISTENCIA	VÍA PARA CONTRARRESTARLA
La fuerza aglutinadora y cegadora que el exceso de polarización de las visiones da en nuestra sociedad en distintos aspectos y que impide la comprensión recíproca de esas visiones y de los sentimientos de las personas que no están en «nuestro bando».	El rechazo por parte de los ciudadanos de los líderes provocadores de polarización frente a los que promueven el entendimiento y los puntos de encuentro deberá servir de acicate para provocar una rápida evolución hacia actitudes de menor confrontación, más constructivas y dialogantes. La Agencia de lo Políticamente Incorrecto ayudará a poner en evidencia a quienes de forma propagandística utilizan hechos falsos o retorcidos para despertar odios o iras polarizantes o generadoras de confrontación.

RESISTENCIAS EN EL PLANO SISTÉMICO	
RESISTENCIA	VÍA PARA CONTRARRESTARLA
La dificultad de la sociedad, como suma de individuos, de asumir nuevas verdades científicas que explican cómo es el ser humano y el funcionamiento de su cerebro y que ponen en cuestión los conceptos de mérito, justicia... Como ocurrió hace 500 años con la negación de que la Tierra giraba alrededor del sol, hoy nos parece difícil aceptar que sea nuestro inconsciente el que mueve la inmensa mayoría de nuestros actos y que de una u otra forma estos siempre estén movidos por nuestros intereses o por poner en cuestión nuestro arraigado concepto de justicia y mérito.	La aceptación por parte de la sociedad de la existencia de un ámbito de conocimiento científico compatible con otras esferas para el misterio y la espiritualidad nos permitirán integrar las nuevas verdades científicas que afectan al ser humano y promover una sociedad mucho más humanizada e integradora y con mayor presencia de la compasión sin por ello renunciar a unas reglas y exigencias de convivencia que aseguren la efectividad de nuestras relaciones y su funcionamiento con nuevas y pragmáticas miradas para la aplicación de la justicia social y el reconocimiento del mérito. El desarrollo de la espiritualidad será el mejor aliado para llevarnos a la aceptación de que nacemos con unas capacidades, que sin duda se pueden desarrollar pero que dependen más que nada de nuestra capacidad innata de esforzarnos con la que se desarrolla fruto de las interacciones y los estímulos que recibimos tras nuestro nacimiento sabiendo que de todo ello somos mucho menos responsables de lo que creemos.

RESISTENCIAS EN EL PLANO SISTÉMICO	
RESISTENCIA	VÍA PARA CONTRARRESTARLA
El menosprecio social de la espiritualidad en muchas sociedades que lleva a ignorar una importante dimensión humana y a centrar toda nuestra atención y energía en la consecución de más y más eficiencia y riqueza material o estatus con una mirada de alguna forma siempre competitiva. La fuerza de la espiritualidad para aplacar muchas de nuestras inquietudes está lamentablemente demasiado despreciada en muchos ámbitos de nuestra sociedad.	Evitar cualquier manifestación fundamentalista o extrema de la espiritualidad ayudará a remover el rechazo de las religiones que existe en la actualidad. Por otra parte, compartir, con respeto y desde la humildad, por parte de quienes practiquen la espiritualidad en sus distintas vías, las bondades para la paz y el sosiego individual fomentará el mayor arraigo de la espiritualidad en la sociedad y la reducción de actitudes humanas excesivamente mecanicistas incompatibles con una sociedad integradora.
La compartimentación del mundo en naciones y mercados que hacen difícil bajar la guardia en un entorno de agresiva competencia en el corto plazo dificultando la evolución hacia un mundo que suprima fronteras y un contrato social global.	El establecimiento como medida obligatoria el que necesariamente se incluya en las agendas la reflexión y la toma de decisiones e iniciativas dedicando preceptivamente una parte de tiempo y energía a construir un mundo mejor. Ello permitirá trabajar sin bajar la guardia en el corto plazo pero sin descuidar el largo, lo que facilitará la aplicación de los recursos que cada nación pueda permitirse.

EPÍLOGO.
REFLEXIONES ÍNTIMAS TRAS LA CONCLUSIÓN DEL LIBRO: EL MISTERIO DE UN CAMINO SIN FINAL

Tras la conclusión del libro y antes de su publicación no me he resistido a darle una nueva lectura y a comentar mis reflexiones con mis hijos.

Esa lectura y las conversaciones con mis hijos me llevan a ver que en gran medida muchos de los fenómenos que describo serían perfectamente aplicables a cualquier sociedad de tiempos atrás. Son cosas que pensamos los que nos vamos haciendo mayores al observar estilos de vida nuevos tan diferentes, con unos valores que se relajan y otros nuevos que parecen aflorar junto con nuevas pautas de vida, aunque desde las antiguas generaciones nos cueste integrarlos con normalidad.

Pero debo decir que una vez neutralizados esos desajustes generacionales, en general mis hijos comparten las inquietudes que se derivan de algunos de los fenómenos que describo. Quizá sea normal y poco indicativo, pues al fin y al cabo han compartido conmigo toda su historia. Creo no obstante que detrás del relativismo de nuestras distintas miradas tenemos bases para pensar que la sociedad se encuentra en un momento de «cambio de época» de la que debe salir con ese nuevo contrato social y con el menor número posible de «perdedores» en el camino si seguimos una evolución social inteligente. Y en esa línea y desde esta nueva perspectiva creo que las reflexiones realizadas siguen plenamente vigentes para mí y me llevan a la necesidad de un último desahogo existencial.

El ser humano no sabe parar. Consiguientemente, la sociedad tampoco, aunque lo necesite. Unos lo necesitamos más y otros menos. Pero, como ya he dicho, los humanos no podemos ser como los ciervos, que seguramente nada se plantean (y parecen estar a gusto) cuando están tranquilos en verdes praderas sin problemas de comida ni la amenaza de ser devorados. Nada se cuestiona el ciervo, nada más desea, nada más necesita... Pero los humanos nos creamos (vislumbramos) amenazas donde no las hay, necesidades donde tenemos de todo y en definitiva problemas donde parecería que estos no deberían darse. De hecho siento de verdad que el mayor problema de una persona es no tener ningún «problema» pues los problemas inventados suelen tener peor solución y generar un estado vital en forma de tensión, desasosiego, inquietud o amargura más marcado que el derivado de muchos «problemas reales».

Yo no soy distinto del resto de los humanos y aunque siempre digo que no necesito nada más de lo que ya tengo, la realidad es que necesito muchas cosas. No son cosas materiales sino desarrollo, novedad, atención, cariño, reconocimiento, progreso o crecimiento personal, amigos interesantes... y muchas cosas más. Otros quieren otras cosas pero todos necesitamos muchas aunque no seamos conscientes de ello.

Nuestra frecuente o permanente actividad cerebral (cuando no está en otra tarea) orientada a cuestionar nuestro futuro, nuestra seguridad, los riesgos y su prevención, la mejora de nuestros entornos físico-vitales, etc. nos lleva irremediablemente a ser seres altamente evolutivos. A veces me gusta eso pues pienso que qué maravilla es ser cada vez mejores, más crecidos, más... lo que sea. Pero después me digo también que qué pena es que no sepamos «vivir sin más», conformes con «lo que tenemos y somos». Ese inconformismo o falta de aceptación de las leyes de la vida nos lleva a buscar casi la inmortalidad pretendiendo ganar el pulso a la caducidad desde nuestra posición de seres superiores al resto de los animales, y sin duda lo somos si nos medimos en relación a muchos factores o variables. Pero si lo que está en medición es nuestra capacidad de ser felices o de aceptar con paz y serenidad las reglas la vida, yo más bien creo que los animales son superiores y más libres de la permanente «mosca cojonera interior» (con perdón) que a nosotros nos lleva a cuestionarnos más cosas de las debidas. Muchas veces me gustaría más ser un ciervo disfrutando de «todos los buenos pastos» que tengo a mi alrededor en lugar de buscar y buscar nuevas variedades de pastos.

Cuando se miran con una perspectiva grande, las sociedades y los hombres se mueven por las mismas fuerzas y con los mismos factores. Al fin y al cabo la sociedad es una suma de personas individuales y grupos, movimientos u organizaciones... en forma sistémica, como cada uno de nosotros somos un sistema de células y órganos cada uno con sus distintas funciones. La sociedad tienen emociones como las tenemos los humanos y comparte también con nosotros el protagonismo del inconsciente, que en la sociedad es un «inconsciente colectivo». Y por ello los políticos conquistan mucho más con la emoción que con la razón.

Mi cabeza sabe que la «solución» nunca será enteramente posible para nuestra sociedad en lo que se refiere a un arreglo definitivo de las cosas que menos me gustan de ella. Ninguna situación, sistema político o social, como ningún estilo de relación social, son permanentemente buenos para el conjunto de la sociedad sin una cierta evolución permanente, incluso en forma pendular. Pues el ser humano, en general, tiende a acoplarse a las circunstancias del entorno, lo que lo lleva a adaptar sus hábitos y comportamientos a aquello que le permite no gastar energías para conseguir lo que quiere. Y por ello dentro del colectivo social habrá una tendencia por parte de muchos a aprovechar cualquier estabilidad favorable para beneficiarse de ella con comportamientos contrarios a los intereses comunes si son buenos para su propio interés en tanto en cuanto la sociedad se lo permita. Es el inevitable fenómeno de degeneración de cualquier política o posicionamiento, aunque sea bueno, cuando no tiene contrapeso.

A pesar de saber con la cabeza que jamás se alcanzará una sociedad establemente perfecta, sin saber por qué vivo permanentemente buscándola. Y tengo que agradecer esa incoherencia entre mi cabeza y mi cuerpo que me ha llevado a una negociación interna entre ambos para encauzar mis energías de forma muy satisfactoria buscando las soluciones por más imposibles que estas parezcan. Es una satisfacción adaptada a las inquietudes intelectuales de mi cabeza y a mis deseos y mis (*likes*) «me gusta» de mi cuerpo, que no tiene explicación más allá de su conexión con mis instintos a través de mis creencias y emociones poco o nada conscientes. Encuentro en esa búsqueda gran parte del sentido que me guía y me da pautas para mi propio gobierno.

Nunca llegaré a alcanzar plenamente mi meta, pero vivir ese camino de búsqueda me da felicidad. Es un caminar feliz que siento en cada paso. Y es feliz pues me exige esfuerzo dirigido hacia algo que me parece deseable para mí y para toda la sociedad y supone un juego permanente de búsqueda de la coherencia de cada paso o manifestación con los principios que me gusta tener. Es tener un objetivo y unas directrices en forma de principios y valores que yo mismo he elegido (o creo haber elegido). Un caminar generoso conmigo en cuanto a momentos de plenitud, cuando doy pasos con acierto, y con grandes dosis de crecimiento cuando me doy cuenta de mis errores y aprendo de ellos para corregirlos, levantarme y retomar el camino. Un camino en el que las grandes variables que nutren el lugar llamado «meta» cambian poco pues están arraigadas en mi esencia más profunda, conformada por mi genética y mi trascurso por la vida. Un camino en el que creo con convicción y con pocos autoengaños, pues me siento cómodo con lo que defiendo como principios inspiradores, sin centrarme en los detalles del punto de llegada. Un camino que me otorga un maravilloso sentido de la coherencia y que me lleva a un creciente autoconocimiento personal que a su vez me ayuda a afinar los pasos en mi caminar. Un camino que me mantiene en movimiento, en un buen movimiento. Un movimiento que consume mucha energía y reduce significativamente la energía sobrante que inevitablemente dedico a «crearme» otros problemas o necesidades. Y por eso pienso que quizá mi meta no sea sino precisamente vivir siempre en mi camino.

Ya he explicado como soy cada vez más consciente de que son mi inconsciente y mis emociones los que rigen casi todos los destinos de mi vida y tienen el mayor peso en mis decisiones. Y así confirma la ciencia que funcionamos los humanos, aunque muchos todavía se nieguen a aceptarlo. Mi inconsciente, como el de todas las personas, tiene mucha inteligencia de supervivencia. Adopta millones de decisiones y de micro decisiones a lo largo de cada día que están bien adoptadas y que me conducen por mi vida cotidiana. Y me gusta sentir que el *software* que utiliza mi inconsciente es el de las distintas emociones y sentimientos generadores de mi movimiento, de mis acciones y mis omisiones.

Como acabo de decir, la sociedad está sujeta a igual funcionamiento. Así lo veo y siento. Y por ello me importa contribuir a una sociedad que se conozca mejor y gane en capacidad de auto-gestionarse, como gana un individuo a medida que crece su autoconocimiento. La sociedad, sin ser consciente de ello, es maravillosamente inteligente para sobrevivir y evolucionar. Y, como le pasa al individuo, disfruta o sufre sus propios vicios según sean estos equilibrados o no. Tiene creencias que son fruto de la trayectoria del desarrollo social, tiene sus valores y principios y está también llena de incoherencias, como lo estamos muchas veces las personas en relación con la vivencia y el respeto de nuestros valores. Sus emociones colectivas en forma de «basta ya» son tan útiles como lo es un enfado bien administrado en la esfera individual. Sus comportamientos en forma de populismos aparentemente incomprensibles tienen su porqué subyacente, como lo tienen las pautas de relación entre dos personas cuya susceptibilidad está presente en una de ellas o en las dos por razones no explicitadas. Las sociedades, al igual que las personas, se unen entre ellas cuando sienten la amenaza de una tercera sociedad.

Y por ello, como ocurre con las personas, las sociedades están y estarán sujetas a permanentes conflictos internos y externos. Son conflictos en las relaciones intrasocietarias e intersociatarias en los que el mayor peligro, como ocurre en los humanos, es la emocionalidad y los sentimientos descontrolados y los persistentes orgullos y afanes de poder.

No sé lo que haría yo si no hubiera conflictos que interpretar. Mi vida quedaría muy vacía, aunque supongo que alguna otra cosa llenaría mi máquina de inquietudes que me lleva a la permanente búsqueda de la comprensión de las relaciones y los conflictos entre las personas y los grupos. Pues nada me llena más que sentir que he contribuido a evitar una guerra o a recuperar la paz en cualquier entorno. Y es precisamente esa inquietud la que me ha llevado a elegir mi camino y a escribir este libro que ahora releo, cargado de satisfacción. Una satisfacción por sentir y notar mi adhesión a lo escrito. Pues refleja mi verdad (quizá muchas veces algo contradictoria y escéptica) y supone una liberación de la agitación que en mi interior me producían todas estas ideas sin ordenar y sin ser contadas a nadie.

Este ha sido y es mi camino, que sé que no tendrá fin. Siento también que el camino que he descrito es el deseable para la sociedad, aunque sepa que es un camino sin final y que estará lleno de errores e inconsistencias. Errores, inconsistencia o faltas de claridad que la crítica me enseñará a identificar o corregir. Pero aun sabiendo la carga de flaquezas y debilidades de las ideas expuestas, creo y sobre todo siento firmemente lo que digo. E incluso sintiéndolo con firmeza, mi escepticismo me lleva a su vez a cuestionar muchas cosas precisamente por la variabilidad de las necesidades humanas. Todo lo bueno tendrá periodo de caducidad y necesitará ser cambiado cuando la sociedad haya evolucionado y haya hecho aflorar las siguientes necesidades antroposociales.

He conseguido encontrar un maravilloso campo de vida en el misterioso espacio de muchas de mis contradicciones entre lo que pienso y lo que siento, lo que mi consciente reflexiona y lo que mi subconsciente manda. Me encanta disfrutar con el diálogo entre mi cabeza por un lado, y mi corazón, mis sentimientos y mis emociones por otro. Y todo en un contexto de impulsos o pulsiones viscerales difíciles de comprender que siento como mi parte más primitiva pero también la más esencial o verdaderamente mía.

El hombre, como la sociedad, es un misterio más allá de la comprensión de las reglas que mueven o gobiernan los comportamientos y hechos visibles. Más allá de lo que apreciamos, de lo que podemos concebir, de los límites de lo que la ciencia ha llegado a estudiar..., más allá de todo eso está el misterio donde vive mi espíritu.

El espíritu es todo para mí. Es la unión y el espacio que hay entre mi mundo consciente y racional, y mi mundo más inconsciente, animal, instintivo, emocional... Y vivir en ese espacio de diálogo entre el consciente y el inconsciente es maravilloso. Por un lado está el mundo del querer (el inconsciente) y por otro el de creer (el consciente). Un mundo lógico, racional que puede explicar el porqué de lo que cree y decide, y otro mundo, que es realmente el que más nos mueve, cuyas lógicas y motivaciones desconocemos, más allá de las derivadas de la creación y del instinto de supervivencia y reproducción con el que se nos ha creado.

Como un ser humano más, me siento cargado de energía que debo consumir o transformar, pues no puedo retenerla. Los excedentes de energía los destinamos a cuestionarnos y preguntarnos las cosas, a plantearnos inquietudes, «porqués» y «paraqués». Y solo el sentido, el misterio y el espíritu tienen respuestas para esas preguntas.

Me siento bien descansando en el misterio y en el espíritu, liberándome de desasosiegos e inquietudes irresolubles y colocándolos en una cesta denominada misterio que me sirve para encontrar mi paz interior y sentir plenitud. Un misterio que ocupa el espacio entre mi cabeza lógico-racional y mi corazón inteligentemente sensible. Es en ese espacio donde se produce el milagro del encuentro de esos dos centros que me pertenecen limando y tolerando las asperezas que mis instintos animales vitales puedan producir en mi cabeza y mi corazón. Es un espacio de aceptación y enriquecimiento recíproco de todas mis partes o fuerzas internas y la mejor escuela para mi propio aprendizaje.

Es precisamente en esa escuela del misterio donde he aprendido a convertir en verdadera y visceral creencia el hecho de que mi razón está a mi servicio y no yo al servicio de ella. Y vivir sin estar sometido a la razón es vivir de verdad. Es vivir administrando mis recursos, incluido el de la razón. Pues vivir sometido a la razón es muy razonable pero no es vivir.

Es la escuela del misterio, la luz del espíritu que aúna cabeza, tripas y corazón de forma iluminadora. Y es ahí donde yo, como «viviente» (creyente en términos tradicionales), me encuentro con Dios.

Seguro que cada uno tiene su camino, su concreción del misterio, sus inquietudes de un tipo u otro. Pero me atrevo a decir que tanto la sociedad como sus individuos debemos encontrar nuestro camino. Un camino que se dirige a un buen propósito, nuestro buen propósito. Y es en ese camino donde encontramos nuestro sentido de vivir y existir. Donde mostramos nuestra mejor versión social o individual y donde nuestra existencia se convierte en la mejor contribución para la humanidad, aunque sea en el pequeño ámbito que nos rodea. Es en el camino donde desarrollaremos la sabiduría individual y social que necesitamos para adentrarnos en un bienestar social e individual evolucionado. Un camino que de momento no tendrá fin y en el que habrá que levantarse cuando nos tropecemos. Y un camino en el que la humildad para aceptar el misterio de nuestra creación nos traerá el necesario sosiego para caminar con paz interior y exterior. Un camino en el que la práctica de las virtudes ojalá esté muy presente. Un camino en el que aprenderemos a comprendernos sin perder la responsabilidad de gestionarnos. Y siempre buscando un camino en el que los actos de compasión, cooperación y amor tengan mayor presencia que los de odio y agresiva competencia. Donde las actitudes inclusivas predominen sobre las excluyentes. Pero a la vez un mundo sincero que no niegue nuestra realidad humana y animal gobernada irremediablemente por nuestros instintos y nuestros intereses.

Que Dios nos dé a todos muchos años de camino con sentido.

Y hasta aquí hemos llegado en este viaje en el que he podido compartir con los amables y pacientes lectores mi visión del mundo y la interpretación de los fenómenos sociales con los que convivimos. Me siento satisfecho por mi atrevimiento a hablar de vías de solución y quizá un poco abochornado por también haberme atrevido a hacer unas reflexiones que más bien parecen consejos.

Todo lo he hecho desde mi sentimiento y pensamiento, sintiendo que no somos nadie en este universo en el que, aun existiendo explicaciones científicas para los aspectos físico-químicos del fenómeno de la creación y evolución del mundo, seguimos en la máxima ignorancia de por qué y para qué estamos en él.

Me encantará conocer, de quien quiera compartirlos, cualquier reflexión o sentimiento que la lectura haya podido despertar. Para ello invito a quien lo desee a hacerlo mediante un *email* dirigido a rnousabitcoins@thewisecompany.es o bien por Twitter con el *hashtag* #RousseauNoUsaBitcoins

AGRADECIMIENTOS

La publicación de este libro es el episodio último, hasta hoy, de lo que llamo mi reconversión vital-profesional, que inicié hace ya más de cinco años. El libro no habría sido posible sin la ayuda, el contraste y el desafío permanente de ideas que a lo largo de su proceso de creación he recibido de mi buena amiga y colaboradora profesional Elena Martín García. Sin duda merece un especial reconocimiento por ello.

Además, hay una larga lista de personas que, durante este proceso de reconversión, han estado siempre muy cercanas a mí acompañándome, apoyando e interesándose por mi recorrido hasta la publicación de este libro. Todos ellos han supuesto un respaldo y un impulso extraordinarios para mantener la fuerza, el ánimo y la buena dirección evitando desfallecer en los momentos difíciles que siempre existen. Y si estoy hoy aquí habiendo superado las dudas propias y de muchos terceros sobre si esta nueva trayectoria era o no una locura es precisamente por haber tenido y sentido siempre esa ayuda y la buena compañía de todas estas personas. Cada una con su aportación y su estilo pero han sido muchas que eran ya (o se han hecho a lo largo de este tiempo) grandes amigos. A todos ellos les mando un abrazo de agradecimiento que quiero hacer especialmente fuerte para Marcos Ríos Lago, Daniel Cruz Fernández, Cristina Alonso Pérez, Margarita López Medrano, Marta y Juan Jiménez Laiglesia, Belén Alarcón, Álvaro Menéndez, Jaime Estalella, Ricardo Moreno, Alfredo Lafita, Laura Sánchez Orejas, Julia Téllez, Álvaro Rengifo, Paloma Terol, Luis Serrano de Pablo, Roberto Bodegas, Vituco Pombo, José Ignacio Jiménez, Álvaro Joya, Alberte Santos, Pedro Martín de Hijas, Pilar Martínez Borobio y Maite Melendo. Y por supuesto uno todavía más especial para Marta Prieto Asirón que como editora creyó en el libro desde nuestra primera conversación y con quien trabajar ha resultado una maravilla.

Para terminar con lo más importante, quiero destacar el apoyo de mi mujer Virginia y de mis hijos Silvia, Alfredo y Teresa. Es difícil embarcarse en estos cambios de vida si uno no se siente acompañado por su familia. Y en mi caso todos ellos han sido mi laboratorio casero e intergeneracional de intercambio y discusión de visiones y pareceres durante nuestras comidas y cenas en la cocina de casa. Pero el mejor regalo que me han hecho ha sido en un formato de «dejarme ser» lo que realmente yo quería y tenía que ser sin perturbar, sin alertar, sin sembrar miedos y probablemente comiéndose ellos de forma silenciosa las inquietudes que mi nueva vida profesional les pudiera producir. Esa sí ha sido la mejor compañía en todo este proceso y por ello no tengo más que sentimientos de gratitud hacia ellos.

BIBLIOGRAFÍA

Resulta complejo hacer referencia a la bibliografía utilizada en un libro como este. Son muy escasos los contenidos que provienen de una bibliografía identificable y cuando ello ha ocurrido, así se ha hecho constar de forma expresa en el cuerpo del libro. Salvo lo que en ella se especifica esta obra contiene reflexiones y miradas muy personales que no están vinculadas ni son reflejo de ninguna doctrina o de opiniones concretas de autores sino derivadas de mi propio criterio forjado con la experiencia del transcurso de la vida. Indudablemente es cierto que la lectura es parte de ese discurrir por mi vida y en ese transcurso algunos libros han contribuido de forma más marcada a mi forma de ser, sentir y pensar. A ellos me refiero en la lista que sigue en la que he incluido aquellos que han contribuido a mi desarrollo personal y me han enriquecido significativamente. De forma genérica suponen con seguridad cierto apoyo para muchos de los contenidos que en este libro se vierten. De algunos de estos libros sería hoy incapaz de señalar contenidos concretos que me llamaran en su momento la atención, pero aun así sus títulos están grabados en mi memoria aunque algunos fueron de lectura ya muy antigua. Y su simple mención me lleva a revivir el recuerdo de estar absorbido en su lectura y creando nuevas conexiones en mi cerebro para abrir nuevas perspectivas y campos de conocimiento y comprensión de temas también relacionados con los contenidos de este libro. El orden es aleatorio.

- *Pensar rápido, pensar despacio.* Daniel Kahneman.
- *Racionalmente irracionales.* Dan Ariely.
- *La sorprendente verdad sobre lo que nos motiva.* Daniel H Pink.
- *La tabla rasa.* Steven Pinker.
- *Superficiales.* Nicholas G. Carr.
- *Resolver conflictos con la comunicación no violenta.* Marshall B Rosenberg.
- *El sorprendente propósito de la rabia.* Marshall B Rosenberg.
- *Incógnito.* David Eagleman.
- *Subliminal.* Leonard Mlodinov.
- *El perdón.* Francesc Torralba.
- *Inteligencia espiritual.* Francesc Torralba.
- *La vida secreta de la mente.* Mariano Sigman.
- *Sapiens.* Yuval Noah Harari.
- *Homo Deus.* Yuval Noah Harari.
- *Comunicación e integración personal.* Maite Melendo.
- *Fluir (Flow).* Mihaly Csikszentmihalyi.
- *Practicando el poder del ahora.* Eckhart Tolle.
- *El hombre en busca de sentido.* Viktor Frankl.
- *Sanar la civilización.* Claudio Naranjo.
- *Espíritu y sociedad.* Erich Fromm.
- *Tan distintos tan iguales.* Araceli Mendieta.
- *Los órdenes de la ayuda.* Bert Hellinger.
- *Emociones políticas.* Martha C Nussbaum.
- *Breve historia de todas las cosas.* Ken Wilber.
- *Confesiones.* San Agustín.

- *La creación de hábitos.* CHARLES DUHIGGS.
- *La utilidad de lo inútil.* NUCCIO ORDINE.
- *Delivering happiness.* TONY ISIEH.
- *Todo lo que he aprendido con la psicología económica.* RICHARD H THALER.
- *Misconduct.* RICHARD H THALER.
- *El extraño orden de las cosas: la vida, los sentimientos y la creación de las culturas.* ANTONIO DAMASIO.
- *El error de Descartes.* ANTONIO DAMASIO.
- *En defensa de la felicidad.* MATTHIEU RICARD.
- *La inteligencia fracasada.* JOSÉ ANTONIO MARINA.
- *Siete reglas de oro para vivir en pareja: un estudio exhaustivo sobre las relaciones y la convivencia.* JOHN M GOTTMAN Y NAN SILVEr.
- *Inteligencia creativa.* ALFONSO LÓPEZ QUINTAS.
- *Allegro ma non troppo.* CARLO M CIPOLLA.

www.ingramcontent.com/pod-product-compliance
Lightning Source LLC
Chambersburg PA
CBHW051035160426
43193CB00010B/955